中国社会科学院国有经济研究智库课题

"国有企业在构建新发展格局中的作用研究"

Theoretical Outline of
Building
a New Development
Pattern

构建新发展格局
理论大纲

高培勇　黄群慧　等 ◎ 著

人民出版社

目　录

上　篇　构建新发展格局的逻辑主线

中　篇　构建新发展格局的关键问题

下 篇 构建新发展格局的政策体系

总　论

构建新发展格局：在统筹发展和安全中前行①

　　无论是作为我国经济现代化的路径选择，还是作为一项关系我国发展全局的重大战略任务，构建新发展格局均构成了未来 5 年、15 年乃至更长时期经济工作的中心内容和核心话题。跃出经济视域而放眼我国发展全局，还可以看到，准确把握新发展阶段也好，深入贯彻新发展理念也罢，最终都要落实落地于加快构建新发展格局、通过加快构建新发展格局的行动加以实现。简言之，构建新发展格局不仅牵动整个经济工作，而且事关党和国家事业发展全局，系全面建设社会主义现代化国家、向第二个百年奋斗目标进军过程中的关键一环。

　　认识到新发展阶段、新发展理念、新发展格局三者之间的内在统一性，同时认识到进入新发展阶段的社会主义现代化建设将围绕构建新发展格局而展开，确保全面建设社会主义现代化国家开好局、起好步，很重要的一个方面，就是在深入学习党的十九届五中全会审议通过的《中共中央关于制定国民经济和社会发展第十四个五年规划和二〇三五年远景目标的建议》（以下简称《建议》）基础上，系统回答好构建一个什么样的新发展格局、怎样构建新发展格局这个重大问题。

---

① 　该部分内容已发表于《经济研究》。高培勇：《构建新发展格局：在统筹发展和安全中前行》，《经济研究》2021 年第 3 期。

第一节　新发展格局的核心要义
在于统筹发展和安全

构建新发展格局当然要从准确把握新发展格局的核心要义，找准其着力点和着重点、出发点和落脚点开始。仔细地审视一下当前围绕构建新发展格局问题展开的讨论，便会发现，人们对于新发展格局以及构建新发展格局意义的认识和理解并非一致，一些似是而非的说法或表述常见诸于各种场合。从波及范围较广、意义相对重大、亟待澄清的角度加以归纳总结，至少两个方面的认识误区值得特别关注。

一、误区之一：将新发展格局简单等同于"双循环"

自 2020 年 4 月 10 日习近平总书记在中央财经委员会会议上正式提出构建新发展格局到党的十九届五中全会对构建新发展格局作出全面部署，关于新发展格局的完整表述，一直是"以国内大循环为主体、国内国际双循环相互促进的新发展格局"[①]。

注意到前缀于新发展格局的定语由前后两句话而非一句话所组成，两者系一个整体，互为条件、彼此依托、不可割裂。再注意到前后两句话的分量有所不同，相对而言，构建新发展格局的主攻方向在于畅通内循环并促进双循环，打通产业链、供应链，形成国民经济良性循环，其重心是落在"以国内大循环为主体"而非"国内国际双循环相互促进"上的，更不能只讲"国内国际双循环相互促进"不讲"以

---

① 习近平：《在经济社会领域专家座谈会上的讲话》，人民出版社 2020 年版，第 4 页。

国内大循环为主体"。

　　其实，无论就历史还是就现实而言，我国的经济发展从来没有过单一循环的经历。抛开改革开放初期曾经实行的"大进大出、两头在外"的国际大循环战略暂且不论，即便在改革开放前的中国，每年一度的"广州出口商品交易会"的举办，至少说明那一时期的经济发展，走的也是双循环路子。有所不同的是，仅在于内外循环在国民经济循环中的各自占比以及哪一种循环为主体。

　　这提醒我们，只讲后一句话不讲前一句话，片面强调双循环而忽略以内循环为主体，绝非新发展格局的核心要义。无论是由于理解偏差还是出于简化表述起见，将新发展格局简单等同于双循环或直接用双循环概括新发展格局的现象，不应再继续下去。否则的话，既有以偏概全之嫌，又可能因此模糊构建新发展格局的着力点和着重点。

　　所以，全面地认识和理解新发展格局十分重要。"双循环"固然是新发展格局的一个重要特征，但并非其全部内容，亦非其重心所在。既不能将"双循环"简单等同于新发展格局，亦不宜以"双循环"作为新发展格局的代名词。

二、误区之二：将构建新发展格局简单归结于"畅通"

　　构建新发展格局的目标指向，无疑首推"畅通"国民经济循环。但严格说来，面对外部环境不稳定性和不确定性，基于"畅通"的考量，把发展立足点放在国内，通过扩大内需使生产、流通、分配、消费更多依托国内市场，并非始于当下。在四十多年的改革开放进程中，不仅客观上早有此种调整要求，而且实践中早有此类操作。

　　比如1998年，面对东南亚金融危机所带来的外部环境变化，以实施积极财政政策为代表的一系列宏观调控操作，就是奔着扩大内需而去的。反危机的方略之所以由扩大需求浓缩为扩大内需，就在于以内需的稳定性和确定性对冲外需的不稳定性和不确定性。

再如 2008 年，在那一场百年不遇的国际金融危机中，我们之所以能够化险为夷，率先走出通货紧缩阴影、重返平稳较快发展轨道，靠的既是扩大内需，也是通过扩大内需畅通产业链、供应链，以内需的稳定性和确定性对冲了外需的不稳定性和不确定性。正是作为这样一种调整方略的标志性成果，我国经济的对外贸易依存度由 2006 年的 64.24%一路下降至 2019 年的 31.99%。

毋庸赘言，相对于以往经济视域、宏观调控层面的操作来说，构建新发展格局是党中央站在全局高度和战略层面作出的重大决策。促成构建新发展格局这一重大决策的直接成因，又在于新冠肺炎疫情的全球大流行加剧了世界动荡。

东南亚金融危机也好，国际金融危机也好，新冠肺炎疫情全球大流行加剧的世界动荡也罢，其对我国发展所带来的各种冲击，皆系外部环境变化所引致。同样是外部环境变化引致的冲击，同样是外部环境的不稳定性和不确定性带来的风险挑战，同样是着眼于应对外部环境不稳定性和不确定性带来的风险挑战而实施的操作，之所以不再驻足于经济视域、宏观调控层面而须跃升至全局高度、战略层面，着手对整个发展格局进行大不相同于以往的重大调整，其中的一个根本原因，在于量变引起了质变（高培勇，2021）。

我国发展所面临的外部环境变化，确实经历了一个由量变到质变的过程。当外部环境的不稳定性和不确定性尚在量的积累阶段，我们尚可通过发挥内需潜力实现供需再平衡之时，经济视域、宏观调控层面的对冲性操作便是可以选择的应对之策。但是，随着外部环境的不稳定性和不确定性显著增加，以致量的积累达到了质变程度——对我国经济安全乃至国家安全构成威胁之时，跃出经济视域、宏观调控层面的局限而启动事关全局的系统性、深层次变革，作出立足当前、着眼长远的战略谋划，便是必须果断采取的实质行动。

构建新发展格局即是这样一种性质的行动。在国际形势充满不稳定性和不确定性的背景下，不仅全球产业链、供应链因非经济因素受阻，传统意义上的国际经济合作明显弱化，而且极大地增加了我国发展的不稳定性和不确定性，甚至演化为对我国经济安全乃至国家安全的重大威胁。面对这世所罕见的严峻风险挑战，唯有通过对我国发展格局进行重大战略调整，立足自身，把国内大循环畅通起来，才能任由国际风云变幻，确保我国经济始终充满朝气生存和发展下去，才能在各种可以预见和难以预见的狂风暴雨、惊涛骇浪中，增强我们的生存力、竞争力、发展力、持续力。

这提醒我们，作为我国经济现代化的路径选择，构建新发展格局有较之畅通更深层次的考量。只讲畅通不讲其他，片面强调畅通而忽略其背后的深层考量，既有浅尝辄止之嫌，更可能因此看漏构建新发展格局的根本出发点和落脚点。就此而言，无论是由于理解偏差还是出于简化表述起见，将构建新发展格局简单归结于畅通或直接用畅通概括构建新发展格局目标的现象，应当加以矫正。

所以，深刻认识和理解构建新发展格局的意义非常重要。"畅通"固然是构建新发展格局的重要目标，但并非其全部，更非其最重要的目标。既不能将构建新发展格局的目标定位止步于"畅通"层面，更不宜将"畅通"视作构建新发展格局的全部目标。

三、透过现象看本质

可以看出，无论是作为把握未来发展主动权的"先手棋"，还是作为与时俱进提升我国经济发展水平的战略抉择，抑或作为塑造我国国际经济合作和竞争新优势的战略抉择，构建新发展格局的提出同我国发展环境面临的深刻复杂变化直接相关。在某种意义上说，它是外部环境由量变演化为质变的产物。随着安全对于发展的意义凸显、安全在发展中的分量加重，把安全放在更加突出的位置，在发展中更多考虑安全因素，努力实现发展和安全的动态平衡，是构建新发展格局的根本出发点和落脚点。

换言之，构建新发展格局集中凸显和强调的是"安全"两字，它实质是奔着统筹发展和安全而去的。事情表现在构建新发展格局上，其实质则存在于统筹发展和安全的深层考量之中。

说到这里，必须提及这样一个重要事实：习近平总书记在主持经济社会领域专家座谈会所发表的重要讲话中[①]，曾将改革开放以来我们党所提出的理论成果高度概括为以下 11 项：关于社会主义本质的理论，关于社会主义初级阶段基本经济制度的理论，关于创新、协调、绿色、开放、共享发展的理论，关于发展社会主义市场经济、使市场在资源配置中起决定性作用和更好发挥政府作用的理论，关于我国经济发展进入新常态、深化供给侧结构性改革、推动经济高质量发展的理论，关于推动新型工业化、信息化、城镇化、农业现代化同步发展和区域协调发展的理论，关于农民承包的土地具有所有权、承包权、经营权属性的理论，关于用好国际国内两个市场、两种资源的理论，关于加快形成以国内大循环为主体、国内国际双循环相互促进的新发展格局的理论，关于促进社会公平正义、逐步实

---

① 习近平：《在经济社会领域专家座谈会上的讲话》，人民出版社 2020 年版，第 10 页。

现全体人民共同富裕的理论，关于统筹发展和安全的理论。

如果以新冠肺炎疫情划界，注意到 11 项理论成果分别形成于疫情之前和疫情之后，那么，同新冠肺炎疫情全球大流行直接相关的理论成果，便是关于加快形成以国内大循环为主体、国内国际双循环相互促进的新发展格局的理论以及关于统筹发展和安全的理论。再注意到这两项理论成果恰如一对孪生姐妹携手降临人间，均为面临世所罕见的严峻风险挑战背景下实现的理论创新，可以明白无误地说，构建新发展格局与统筹发展和安全实质是一脉相承、彼此呼应的统一体。之所以要构建新发展格局，其根本出发点就在于统筹发展和安全。换一个角度，统筹发展和安全的根本落脚点，就在于构建新发展格局。

"构建新发展格局最本质的特征是实现高水平的自立自强"①，习近平总书记的这一精辟论断深刻告诉我们，对于新发展格局以及构建新发展格局意义的认识和理解，一定要透过现象看本质：新发展格局的核心要义在于统筹发展和安全。

引申一步说，只有站在统筹发展和安全的高度认识和理解构建新发展格局，才能获得内外循环互为条件、彼此依托、不可割裂的整体视角，并将重心放在构筑起强大的国内经济循环体系和稳固的基本盘上。只有跳出就畅通论畅通的思维局限而伸展至统筹发展和安全的深层考量中认识和理解构建新发展格局，才能明晰发展和安全之间的辩证统一关系，并将重心放在实现发展和安全的动态平衡上。也只有如此，才能找准构建新发展格局的着力点和着重点、出发点和落脚点，防止构建新发展格局实践走偏变样。

---

① 习近平：《把握新发展阶段，贯彻新发展理念，构建新发展格局》，《求是》2021 年第 9 期。

第二节 进入新发展阶段、贯彻 新发展理念的必然要求

认识到统筹发展和安全系新发展格局的核心要义，从新发展阶段、新发展理念、新发展格局三者之间的内在统一性而放眼全面建设社会主义现代化国家新征程，还可以不无意外地发现，统筹发展和安全不仅同构建新发展格局的行动路线和最终成色高度关联，而且体现了进入新发展阶段、贯彻新发展理念的必然要求。

一、从不稳定性和不确定性把握新发展阶段新变化

进入新发展阶段明确了我国发展的历史方位。站在这一新的历史方位而仔细观察我国发展环境所呈现的深刻复杂变化，可以拉出一份长长的清单。不过，若将这份清单加以综合并集中概括，其最突出的变化，显然是充满了太多的不稳定性和不确定性。"当前和今后一个时期是我国各类矛盾和风险易发期，各种可以预见和难以预见的风险因素明显增多"。在某种意义上说，这是一个我国发展环境不稳定性和不确定性显著增加的阶段。

从国际看，当今世界正经历百年未有之大变局。新发展阶段相对于以往的最大不同，就是我国发展外部环境所面临的这一"百年未有之大变局"（何毅亭，2020）。不仅新一轮科技革命和产业变革深入发展，国际力量对比深刻调整，而且新冠肺炎疫情影响深远，经济全球化遭遇逆流，单边主义、保护主义、霸权主义对世界和平与发展构成威胁。

　　从国内看，当今中国正处于实现中华民族伟大复兴进程的关键期。新发展阶段相对于以往的最大不同，就是我国已转向高质量发展阶段。不仅发展不平衡不充分问题仍然突出，重点领域关键环节改革任务仍然艰巨，创新能力不适应高质量发展要求，农业基础还不稳固，城乡区域发展和收入分配差距较大，而且生态环保任重道远，民生保障存在短板，社会治理还有弱项，各种公共安全事件易发突发，意识形态领域情况复杂，网络舆论管控难度加大。

　　作为新发展阶段要着力完成的重大历史任务，构建新发展格局当然要立足于这一不稳定性和不确定性显著增加的发展环境。这意味着，站在统筹发展和安全的高度，深刻认识新发展阶段我国发展面临的国内外环境的复杂性和严峻性、有利因素和不利因素以及危中有机、化危为机的可能性，及时防范和化解影响我国现代化进程的各种风险，筑牢国家安全屏障，确保中华民族伟大复兴进程不被迟滞甚至中断，系准确把握新发展阶段、加快构建新发展格局必须跨越的重要关口。

二、从忧患意识把握新发展理念新要求

　　贯彻新发展理念明确了我国现代化建设的指导原则。随着我国进入新的发展阶段，特别是随着我国发展环境的深刻复杂变化，贯彻新发展理念的行动也要与时俱进、也须更加精准。其中，特别需要强调的一条，就是在坚持完整、准确、全面地认识和理解新发展理念前提下，从忧患意识把握贯彻新发展理念。也可以说，这是新发展阶段贯彻新发展理念的新要求。

　　这是因为，虽然我国发展仍处于重要战略机遇期，但机遇和挑战都有新的发展变化。以往我们可以顺势而上，机遇相对容易把握，风险挑

战也相对容易识别。现在要顶风而上了，把握机遇和识别风险挑战的难度明显加大。面对危和机并存、危中有机、危可转机，并且机遇更具战略性和可塑性、挑战更具复杂性和全局性的新形势、新变化，只有居安思危，以防微杜渐的清醒、如履薄冰的谨慎，通过更加有效、更加务实的举措把新发展理念更加精准地落到实处，才能抓住和用好我国发展的战略机遇期。

这也是因为，随着我国社会主要矛盾变化和国际力量对比深刻调整，我国发展面临的内外部风险空前上升。以往我们发展水平较低，人民的需要和满足人民需要的制约因素主要体现在物质条件上；现在发展水平提高了，越来越多人的生活重心从物质转向精神，从数量型增长转向对质量的更高追求，发展中的矛盾和问题集中体现在发展质量上。以往大环境相对平稳，我们同别人的互补性相对较多；现在世界形势动荡复杂，同别人的竞争性也多起来了。面对国际国内各种矛盾、问题、风险、挑战相互交织，各种风险无处不在、无处不有的新形势、新变化，只有坚持底线思维，做好随时应对更加复杂困难局面的准备，通过更加有效、更加务实的举措将新发展理念更加精准地落到实处，才能既打好防范和抵御风险的有准备之仗，又打好化险为夷、转危为机的战略主动仗。

作为贯彻新发展理念的重大举措，构建新发展格局当然要立足于新发展阶段贯彻新发展理念的新要求。这意味着，站在统筹发展和安全的高度，密切关注来自国内外的各种风险挑战，凡事从最坏处准备，努力争取最好的结果；在谋划发展的同时也精心谋划好安全，努力实现更高质量、更有效率、更加公平、更可持续、更为安全的发展，系深入贯彻新发展理念、加快构建新发展格局必须践行的必由之路。

三、围绕统筹发展和安全的两个"首次"

进入新发展阶段，必然要求构建新发展格局，这是历史逻辑和理论逻辑的共同作用使然。贯彻新发展理念，必然要求构建新发展格局，这也是历史逻辑和理论逻辑的共同作用使然。构建新发展格局，必然要求以统筹发展和安全为核心要义，这同样是历史逻辑和理论逻辑的共同作用使然。于是，进入新发展阶段→贯彻新发展理念→构建新发展格局→统筹发展和安全，三个方面历史逻辑和理论逻辑的共同作用汇集在一起，形成了对统筹发展和安全的必然要求。

正是在上述这样一种背景下、基于上述这样一种深刻考量，《建议》不仅首次把"统筹发展和安全"纳入"十四五"时期我国经济社会发展的指导思想，而且首次设置专章对"统筹发展和安全"作出全面部署，统筹发展和安全渗透于《建议》全文的字里行间。

比如，在论及我国发展环境面临的深刻复杂变化时，可以见到这样的内容："国际环境日趋复杂，不稳定性不确定性明显增加""新冠肺炎疫情影响广泛深远，经济全球化遭遇逆流，世界进入动荡变革期""单边主义、保护主义、霸权主义对世界和平与发展构成威胁""增强机遇意识和风险意识""树立底线思维"。

再如，在关于"'十四五'时期经济社会发展指导思想"条款中，可以捕捉到这样的信息："以推动高质量发展为主题，以深化供给侧结构性改革为主线，以改革创新为根本动力，以满足人民日益增长的美好生活需要为根本目的，统筹发展和安全"。

还如，在关于"'十四五'时期经济社会发展必须遵守的原则"条款中，不仅原来的"四个更"被拓展为"五个更"——在"更高质量、更有效率、更加公平、更可持续"的基础上添加了"更为安全"，从而形成了"实现更高质量、更有效率、更加公平、更可持续、更为安全的发展"的全新概括,而且以此为基础,可以找到诸如"统筹国内国际两个大局,办好发展安全两件大事""注重防范化解重大风险挑战,实现发展质量、结构、规模、速度、效益、安全相统一"等接续表述。

又如,在关于"'十四五'时期经济社会发展主要目标"以及"到二○三五年基本实现社会主义现代化远景目标"条款中,可以发现这样的提法,"防范化解重大风险体制机制不断健全""发展安全保障更加有力""平安中国建设达到更高水平"。

特别是在《建议》中专门设置的"统筹发展和安全,建设更高水平的平安中国"一章中,不仅强调要"坚持总体国家安全观,实施国家安全战略,维护和塑造国家安全",而且由此出发,作出了若干颇具宣示意义的重要论断:"确保国家经济安全""保障人民生命安全""维护社会稳定和安全""防范和化解影响我国现代化进程的各种风险""加强经济安全风险预警、防控机制和能力建设""维护金融安全,守住不发生系统性风险底线""筑牢国家安全屏障"。

四、走上坚持发展和安全并重之路

从新发展阶段新变化到新发展理念新要求,再到新发展格局核心要义,进而到《建议》围绕统筹发展和安全作出两个"首次"安排,可谓一脉相承,环环相扣。这一完整的逻辑链条向我们传递了一个异常重要的信息:随着我国进入新的发展阶段,我们所想要或所追求的发展,已经转向"安全发展"——以安全为前提的发展,建立在安全基础上的发展。

说到这里,作出以下结论显然是适当的:以加快构建新发展格局为契机和转折点，我国已走上坚持发展和安全并重之路——既要高质量发展，又要安全发展。坚持将安全和发展一起谋划、一起部署，将统筹发展和安全贯穿于构建新发展格局全过程和各领域，实现高质量发展和高水平安全的良性互动，对于确保全面建设社会主义现代化国家开好局、起好步意义重大，是加快构建新发展格局非下好不可的先手棋。

第三节　牵好统筹发展和安全的"牛鼻子"

以统筹发展和安全为新发展格局核心要义、在统筹发展和安全中加快构建新发展格局，涉及多方面的安全领域或事项。诸如产业链安全、供应链安全、能源安全、粮食安全、食品安全、药品安全、生态安全、金融安全、财政安全，便可纳入经济安全系列或与经济安全关联。不过，这些已经列举的以及尚未列举的安全领域或事项，并非平行关系。对于它们，既不可"眉毛胡子一把抓"，也不可平均使力，而应分分类、排排序，以求牵"牛鼻子"。

以如此的视角审视构建新发展格局全过程和各领域，具有"牛鼻子"性质且值得特别关注的安全，可能有以下两个：市场主体安全和财政安全。

一、市场主体安全是最具基础意义的安全

市场主体安全之所以被归为"牛鼻子"，首先是因为，市场主体是国民经济的细胞，在整个国民经济体系中居于基础环节。市场主体好，则国民经济好。市场主体兴，则国民经济才能兴。市场主体安全是经济

安全的根本或起点，经济安全系于市场主体安全之一身。维系经济安全，首先要维系好市场主体安全。

其次是因为，"黑天鹅"事件也好、"灰犀牛"事件也罢，其所带来的各种风险挑战，市场主体首当其冲。每逢类如新冠肺炎疫情全球大流行这样的严重灾难发生，市场主体经营困难、利润下滑甚至破产倒闭，都是我们首先要面对的风险。防范和化解风险，要从防范和化解市场主体风险做起。

最后，历史和现实的经验一再表明，在各种风险挑战面前，尤其是在极端情况下，保证经济正常运行和社会大局总体稳定的基本前提，是保住、稳住市场主体。只有"留得青山"，才能"赢得未来"。倘若市场主体出了问题，经济正常运行和社会大局总体稳定肯定会出问题。

回顾一下 2020 年新冠肺炎疫情冲击之下我们围绕实施"六稳""六保"所走出的基本轨迹，就会看到，无论"六稳"还是"六保"，都是建立在首先保住、稳住市场主体基础之上的，都是以首先保住、稳住市场主体为政策选项的。

比如"六保"，在其所覆盖的保居民就业、保基本民生、保市场主体、保粮食能源安全、保产业链供应链稳定、保基层运转中，相对于"后三保"，"前三保"无疑分量更重，要求更硬。在"前三保"中，保市场主体无疑最为关键，系基础所在。其间的基本逻辑在于，只有保住了市场主体，才能保住居民就业。只有保住了居民就业，才能保住基本民生。以此为基础，才能保住经济基本盘，进而保住粮食能源安全、保住产业链供应链稳定、保住基层运转。

减税降费便是一个十分突出的例子。大不同于以往，疫情冲击之下的减税降费操作，是以市场主体为中心的，是围着市场主体而转的，是奔着为市场主体降成本目标而去的。这主要表现在：其一，在给谁减降税费问题上，锁定的主要是企业而非包括企业和自然人在内的一般意义上的纳税人，明确重点减降的是涉企税费而非涉自然人税费。其二，在减降什么税费问题上，锁定的主要是企业缴纳的流转性税费而非所得性税费，明确纳入减降范围的主要是发生在生产经营过程中的增值税、社保费而非利润分配环节的企业所得税。其三，在以什么方式减降税费问题上，锁定的主要是制度变革而非政策调整，明确减降可适用的时间具有稳定性和长期性而非阶段性、临时性。

如果把经济社会发展比喻为一棵参天大树，那么，保市场主体就是保住经济社会发展根基。在某种意义上可以说，正是因为我们将疫情冲击之下政策调整、制度变革的主要聚焦点放在了市场主体身上，直接面向市场主体而出台政策，围着市场主体而实施改革，夯实了市场主体这个支撑发展、应对经济运行困难的基础，我国经济社会恢复才能走在全球前列，也才能成为 2020 年全球唯一实现经济正增长的主要经济体。

所以，相对于其他领域或其他方面的经济安全而言，市场主体安全是最具基础意义的安全。在统筹发展和安全中构建新发展格局，首先要统筹好市场主体发展和安全，把新发展格局建立在市场主体安全的基础上。离开了市场主体的发展和安全这个基础，其他方面的发展和安全便无从谈起。所谓"基础不牢，地动山摇"，讲的就是这个道理。

二、财政安全是最具底线意义的安全

财政安全之所以被归为"牛鼻子"，从总体上说来，至少有以下几个方面的理由：

其一，财政是国家治理的基础和重要支柱。站在全局而非局部的立场上看问题，财政安全不仅是所有安全的基础，而且是所有安全的保障。财政不仅要为推动发展而充当基础和重要支柱，而且要为维系安全而发挥基础性和支撑性作用，更要为统筹发展和安全而充当基础和重要支柱、发挥基础性和支撑性作用。

其二，作为最具综合意义的安全范畴，财政安全不仅事关政府职能履行落地，而且牵动党和国家事业发展全局，系所有安全的基础性和支撑性力量。维系经济安全也好，维系国家安全也罢，首先要维系好财政自身安全。离开了财政安全这个基础性和支撑性力量，其他方面的安全便如同缺乏根基的浮萍，或飘忽不定，或弱不禁风。

其三，有别于其他领域或其他方面风险，财政风险不仅危害最大、危险性最强，而且极易成为各领域、各方面风险的转移和集聚地，是所有风险的最后一道防线。守住风险底线，最重要的就是守住财政风险底线。守住了财政风险底线，就在相当大程度上守住了所有风险底线。

其四，历史与现实正反两个方面的经验一再证明，在几乎所有涉及防范化解重大风险特别是重大经济风险的战役中，能够兜底的从来都是财政，充当后盾的也从来都是财政。只要财政握有可兜底的实力，只要财政拥有可充当后盾的底气，我们便握有、拥有打赢防范化解重大风险战役的实力和底气。

金融风险可以作为一个突出例子。就金融风险自身而言，其所涉及的群体利益之广泛，对经济社会的影响之深刻，无须赘述。防范化解金融风险对于经济社会发展和国家长治久安的意义之重要，亦自不待言。但是，一旦论及财政风险和金融风险之间的关系，以下的基本事实绝对在常识范围之列：只要金融风险不向财政领域转移和集聚，或者只要金融风险尚未转化为财政风险，那么，无论金融风险自身多么严峻复杂，至少就总体而言，它尚在可控状态，尚存防范化解的回旋余地，尚有排除其衍生为其他方面风险、演化为系统性风险的可能性。反之，一旦金融风险转移、集聚到财政领域，甚至转化为财政风险、危及财政安全，那么，无论此时的金融风险防范之策多么周密、化解之道多么得当，也难以从根本上排除其衍生为其他方面风险甚至演化为系统性风险的可能性。

然而，当前我国的财政安全形势并不乐观。不妨举几个较为突出的例子。

比如，就财政收支对比而言，2020 年，全国一般公共预算收入182895 亿元，全国一般公共预算支出 245588 亿元，分别较之 2019 年下降 3.9%、上升 2.8%，两者相差 6.7%。在 2020 年国内生产总值呈现正增长、增速达到 2.3% 的情况下，财政收入增速未能转负为正、收支增速之差高达 6.7%。

再如，就实际可用财力总量而言，2020 年，为弥补中央一般公共预算收支差额，分别从中央预算稳定调节基金调入 5300 亿元、从中央政府性基金预算和中央国有资本经营预算调入 3580 亿元，两者相加，调入财力总额达 8880 亿元。在经历了持续若干年如此的操作之后，可调用的非一般公共预算资金、可动用的历年结转结余资金已经捉襟见肘，难以为继。

还如，就财政赤字口径而言，我国财政赤字历来有一般公共预算赤字和"全口径"赤字之别。2020 年的全国财政赤字，若按前一口径统计为 3.76 万亿元，占 GDP 的比重为 3.6%；若依后一口径统计，将地方政府专项债券 3.75 万亿元和抗疫特别国债 1 万亿元计入其中，则为8.51 万亿元，占 GDP 的比重为 8.15%。

更关键的问题在于，这种颇为严峻的财政安全状况并不能全部归结为疫情的冲击，疫情只不过放大了财政安全方面所面临的困难、风险和挑战。也就是说，它不会随疫情的离去而完全消失。对此，我们不能不"强化风险意识，常观大势、常思大局，科学预见形势发展走势和隐藏其中的风险挑战，做到未雨绸缪"①。

所以，相对于其他领域或其他方面的安全而言，财政安全是最具底线意义的安全。在统筹发展和安全中构建新发展格局，首先要统筹好财政发展和安全，把新发展格局建立在财政安全的基础上。离开了财政发展和安全这个前提，其他方面的发展和安全也难以提及和保障。

由此获得的重要推论是，在构建新发展格局中增强忧患意识，首先要增强财政忧患意识。在构建新发展格局中坚持底线思维，首先要坚持财政底线思维。在当期的中国，统筹财政发展和安全，比以往任何时候都更为迫切、更加重要。

第四节　构建新发展格局是历史任务和深刻变革

在全面建成小康社会、实现第一个百年目标之后，乘势而上开启全面建设社会主义现代化国家新征程、向第二个百年目标进军，必须立足中华民族伟大复兴战略全局和世界百年未有之大变局。因而，从理论和实际、历史和现实、国内和国际相结合的立场上，深化对于加快构建新发展格局的规律性认识非常重要。

从统筹发展和安全的高度准确把握和积极推进构建新发展格局，从新发展阶段、新发展理念、新发展格局三者之间的内在统一性中准确把握构建新发展格局的历史逻辑和理论逻辑，在构建新发展格

①　习近平：《在省部级主要领导干部坚持底线思维着力防范化解重大风险专题研讨班开班式上的讲话》，《人民日报》2019 年 1 月 22 日。

局所涉及安全领域和安全事项的比较分析中牵好统筹发展和安全的"牛鼻子"，从而落实好党中央关于加快构建新发展格局的决策部署，于我们来说，无异于一场涉及理念、思想、战略、体制机制的深层变革。

　　有鉴于上述种种，以补课充电的紧迫感，告别一切同新发展阶段、新发展理念、新发展格局不相匹配的理念、思想、战略、体制机制，不断提升把握新发展阶段、贯彻新发展理念、构建新发展格局的政治能力、战略眼光、专业水平，自觉跟上时代潮流，不仅是确保加快构建新发展格局实践抓住要害、踩到点上、落到实处的需要，更是我们必须切实完成好的一项重大历史任务。

（执笔人：高培勇）

上　篇

构建新发展格局的逻辑主线

第一章

新发展格局的理论基础

面对当今世界"百年未有之大变局",习近平总书记提出"逐步形成以国内大循环为主体、国内国际双循环相互促进的新发展格局"①,随后进一步指出"要推动形成以国内大循环为主体、国内国际双循环相互促进的新发展格局"②。针对习近平总书记关于当今世界格局的重要论断和我国未来发展格局的战略构想,理论界需要进行深入的理论分析,特别是需要利用马克思主义政治经济学原理对其进行深入研究与阐释。马克思的剩余价值理论揭示了资本主义"国内大循环"的实现逻辑,其所包含的一般性规律适用我国社会主义市场经济,且我国可通过有为政府弥补国内循环的矛盾,实现"以国内大循环为主体"。马克思的世界市场理论则揭示"国内国际双循环相互促进"的可能性和重要性。新中国成立以来,党的几代领导集体将马克思主义政治经济学关于"国内国际双循环"的一般规律同当时的国际国内形势相结合,并始终坚持独立自主、自力更生的经济发展和对外开放方针,形成了中国化的经济循环理论。改革开放以来,我国经济发展实践也正好印证了

---

① 2020 年 5 月 23 日,习近平总书记在看望参加政协会议的经济界委员时强调,《坚持用全面辩证长远眼光分析经济形势 努力在危机中育新机于变局中开新局》,《人民日报》2020 年 5 月 24 日,第 1 版。

② 习近平:《在经济社会领域专家座谈会上的讲话(2020 年 8 月 24 日)》,《人民日报》2020 年 8 月 25 日。

马克思主义政治经济学关于"国内国际双循环"的理论阐述,并始终符合新发展格局的内涵。

第一节　剩余价值理论与国内经济循环的实现逻辑

在马克思主义政治经济学(特别是《资本论》)中,马克思通过相对剩余价值理论揭示了资本主义经济国内循环的实现逻辑。马克思主义政治经济学中关于资本主义经济"国内循环"的一般规律无疑值得借鉴并用于分析我国社会主义市场经济循环。我国可以通过有为政府弥补资本主义经济国内循环的内在矛盾,从而实现"以国内大循环为主体",并通过世界市场实现国内国际双循环互相促进。

一、马克思的剩余价值理论揭示了资本主义经济国内循环的实现逻辑

"剩余价值以从无生有的全部魅力引诱着资本家"[①],所以,剩余价值尤其是相对剩余价值的生产是理解资本主义生产的关键,从而也成为理解资本主义经济国内循环的关键。在生产要素和资源不变的情况下,技术进步引起的劳动生产率提高使相对剩余价值不断增加,也使资本主义经济扩大再生产成为可能,这是资本主义经济必然以国内循环为主的客观原因。在这个过程中,资本家实现了相对剩余价值的收益,而在实际工资上涨幅度不超过劳动生产率增速的前提下,工人

---

① 马克思:《资本论》第 1 卷,人民出版社 2018 年版,第 251 页。

实际收入增加又为国内市场扩大创造了条件，从而形成国内经济大循环。

第一，剩余价值特别是相对剩余价值的生产是资本主义经济国内循环的逻辑起点和终点。马克思在《资本论》中从劳动价值论出发创造了剩余价值理论，他指出"绝对剩余价值的生产构成资本主义制度的一般基础，并且是相对剩余价值生产的起点"[①]。因此，资本主义经济国内循环的本质就是剩余价值的生产、分配、交换、消费，以及相应的劳动力价值的补偿。剩余价值的生产决定了劳动力和资本的循环，包括劳动力扩大再生产以及资本积累和伴随而来的社会扩大再生产，从而构成了资本主义经济国内循环的逻辑起点和终点。其中，剩余价值又可以区分为绝对剩余价值和相对剩余价值，马克思"把通过延长工作日而生产的剩余价值，叫做绝对剩余价值"；而"把通过缩短必要劳动时间、相应地改变工作日的两个组成部分的量的比例而生产的剩余价值，叫做相对剩余价值"[②]。绝对剩余价值的生产受工作日长度的自然限制，其过度延长也会损害劳动力的再生产，并遭到工人的抵制，这决定其提高程度非常有限且无法持续，从而无法为资本主义经济扩大再生产提供源源不断的动力。而相对剩余价值的生产是以生产力的提高和必要劳动时间降低为基础，可以在不延长工人劳动时间的前提下，获取更多的剩余劳动时间和相应的剩余价值。所以，相对剩余价值的生产既可以保证劳动力的扩大再生产，也可以保证源源不断的资本积累，这使其成为资本家追求的最终目标。在相对剩余价值生产和增加的基础上，形成了资本主义的商品流通、分配和消费，剩余价值的再投资则构成了资

[①]　马克思：《资本论》第 1 卷，人民出版社 2018 年版，第 583 页。

[②]　马克思：《资本论》第 1 卷，人民出版社 2018 年版，第 366 页。其中工作日的两个组成部分包括必要劳动时间和剩余劳动时间。

本积累、使生产资料增加和劳动力需求增加，成为资本主义经济扩大再生产的基础。

第二，劳动生产率的提高使相对剩余价值不断增加，其合理分配则使资本主义经济能够以国内大循环为主体。随着劳动生产率的不断提高，相对剩余价值也不断增加，这种不断扩大了的相对剩余价值的生产构成了资本积累和社会扩大再生产的必要条件。在一定的资本主义生产关系特别是分配关系下，这种相对剩余价值可以合理分配给工人和资本家，进而构成了资本主义经济国内循环的充分条件。这正如马克思指出的一个条件，"劳动价格的提高被限制在这样的界限内，这个界限不仅使资本主义制度的基础不受侵犯，而且还保证资本主义制度的规模扩大的再生产"①。具体来看，在资本主义经济发展的早期，资本家获得了几乎所有的相对剩余价值，甚至会使工人的实际工资低于劳动力价值。其造成的结果是，一方面工人的消费和劳动力再生产能力下降；另一方面资本的有机构成不断提高，资本家的利润率不断下降，从而形成资本过剩和人口过剩。这将使相对剩余价值的生产和相对剩余价值的实现存在矛盾，并进一步破坏相对剩余价值所引致的资本主义经济国内循环的整个链条，引起资本主义经济危机。面对这种危机以及工人阶级的斗争，资本主义内部的生产关系矛盾会出现一定程度的缓和，分配关系将出现有利于工人的新变化。这使得：一方面，相对剩余价值的一部分将由工人获得，使其实际工资不断上涨，甚至可以高于劳动力价值。由此，工人的消费能力不断上升，从而完成劳动力的再生产和劳动力的积累、发展，最终创造出更多国内消费市场。另一方面，相对剩余价值中的较大部分将分配给资本家，使资本积累不断上升，完成资本的积累和循环，

① 马克思：《资本论》第 1 卷，人民出版社 2018 年版，第 716 页。

从而开拓出新产品、新市场。所以，只要实际工资的上涨幅度不超过劳动生产率上升所带来的相对剩余价值提高的幅度，国内经济循环就能顺利进行并不断扩大。

二、"以国内大循环为主体"是世界大国安全稳定发展的先决条件

从发达资本主义国家的历史经验来看，有效的国内大循环既是资本主义经济形成和发展的先决条件，也是世界大国长远且安全稳定发展的先决条件。《资本论》中关于生产、分配、交换、消费和积累的社会再生产理论首先是建立在资本主义国内市场基础上的分析。马克思主要以英国、德国和法国等西方工业化国家的国内经济活动为蓝本撰写了《资本论》[①]，其中相对剩余价值的创造和社会扩大再生产主要依靠协作、分工、机器的使用和工业化大生产。[②]《资本论》中关于生产分工和扩大、工资增长、资本积累、人口增长的大量经济活动的案例也都是为了说明资本主义的国内经济大循环。只有当资本有机构成提高到一定程度，并使利润率下降到非常低的时候，对外贸易和世界市场才被马克思引进，其总体上是起到了市场扩大的作用，只是对国内市场的补充和延伸。

当然，在资本主义经济发展的早期阶段，海外殖民和掠夺也发挥了非常重要的作用，但是其成功的根源仍在于国内经济大循环的发展程

---

① 马克思在《资本论》第 1 卷第一版序言中指出，"我要在本书研究的，是资本主义生产方式以及和它相适应的生产关系和交换关系。到现在为止，这种生产方式的典型地点是英国"（《资本论》第 1 卷，人民出版社 2018 年版，第一版序言）。

② 《资本论》第 1 卷第四篇第十一、第十二和第十三章中关于相对剩余价值生产方式的论述。

度。海外殖民和掠夺需要强大的国内军事和经济实力的支撑，这种实力必然来自国内的工业生产能力。所以，资本主义经济的发展必然是先以国内市场和国内循环为基础的，然后再拓展到国际市场。如果进一步考察哥伦布地理大发现之后的"大国崛起和衰落"的历程，其依次是西班牙、葡萄牙、荷兰、英国，然后才是法国、德国和美国。其中，西班牙、葡萄牙、荷兰较为快速地衰落，而英国后来居上，占据"日不落帝国"称号上百年，其主要原因就在于英国较早地构建了非常有竞争力的"国内经济大循环"。英国通过"圈地运动"将大量农民变成产业工人和城镇居民，为纺织业的发展准备好大量便宜的土地和劳动力①，促进了其纺织工业的发展；通过劳动分工提高劳动生产率并形成产业内部的循环；大力发展钢铁、造船、机器制造业，促进制造业不断发展和升级；大量修建铁路使国内市场一体化程度不断提高。② 在这个过程中，英国的人口规模也迅速增长，城市化率也不断提高，为国内循环的扩大提供了源源不断的劳动力和消费市场。③ 再如美国，其在独立之后的很长一段时间内属于一个农业国家，主要是为英国和欧洲大陆国家提供工业原材料，但是美国通过健全和提高"国内经济大循环"能力，建立了

---

① 《资本论》第1卷指出，"通过把农民从土地上强行赶走，夺去他们的公有地的办法，造成了人数更多得无比的无产阶级。在英国，特别是佛兰德毛纺织工场手工业的繁荣，以及由此引起的羊毛价格的上涨，对这件事起了直接的推动作用"。（马克思：《资本论》第1卷，人民出版社2018年版，第825页）。

② 1850年，英国的纺织品、钢铁产量和金属制品产量占世界一半，造船业和铁路里程也都居世界首位；1860年，英国的工业产值占欧洲的55%—60%，占世界的40%—50%（阎照祥：《英国史》，人民出版社2014年版，第286页）。

③ 在16世纪初，英格兰的总人口仅为400万左右，1741年增加到557万人，1811—1881年，由于国民生活水平的相对提高和医疗卫生条件的改善，英格兰人口由1000万人增至2600万人。英国的城市化率也大幅度提高，1851年，英国领世界之先，城市人口超过农村人口；1870年城市人口占全国人口的70%（阎照祥：《英国史》，人民出版社2014年版，第125、第246、第286页）。

完整的国内工业生产体系，逐渐摆脱对英国和欧洲大陆的依赖。反观西班牙、葡萄牙和荷兰，它们始终没有建立完整的"国内经济大循环"体系，而是过度依赖国际市场，缺乏安全稳定发展的国内经济根基，最终在"大国竞争"中走向衰落。①

三、马克思关于资本主义"以国内大循环为主体"的一般规律适用于中国

根据马克思主义的唯物辩证法，虽然从剩余价值出发所建立"国内经济大循环"理论是立足于资本主义经济基础上的，但是其所包含的一般性规律仍适用我国社会主义市场经济。当然，我们也需要结合中国社会主义经济运行的特殊性来加以灵活运用。

一方面，我们完全可以提炼出马克思关于市场经济"国内大循环"的一般性规律，并且剥离掉剩余价值生产的阶级属性，而有效发挥其社会属性，从而用来理解我国的"国内经济大循环"。② 如果超脱具体的生产方式来看剩余价值，它只是一种超出必要劳动时间而创造出的价值。所以，其是否具有阶级属性就取决于它如何被生产出来、由谁来支配和使用。如果作为分配正义的按劳分配原则可以实现，那么相对剩余价值的生产就可以使工人实际工资不断提高，带来工人消费水平持续上

---

① 西班牙是哥伦布地理大发现之后获得货币财富最早的国家，它们从美洲获得了大量的金银财富。这些财富可以用于投资和消费，但是西班牙却仅仅选择了消费，其基本不制造任何制成品，而只是购买其他国家的产品，甚至食品和武器设备都需要进口（戴维·S. 兰德斯：《国富国穷》，新华出版社 2010 年版，第 180 页）。

② 这一思路也类似于孟捷指出的"将相对剩余价值生产理论发展为解释现代市场经济的一般理论，其前提是承认剩余价值和资本等概念具有两重性：一方面具有特定的阶级属性，另一方面也具有公共性或一般意义的社会性"（孟捷：《中国特色社会主义政治经济学理论体系研究（上）》，《经济导刊》2020 年第 8 期）。

升，从而具有一般意义的社会性。此外，如果相对剩余价值的其他部分可以最大限度地用于生产性投资和创新，则其将有助于带来更快的经济增长、创造出更多的社会福利。在资本主义国家，资本积累更多的是个体资本家的积累，而在社会主义国家，更多的是国家整体资本的积累，可以使社会供给和生产能力不断提高。社会主义国家也完全可以通过合理的分配制度，促使工人实际工资不断提高，并持续提升劳动力的再生产能力，创造出更大的消费市场，使国内大循环得以顺利进行。

另一方面，从实践来看，我国对剩余价值的分配和消费也完全不同于资本主义经济，从而可以有效规避在资本主义经济中出现的国内循环的内在矛盾。我国既可以发挥有效市场的效率来促进相对剩余价值的生产，又可以发挥有为政府的调节使其得到合理分配。所以，在资本主义经济中出现的劳动生产力发展导致的可变资本与不变资本比重的不断降低，以及相应的相对人口过剩和生产过剩的矛盾在我国可以得到根本缓解。在一次分配环节，剩余价值可以在我国的民营企业、外资企业和国有企业之间进行合理分配，不造成生产矛盾的过度恶化。我国也可以引导进行更为公平有效的二次分配，保证实际工资始终高于劳动力价值并按一定比例上涨，从而使剩余价值在消费和积累之间合理分配。我国完全可以确保在劳动生产率不断提高的同时，资本的有机构成控制在合理范围，保证正常的利润率和相对人口不至于过剩，从而形成劳动力和资本积累的良性循环，顺利实现"国内大循环"。

第二节　马克思的世界市场理论与"双循环"

马克思也指出了相对剩余价值不断积累引致的资本主义经济内在矛

盾，将使其国内经济大循环机制遭到破坏的可能性。这使世界市场的形成成为历史必然，马克思据此构建了世界市场理论，分析了对外贸易和国外市场对资本主义经济国内循环的重要性。

一、资本主义经济体国内循环的内在矛盾和世界市场的创造

尽管有所缓和，但是资本主义生产关系中始终存在相对剩余价值生产和积累机制被破坏的内在矛盾。一方面，实际工资的上涨幅度往往远低于劳动生产率和相对剩余价值提高的幅度。正如马克思指出的，"在劳动生产力提高时，劳动力的价格能够不断下降，而工人的生活资料量同时不断增加。但是相对地说，即同剩余价值比较起来，劳动力的价值还是不断下降，从而工人和资本家的生活状况之间的鸿沟越来越深"[1]。这导致消费市场扩大的幅度有限，远远满足不了生产率提高导致的产品供给增加速度，从而使产品价格下降，相对剩余价值的实现受到阻碍。因为"社会消费力既不是取决于绝对的生产力，也不是取决于绝对的消费力，而是取决于以对抗性的分配关系为基础的消费力；这种分配关系，使社会上大多数人的消费缩小到只能在相当狭小的界限以内变动的最低限度"[2]。另一方面，实际工资上涨的缓慢和资本快速积累也会使资本的有机构成不断提高，使资本的利润率不断下降，也会造成劳动力的相对过剩。"不变资本同可变资本相比的这种逐渐增加，就必然会有这样的结果：在剩余价值率不变或资本对劳动的剥削程度不变的情况下，一般利润率会逐渐下降……由于更多地使用机器和一般固定资本，同数工人在同一时间内可以把更多的原料和辅助材料转化为产品，也就是

---

① 马克思：《资本论》第 1 卷，人民出版社 2018 年版，第 597—598 页。

② 马克思：《资本论》第 3 卷，人民出版社 2018 年版，第 273 页。

说，可以用较少的劳动把它们转化为产品。"① 甚至于，"到了一定的发展程度上，在工业部门极度扩展的同时，所使用的工人人数不仅可能相对地减少，而且可能绝对地减少"②。这种"利润率的下降会延缓新的独立资本的形成，从而表现为对资本主义生产过程发展的威胁；利润率的下降在促进人口过剩的同时，还促进生产过剩、投机、危机和资本过剩"③。

那么，资本主义经济体如何解决这种矛盾，其无外乎有以下几种方式。第一，资本主义经济危机式的硬着陆，资本主义经济体的周期性经济危机就是这一现象的反映。第二，工人集体谈判能力的增强、实际工资大幅上涨，使工人与资本家的矛盾暂时缓和。第三，创造对外贸易与世界市场，建立海外殖民地与掠夺，这是最主要的形式。随着资本有机构成的不断提高以及私人占有的内在矛盾，其国内平均利润率趋于下降，资本主义经济体需要在全世界扩张以获得超额利润来弥补国内循环的利润率下降，从而创造了世界市场。

二、马克思的世界市场理论指出了"国内国际双循环相互促进"的必要性

资本主义生产关系的内在矛盾促使资本家开拓了世界市场，所以关于资本主义世界市场发展的论述，也是马克思主义政治经济学的重要组成部分。习近平总书记曾指出，"马克思、恩格斯在《德意志意识形态》《共产党宣言》《1857—1858 年经济学手稿》《资本论》等著作中就详

---

① 马克思：《资本论》第 3 卷，人民出版社 2018 年版，第 236 页。
② 马克思：《资本论》第 1 卷，人民出版社 2018 年版，第 515 页。
③ 马克思：《资本论》第 3 卷，人民出版社 2018 年版，第 270 页。

细论述了世界贸易、世界市场、世界历史等问题"①。具体来看，马克思 1857 年撰写的《〈政治经济学批判〉导言》中就曾有这一研究计划："（4）生产的国际关系。国际分工。国际交换。输出和输入。汇率。（5）世界市场和危机。"②马克思也说："我考察资产阶级经济制度是按照以下的次序：资本、土地所有制、雇佣劳动、国家、对外贸易、世界市场。"③事实上，美洲的发现和工业革命已经使世界市场成为历史必然和客观存在，"大工业建立了由美洲的发现所准备好的世界市场"④，"大工业便把世界各国人民互相联系起来，把所有地方性的小市场联合成为一个世界市场"。⑤

世界市场之所以对资本主义经济非常重要，是因为它能够把价值发展为国际价值、使剩余价值可以在世界范围内实现，从而扩大市场并提高利润率。"对外贸易一方面使不变资本的要素变得便宜，一方面使可变资本转变成的必要生活资料变得便宜，就这一点说，它具有提高利润率的作用，因为它使剩余价值率提高，使不变资本价值降低。""它在这方面起作用，是因为它可以使生产规模扩大。在资本主义生产方式的发展中，由于这种生产方式的内在必然性，由于这种生产方式要求不断扩大市场，它成为这种生产方式本身的产物。"⑥与此同时，暂时落后国家参与世界市场也可以获得一定收益，因为"这种国家所付出的实物形式的对象化劳动多于它所得到的，但是它由此得到的商品比它自己所能生

① 《习近平谈治国理政》第二卷，外文出版社 2017 年版，第 210 页。
② 《马克思恩格斯全集》第 2 卷，人民出版社 2012 年版，第 709 页。
③ 《马克思恩格斯选集》第 2 卷，人民出版社 2012 年版，第 1 页。
④ 《马克思恩格斯选集》第 2 卷，人民出版社 2012 年版，第 401 页。
⑤ 《马克思恩格斯选集》第 2 卷，人民出版社 2012 年版，第 299 页。
⑥ 《马克思恩格斯选集》第 2 卷，人民出版社 2012 年版，第 503—504 页。

产的更便宜"①。

更进一步，马克思甚至提出了"国内国际双循环"的初步想法，他指出："世界市场不仅是同存在于国内市场以外的一切外国市场相联系的国内市场，而且同时也是作为本国市场的构成部分的一切外国市场的国内市场。"②虽然马克思的世界市场理论是建立在资本主义经济的国内国际双循环，但是其关于经济系统循环的基本原理和一般规律仍揭示了社会主义国家在经济建设中利用国内国际两种资源、两个市场发展本国经济的可能性。对外贸易和世界市场对我国经济建设有双重作用：一方面，社会主义市场经济虽然不存在全局性和普遍性的生产力提高与可变资本比重不断下降的矛盾，但是在部分行业和部分地区仍可能存在这一问题，世界市场可以降低这一问题的程度。另一方面，参与国际循环有助于我国技术和资本的快速积累和经济的较快增长。在社会主义国家，生产力是制约社会扩大再生产的最主要因素。我国可以吸收和学习发达国家的先进技术，甚至是在发达国家无法广泛使用的现有技术。例如高铁技术，资本主义生产力提高与资本有机构成之间的矛盾决定了这一技术无法使用，但是可以被我国吸收和使用。当然，也许有人会说我们在国际贸易中会存在被发达国家剥削的问题，但这种被剥削只是相对的，我们总体还是获利了的，例如可以获取更多低成本的中间产品和机器设备。关于这一点，列宁在分析社会主义国家为什么要同资本主义经济体进行贸易时就已经指出，"我们的目的就是同英国签订贸易协定，以便较正常地进行贸易，使我们能够尽快地买到实现恢复国民经济的庞大计划所需要的机器。这个工作进行得愈快，我们不依赖资本主义国家的经

---

① 马克思：《资本论》第 3 卷，人民出版社 2018 年版，第 265 页。
② 《马克思恩格斯全集》第 30 卷，人民出版社 1995 年版，第 239 页。

济独立就愈有基础"①。这是因为"从建设社会主义的观点来看，现在多付几亿给外国资本家并因此获得恢复大工业所需的机器和材料，这对于我们是有利的，这些机器和材料可以使我们恢复无产阶级的经济基础"②。要素和产品市场的扩大，也有利于加快我国资本积累的速度，使整个经济循环有更大的空间。

但是需要指出的是，在经济发展初期，我国的技术落后、生产率较低，所以只能较多依靠出口低端产品和国际循环，但是随着技术进步和生产率的提高，我国将越来越具备更多依靠国内经济大循环的客观条件。我国与世界市场交换的内容也将不断发生改变，将由进口原料和核心部件、输出低端商品为主逐渐向进口资源产品、最终制成品，出口技术和核心部件以及中高端商品为主改变。所以，未来国内国际双循环新发展格局的关键环节就是科技创新和技术进步。

三、在世界市场下确保国内市场安全稳定仍是各国的首要目标

虽然参与世界市场是一国经济成功发展的必要条件，但是这种成功的前提仍是国内市场的安全稳定。这正如习近平总书记指出的，"构建新发展格局最本质的特征是实现高水平的自立自强"③。这种高水平的自立自强当然不是靠关起门来就可以做到的，这已经被鸦片战争以来的中国近现代历史教训所证明。那就是，闭关自守并不能带来真正的国富民

---

① 《列宁全集》第 40 卷，人民出版社 1986 年版，第 104 页。
② 《列宁全集》第 41 卷，人民出版社 1986 年版，第 306 页。
③ 习近平：《把握新发展阶段，贯彻新发展理念，构建新发展格局》，《求是》2021 年第 9 期。

强，相反只能带来贫穷落后以及与世界的差距扩大。所以，我国需要在安全发展的基础上更高质量参与国际经济循环，才能最大限度发挥国际经济循环的积极作用。这就是说，我国要在社会化再生产过程的矛盾运动中克服障碍，要从过去中低水平、中低质量的"双循环"迈向新发展阶段的高水平、高质量的"双循环"（裴长洪、刘洪愧，2021）。

一方面，中国经济"以国内大循环为主体"并不意味着自给自足的封闭经济，也不是什么事情都自己干，而是在关键核心技术和产品上能够自给，做到不受制于人。在此基础上，中国仍要积极参与国际分工和国际循环。高质量发展的关键在于国内国际经济循环的畅通无阻，实现各种生产要素在生产、分配、流通、消费各环节有机衔接。"以国内大循环为主体"更多要表现在内需和外需的数量比例上，更要体现为国内供给体系的完善，对国民经济活动引导、带动和控制力的增强，对中国有效参与国际循环的支撑作用更强。同时，"国内国际双循环相互促进"也将由以往的较低水平转向更高水平，不仅是中国与世界的商品交换、更是资本、要素、规则、标准、文化等全方位的交换和促进，从而形成中国高水平的开放型经济。

另一方面，我国要坚持在安全发展基础上积极主动地融入国际生产分工体系，积极参与国际分工和国际循环。安全发展最本质的特征是实现高水平的自立自强，关键在于产业链供应链的自主可控、关键零部件不被"卡脖子"，以及资源、能源、生存必需消费品的稳定供给。在此基础上，我国仍要积极融入国际生产分工体系，不必要在所有产业的全部生产环节都实现国内自给自足。这不仅是从国际政治经济学方面的考虑，例如它将引起与其他国家的不必要矛盾，不利于国际统一战线的建立，而且是从经济效率方面的考虑。而且，我国要改变以往被动地参与国际经济循环的局面，要在高水平"以国内大循环为主体"的基础上，主动参与国际经济循环，主动外包部分生产环节，甚至引领某些产业、某些区域的国际经济循环。这将既为国内经济大循环创造新动力，又将提供国际经济循环的新活力、新模式，从而使"国内国际双循环相互促进"具有世界性意义。

第三节　马克思主义中国化理论与新发展格局

新中国成立以来，党的几代领导集体将马克思主义政治经济学关于经济"国内国际双循环"的一般规律同当时的国内国际具体情况结合起来，形成了中国化的经济循环理论。党的十八大以来，习近平总书记立足"当今世界正经历百年未有之大变局"的国际形势研判，明确提出构建"国内国际双循环"新发展格局。在马克思主义中国化的过程中，我国始终坚持在独立自主、自力更生基础上发展对外经贸关系。这实际上是立足于国家安全的统筹考虑，只有做到独立自主、自力更生，才有国家经济安全以及其他各方面的安全。

一、改革开放以前的世界市场及中国独立自主经济循环思想的形成

在第二次世界大战后，在东西方冷战和对峙背景下，形成了以美国为首的资本主义市场和以苏联为首的社会主义国家之间的国际市场，世界市场被分割为两个平行对立的市场。新中国成立后，以美国为首的一些西方国家不接受中国关于政治和经济主权独立的要求，对新中国封闭了资本主义世界市场，所以我国只能加入社会主义国家之间的国际市

场。例如，1949年年初新中国成立前夕，相当部分的美国人认为，为了防范苏联对中国的拉拢，需要抛弃国民党政权而与中国共产党建立联系，但这种联系需要附带政治条件，即新中国必须依附以美国为首的西方国家。但这是新中国所不能允许的，我们希望同西方国家建立经济联系，但是不能附加不对等的政治条件。中国共产党坚持民族独立的态度使西方国家恼羞成怒，开始对新中国实行经济封锁。1950年12月14日，美国国务院新闻公报提出："美国政府今天已采取措施，将中国共产党在美国管辖之一切资产置于管制之下，并颁布章程禁止在美国登记的船只在另有通知以前驶往中国港口"；1951年5月8日，美国通过操纵联合国大会通过了《实施对中国禁运的决议》，英国、法国等投票赞成，并公布对华禁运货单。① 所以，新中国不是不愿意，而是当时的世界政治经济形势不允许我国与西方国家建立对等的经济和贸易联系。正如邓小平同志所说的："毛泽东同志在世的时候，我们也想扩大中外经济技术交流，包括同一些资本主义国家发展经济贸易关系，甚至引进外资、合资经营等等。但是那时候没有条件，人家封锁我们。"② 新中国要保持真正的民族独立，只能参与社会主义国家之间的国际市场，因此我国在当时制定了"一边倒"的对外政策，即只与社会主义国家建立经贸联系。③

所以，我国这段时间一直强调自力更生、艰苦奋斗，经济发展主要"以国内大循环为主体"。但是，从党和国家领导人对参与世界市场以及开展经贸合作的基本态度来看，一直都是积极的。历史资料表明，在

---

① 孙健：《20世纪的中国——走向现代化的历程（经济卷1949—2000）》，人民出版社2010年版，第35页。

② 《邓小平文选》第二卷，人民出版社1994年版，第127页。

③ 毛泽东同志在1949年6月30日发表的《论人民民主专政》一文中确定了"一边倒"的新中国外交政策。

抗日战争胜利后，中国共产党就曾经设想在解放区利用外资兴办企业。1946 年 5 月，中共中央指示山东解放区"我应采取直接与美国及英法等国政府及其个别商人进行经济合作的方针，在两利的原则下，我们政府及商业机关应和外国商人以至外国政府直接订立一些经济契约，吸收外资来开发山东的富源，建立工厂，发展交通，进行海外贸易与提高农业和手工业。在订立这种契约时，只要避免不致因此而受垄断、受控制及受外间政治上的攻击"，"而又对我有利，即应放手订立，允许外国人来经商开矿及建立工厂，或与中国人合作来经营工矿"。① 毛泽东同志在党的七届二中全会上也指出，"关于同外国人做生意，那是没有问题的，有生意就得做，并且现在已经开始做，几个资本主义国家的商人正在互相竞争。我们必须尽可能地首先同社会主义国家和人民民主国家做生意，同时也要同资本主义国家做生意"②。1949 年 4 月南京解放以后，毛泽东同志就立刻派黄华与美国驻华大使司徒雷登接触，试图与美国建立外交关系。③ 新中国成立后，毛泽东同志访问苏联时曾电告中央"在准备对苏贸易条约时应从统筹全局的观点出发，苏联当然是第一位的，但同时要准备和波捷德英日美等国做生意"。④ 新中国成立初期的这些对外开放思想和尝试给之后邓小平同志的改革开放实践建立了理论和实践基础，表明改革开放思想并不是凭空产生的，它不仅是新形势下与时俱进的创新，也是我党以往经济工作实践和思想的延续和发展。

尽管面对诸多困难，我国这段时间的经济建设仍取得了诸多重大成绩，特别是与社会主义国家的经济合作成效显著。例如，20 世纪 50 年

① 《建党以来重要文献选编（1921—1949）》第 23 册，中央文献出版社 2011 年版，第 24 页。

② 《毛泽东选集》第四卷，人民出版社 1991 年版，第 1435 页。

③ 邱敏学：《毛泽东邓小平若干经济理论问题研究》，人民出版社 2017 年版，第 32 页。

④ 薄一波：《若干重大决策与事件的回顾》上卷，中共党史出版社 2008 年版，第 28 页。

代中国工业化开始起步，获得了苏联 56.76 亿旧卢布的贷款，建设实施了 156 个大型工业项目。[①] 在社会主义国家的援助和我国自身的经济积累基础上，新中国在很短时间内就奠定了工业化的基础。50 年代后期和 60 年代初期，苏联试图强加一些不平等条件给中国，我们同样坚持独立自主的对外政策。新中国不允许美国附带政治条件，当然也同样不允许任何其他国家这样做，哪怕同是社会主义阵营的国家。这一行动不可避免地惹怒了苏联，从而中断了中苏经济贸易和技术合作，使中国遭受了严重的经济困难和第一次的对外开放风险。当然，它也给予我们诸多宝贵启示，这就是在任何情况下，都要坚持走独立自主、自力更生的国内经济循环发展道路。但是，这与对外开放并不矛盾，我们始终坚持对外开放与合作，始终坚持参与国际经济循环。

到了 20 世纪 70 年代，世界政治经济形势发生了新的变化，这主要包括：1971 年恢复中华人民共和国在联合国的一切合法权利，中苏关系的恶化和中美关系得到缓和，中国和西方发达国家的关系正常化并建立了正式的外交关系。毛泽东同志据此在 1974 年提出了"三个世界"划分的理论，这是中国对世界形势的新判断，事实上影响了整个世界政治经济局势的演变，也促成了 70 年代的中美建交和中日建交。当时，毛泽东同志认为在发展中国家和美苏两个超级大国之间有一个中间地带，即第二世界发达国家，中国可以先和这些国家开展经济贸易联系和技术合作，以此带动对其他国家的经济技术合作。这一理论首次指出了中国与世界资本主义经济体发生联系的现实可能性，对于中国在新的世界形势下如何进行对外开放和经济技术合作提供了理论依据和思想引领，成为马克思主义政治经济学中国化的重要里程碑。在这一理论指导下，中

---

① 杨尚昆：《杨尚昆日记》（上），中央文献出版社 2001 年版，第 566 页。

国于 70 年代中期与处在第二世界中的许多西方资本主义国家建立了贸易和经济技术合作关系，比较有代表性的是我国的第二次大型成套设备的引进。根据当时中国经济和人民生活的需要，我国先后引进了 13 套大型化肥生产设备，每年可生产标准化肥 1300 万吨；此次还引进了 4 套化纤设备、3 套石油化工设备（北京石油化工总厂、上海石油化工总厂一期工程、辽宁石油化纤厂，投资额均在 10 亿元以上）、1 套 5 万吨烷基苯工厂、43 套综合采煤机组、1 套轧钢成套设备，以及多套发电机、汽轮机、压缩机等设备，对外共签约成交额 39.6 亿美元。[①] 这些对外经济合作都是向西方发达国家，如西德、美国、英国、法国、荷兰、日本等发达经济体开放，甚至还引进了美国技术。这是我国自 50 年代引进苏联 156 个大型项目之后的第二次大型工业设施建设，既提高了我国的工业生产能力，也表明与资本主义世界市场的联系取得了重大进展。

改革开放之前中国与世界经济发生联系的历史实践和经验给予我们几点重要启示：第一，始终坚持在独立自主、自力更生发展国内经济循环的基础上，积极参与世界市场和国际循环；第二，科学判断世界经济政治形势是国内国际双循环相互促进的基本前提；第三，独立自主、自力更生的国内经济建设是构建"国内国际双循环相互促进"新发展格局的重要基础。

二、改革开放到党的十八大中国参与世界经济循环思想的发展

改革开放以后，邓小平同志针对世界政治经济形势作出了新的判

---

① 阎放鸣：《论我国第二次成套设备的大引进》，《中国经济史研究》1988 年第 1 期。

断，他提出了和平与发展是时代主题的科学论断，认为局部冲突不可避免，但大的战争威胁可以避免，这成为马克思主义政治经济学的新发展。邓小平同志 1985 年指出"在较长时间内不发生大规模的世界战争是有可能的，维护世界和平是有希望的"[1]，"现在世界上真正大的问题，带全球性的战略问题，一个是和平问题，一个是经济问题或者说发展问题"[2]。而且，在中美建交的推动下，邓小平同志提出中国的对外开放主要是向以美国为首的西方资本主义国家开放，从而使中国的对外开放迈开了新的历史性步伐，取得了中国开放型经济建设的巨大成就。这构成了我国改革开放以来对外开放和全面参与世界市场的一个基本依据。而且，邓小平同志坚持解放思想、实事求是的马克思主义基本原理，认为市场经济不是资本主义的专利，社会主义国家也可以利用市场经济，从而使国内经济循环发展起来。

进入 20 世纪 90 年代以后，江泽民同志、胡锦涛同志等党的领导人坚持了邓小平同志关于和平与发展是时代主题的判断，并进行了创新与发展。他们对世界政治经济形势的判断是，以美国为首的西方发达国家为了扩大跨国垄断资本的全球利益，极力鼓吹和推动贸易投资自由化，包括中国在内的世界各国基于自身利益考虑也都纷纷参与以西方国家为主导的经济全球化。这个新的经济全球化趋势给予了中国更大的战略发展机遇，中国只要坚持扩大开放并积极参与经济全球化，就能够获得更大的开放红利。在此期间，中国成功加入世界贸易组织，更大程度上推动了中国全方位的对外开放，从而形成了改革开放以来中国在对外开放和经济建设方面更辉煌的成就。这具体表现为中国利用劳动力、土地、基础设施、市场规模、供应链网络等方面的前后相接的动态比较优势，

---

[1] 《邓小平文选》第三卷，人民出版社 1993 年版，第 127 页。
[2] 《邓小平文选》第三卷，人民出版社 1993 年版，第 105 页。

成功融入全球价值链网络，更大程度参与国际经济大循环，并以此促进了国内经济发展。

总结来看，从1978年改革开放到2012年党的十八大召开这段时间，中国始终坚持对内深化改革，从而畅通"国内大循环"的体制机制障碍，对外则不断加大开放力度，积极参与"国际循环"，从产品和要素市场开放逐渐转变到制度性开放，成为世界经济的重要推动因素。

三、习近平总书记关于世界形势的新判断与新发展格局的提出

习近平总书记首先总结了经济全球化历史进程，基本要义是：经济全球化大致经历了3个阶段。一是殖民扩张和世界市场形成阶段，西方国家靠巧取豪夺、强权占领、殖民扩张，到第一次世界大战前基本完成了对世界的瓜分，世界各地区各民族都被卷入资本主义世界体系之中。二是两个平行世界市场阶段，第二次世界大战结束后，一批社会主义国家诞生，殖民地半殖民地国家纷纷独立，世界形成社会主义和资本主义两大阵营，在经济上则形成了两个平行的市场。三是经济全球化阶段，随着冷战结束，两大阵营对立局面不复存在，两个平行的市场随之不复存在，各国相互依存大幅加强，经济全球化快速发展演化。[①] 在此基础上，习近平总书记分析了世界政治经济形势的新发展并作出了新判断，可以概括为：当今世界正经历百年未有之大变局，国内外形势正在发生深刻复杂变化，但和平与发展仍然是时代主题，我国发展仍然处于重要

---

① 《习近平谈治国理政》第二卷，外文出版社2017年版，第211页。

战略机遇期，但机遇和挑战都发生了变化。①

特别是当中国国内经济总量跃升为世界第二之后，美国开始把中国视为全面的战略竞争对手。这突出表现为 2016 年特朗普政府上台后，极力迎合美国右翼保守势力和民粹主义的利益诉求，推行单边主义和贸易保护主义政策，对中国和其他国家随意进行贸易制裁，经济全球化遭遇前所未有的逆流。对此，习近平总书记敏锐洞察到世界政治经济形势的新变化，他早在 2017 年 12 月就指出："放眼世界，我们面对的是百年未有之大变局。"② 尽管世界处于百年未有之大变局中，但是时代发展潮流没有改变，新兴市场经济体的发展势头没有改变，中国全方位对外开放的政策也不会改变。这正如习近平总书记 2019 年 10 月 25 日与巴西总统博索纳罗会谈中所指出的："当今世界正经历百年未有之大变局，但和平、发展、合作、共赢的时代潮流没有变，中国、巴西等新兴市场国家整体崛起的势头没有变。"③ 面对这种百年未有之大变局，中国仍然处在大有可为的战略机遇期，中国的基本理念仍然是构建开放性世界经济以及推动构建人类命运共同体。

2020 年开始的新冠肺炎疫情使全世界都遭受了严重冲击，世界经济深度衰退、国际贸易和投资大幅萎缩、国际人员交流受到限制、地缘政治风险不断加剧，全球化面临更大困难。对此，习近平总书记深刻分析了世界形势的新变化，要旨是：我国将在一个更加不确定不稳定的世

---

① 党的十八大报告指出，"当今世界正在发生深刻复杂变化，和平与发展仍然是时代主题……世界仍然很不安宁"。党的十九大报告指出，"国内外形势正在发生深刻复杂变化，我国发展仍处于重要战略机遇期，前景十分光明，挑战也十分严峻"。党的十九届五中全会公报指出，"当前和今后一个时期，我国发展仍然处于重要战略机遇期，但机遇和挑战都有新的发展变化。当今世界正经历百年未有之大变局……和平与发展仍然是时代主题"。

② 《习近平谈治国理政》第三卷，外文出版社 2020 年版，第 421 页。

③ 习近平：《习近平同巴西总统博索纳罗会谈》，《人民日报》2019 年 10 月 26 日。

界中谋求发展，但我们要站在历史正确的一边，坚持多边主义和国际关系民主化，以开放、合作、共赢胸怀谋划发展，坚定不移推动经济全球化，朝着开放、包容、普惠、平衡、共赢的方向发展，推动建设开放型世界经济，实行更高水平的对外开放。①

随着世界政治经济形势的新变化，我国在处理国内经济发展和对外开放关系上也逐步形成了新战略。这集中体现为"国内国际双循环"新发展格局的提出。2020 年 5 月 14 日，中共中央政治局常务委员会会议首次提出"深化供给侧结构性改革，充分发挥我国超大规模市场优势和内需潜力，构建国内国际双循环相互促进的新发展格局"②。之后 5 月下旬"两会"期间，习近平总书记提出"面向未来，要把满足国内需求作为发展的出发点和落脚点，加快构建完整的内需体系，逐步形成以国内大循环为主体，国内国际双循环相互促进的新发展格局"③。党的十九届五中全会公报和"十四五"规划建议也均提出"加快构建以国内大循环为主体、国内国际双循环相互促进的新发展格局"。④"国内国际双循环"新发展格局代表我国始终坚持的独立自主、自力更生经济建设和对外开放方针的新内涵，从而也成为马克思主义政治经济学的新发展。

---

①　新华每日电讯：《习近平在看望参加政协会议的经济界委员时强调 坚持用全面辩证长远眼光分析经济形势 努力在危机中育新机于变局中开新局 汪洋参加看望和讨论》，2020 年 5 月 24 日。

②　新华社北京 5 月 14 日电，中共中央政治局常务委员会 5 月 14 日召开会议，http://www.xinhuanet.com/politics/2020-05/14/c_1125986000.htm。

③　《把满足国内需求作为发展的出发点和落脚点 扩内需惠民生，激活发展新动能》，《新华日报》2020 年 5 月 28 日。

④　参见《中国共产党第十九届中央委员会第五次全体会议公报》（新华社北京 10 月 29 日电，http://www.xinhuanet.com/politics/2020-10/29/c_1126674147.htm）；《中共中央关于制定国民经济和社会发展第十四个五年规划和二〇三五年远景目标的建议》（《人民日报》2020 年 11 月 4 日）。

第四节　中国经济发展实践的理论分析

改革开放以来中国经济发展实践和历史路径始终符合"国内国际双循环"的理论内涵。我国不断探索创新，开拓出一条由农业生产方式改革推动工业化转型，然后刺激城市化发展，最后进入数字化发展的有效路径。在这个过程中，我国开放型经济积极参与"国际经济循环"，对"国内经济大循环"起到了非常重要的推动作用，但始终是为了促进"国内大循环"又好又快发展，并不断推动世界经济平衡发展。

一、改革开放以来我国经济发展路径符合"以国内大循环为主体"的逻辑

改革开放初期，我国首先是在农村探索出一条新的农业生产方式，即家庭承包责任制，不仅极大地提高了农业生产效率，也释放出大量农村剩余劳动力，为之后的工业化准备了物质基础。然后，我国从 20 世纪 80 年代开启新的工业化进程，90 年代中期以来进一步提速，一直持续到 21 世纪初期，此后工业化速度开始减缓。[1] 工业部门的扩张引起了对固定资产和基础设施投资的极大需求，而且工业部门的劳动生产率远高于农业生产率，这使中国经济增速快速上升，成为这段时间中国经济发展最主要的动力。[2] 2000 年以来，我国工业化进入中后期，但是

---

[1]　中国经济增长前沿课题组:《城市化、财政扩张与经济增长》,《经济研究》2011 年第 11 期。

[2]　Brandt, Hsieh & Zhu（2008）研究表明在 1988—2004 年间，非农部门对经济增长的贡献率超过了 60%。

其所引起的人口集聚和人民收入水平的上升促成了我国城市化极大发展，大量农业人口持续转移到城市。数据显示，我国 2000 年的城镇化率仅达到 35.39%，远低于发达国家的水平，2011 年首次超过 50%，达到 51.27%，2019 年中国城镇化率突破 60%，达到 60.6%。[①] 城市人口的平均消费水平普遍高于农村，城市化也诱发了对基础设施和公共服务的较大需求，从而使国内消费和投资需求继续增长，维持了较高的中国经济增速。

进入"十四五"时期，我国的工业化和城市化已经进入后期，面临新的结构转变。我国开始进入服务化阶段，服务业在经济中的比重不断上升。从发达国家的经验来看，第三产业和服务经济比重的上升，也是工业化完成后各国经济发展的一般规律。未来我国的数字经济将加快发展，数字基础设施、数字产品和数字消费将成为新的经济发展动力。2018 年 12 月中央经济工作会议就把 5G、人工智能、工业互联网、物联网定义为"新型基础设施建设"，2019 年 7 月的中共中央政治局会议进一步提出"加快推进信息网络等新型基础设施建设"。2020 年 3 月中共中央政治局常务委员会会议强调"加快 5G 网络、数据中心等新型基础设施建设进度"。党的十九届五中全会也指出："系统布局新型基础设施，加快第五代移动通信、工业互联网、大数据中心等建设。"从上述权威文件不难发现，中央明确指出的新基建包括 5G、人工智能、工业互联网、物联网、数据中心。所以，新基建主要就是指数字基础设施建设。这将使 5G 技术更加成熟，并推动智能制造、新能源和自动驾驶汽车、智能家居等新产品的发展，成为推动未来中国经济发展数字化转型的新动力。

---

① 数据来自国家统计局 2011 年和 2019 年发布的国民经济和社会发展统计公报。

纵观中国经济发展的路径，无论是农业生产方式改革、工业化、城市化（包括房地产和基础设施建设投资）、服务化还是未来的数字化，其始终是为了解决当时迫切需要解决的国内需求问题。例如在 20 世纪 80 年代，我国经济的特点是供给不足的"短缺经济"，农村生产方式改革和乡镇企业发展及时解决供给不足问题。我国始终立足于"人民日益增长的物质文化需要同落后的社会生产之间的矛盾"。党的十九大以来，"我国社会主要矛盾已经转化为人民日益增长的美好生活需要和不平衡不充分的发展之间的矛盾"。从这一表述可以看出，经济发展仍然是为了满足人民的需要。所以，改革开放以来，我国经济发展一直坚持"以国内大循环为主"，这是由我国的发展目标所决定的。

这一发展路径也正好印证了马克思主义政治经济学关于"以国内大循环为主体"的理论阐释。劳动力由农业部门向工业部门转移的结构转型效应促进了我国劳动生产率的提升，使经济供给能力和经济快速增长，反过来又刺激了工业部门的劳动力需求，支撑起更大规模的农村劳动力向城市工业部门的转移。在这个过程中，劳动力的实际收入不断提升，消费能力开始升级，市场规模不断扩大。而经济增长的另外一部分剩余价值则转变为劳动力积累，具体表现为人口规模扩大和人力资本提升，以及资本形成和资本积累的不断增加，进一步促进经济供给能力和经济增速上升。

二、"国际循环"对"国内循环"起到了重要促进作用

当然，"国际循环"特别是对外贸易也很重要，但是中国的开放型经济始终立足于服务"国内大循环"又好又快发展。在开放型经济发展过程中，我们始终坚持外为我用、对我有利，借助"国际循环"来满足

国内消费和生产方面的不足和短板。在我国经济发展的特定阶段（特别是加入世界贸易组织以来的十年间），我国对国际循环更加重视，使对外贸易和引进外资方面发展较快。这只是说明在发展的某个历史阶段，国际循环是短板，其发展相对滞后。这种国内国际循环相对的不均衡对国内循环构成了一定的制约，因而需要加快发展。所以，我国对外贸易的快速发展并不能否认国内循环为主，我们需要厘清一定时期发展的短板与贯穿始终的发展目标之间的区别，国际循环是一定时期的短板，国内循环才是贯穿我国经济发展始终的目标，这也可以从我国发展实践中得到更清醒的认识。

　　例如，20世纪80年代以后，经济全球化加速推进，国际产业链纷纷向东亚地区转移。中国当时有最大规模的低成本劳动力，但是缺乏资本、零部件供给和消费市场。因此，中国开始大量吸收外商投资来发展加工贸易，不仅促进了货物出口的迅速增长，也有利于全球价值链的进一步深化，从而推动全球贸易和投资增长。但是，"价值链贸易"以及相应的"两头在外"的贸易模式必然会导致"大进大出"，体现在贸易统计上就是巨大的进口额和出口额，导致以对外贸易依存度来计算的中国对世界经济的过度依赖。但是，这种依赖只是数字上的假象，我国对外贸易依存度实际上并没有那么高。未来，随着我国外贸方式的转变，特别是加工贸易比重的下降和一般贸易比重的上升，这种统计数据上的高度依赖也会得到根本扭转。

　　就对外贸易对"国内循环"的促进而言，正如上文关于我国参与"国际循环"的马克思主义政治经济学分析，出口可起到扩大消费市场、缓解资本有机构成下降，从而提高国内企业利润率和劳动力需求的目的，进而有利于国内大循环的实现。当然，我国出口也是全球供应链的重要一环，本身就是国际循环的一部分。出口所赚取的国际收入也是进口和对外投资的必要条件。进口则在"以外促内"和"以内促外"两个方面都能发挥重要作用。一方面，高技术中间品和资本品、资源能源产品、高端生产性服务、高级专业技术人才的输入可以有效提高国内大循环的生产效率，从而提高供给能力，达到"以外促内"的目的。另一方面，进口通过利用中国超大规模的市场优势，与世界各国共享中国发展的成果，能有效促进国际循环的实现。

总体而言，中国开放型经济始终以满足国内需要为出发点是"以国内大循环为主体"的基本建设方针决定的，而与殖民地经济被国际循环所左右、所支配有着完全区别。中国在独立自主基础上发展开放型经济，目的是建立完整的工业生产体系，这与从属于帝国主义世界生产体系的殖民地经济有本质区别。例如，在新中国成立前，我国属于半殖民地经济，基本是从属于帝国主义世界生产体系，所以始终没有建成较为完整的工业生产体系。对此，毛泽东同志在新中国成立之际曾说："中国是一个庞然大国，但工业不如荷兰、比利时，汽车制造不如丹麦。……我们现在坦克、汽车、大口径的大炮、拖拉机都不能造"[1]，"现在我们能造什么？能造桌子椅子，能造茶碗茶壶，能种粮食，还能磨成面粉，还能造纸，但是，一辆汽车、一架飞机、一辆坦克、一辆拖拉机都不能造"[2]。再如，亚非拉的许多第三世界国家在脱离殖民统治之前，其国内经济活动完全是从属于少数发达国家的世界生产体系。发达国家在殖民地建立了大量种植园，从而为它们提供工业原材料和自然资源类产品，如印度为英国提供茶叶、棉花，东南亚各国提供甘蔗、橡胶、木材，非洲也建立了大量农产品种植园。发达国家将殖民地的原材料加工制造成工业产品，再销售到这些殖民地，从而彻底成为它们的产品销售

---

① 《毛泽东文集》第六卷，人民出版社1999年版，第358页。
② 《毛泽东文集》第六卷，人民出版社1999年版，第329页。

市场。据此，殖民地从生产和消费的整个环节，完全沦为了发达国家的附庸。

三、我国开放型经济推动世界经济平衡发展

从理论上看，"国内国际双循环相互促进"所涉及的范畴是中国开放型经济与世界经济在相互交往中形成的一种关系。长期而言，这种关系必须是"双赢"的，表现为中国与世界经济的良性互动、取长补短、互有补益。所以，"国内国际双循环相互促进"不单纯是"以国内循环促进国际循环"，也不仅是"以国际循环促进国内循环"。它的目标是在中国开放型经济与世界经济之间搭建一座更好的桥梁，从而在促进中国经济发展的同时，也推动全球经济持续良性发展。所以，未来"要用顺畅联通的国内国际循环，推动建设开放型世界经济，推动构建人类命运共同体，形成更加紧密稳定的全球经济循环体系，促进各国共享全球化深入发展机遇和成果"[①]。这一新的"国际经济循环"理念与以往单纯依靠汇率来维持全球经济平衡的发展理念有本质区别，有望重构世界经济均衡。2008 年国际金融危机爆发后，世界银行也曾提出"世界经济再平衡"的治理理念，但其依然遵循传统的世界经济平衡观，要求顺差国主动减少贸易顺差，中国也作出过重要努力，但并未扭转国际收支失衡趋势，反而愈演愈烈。[②] 其根源在于美元霸权地位及其造成的"特里芬"难题，与这种霸权稳定论相反，我国希望通过"国内国际双循环

---

① 刘鹤：《加快构建以国内大循环为主体、国内国际双循环相互促进的新发展格局》，《人民日报》2020 年 11 月 25 日。

② 裴长洪、刘斌：《中国开放型经济学：构建阐释中国开放成就的经济理论》，《中国社会科学》2020 年第 2 期。

相互促进"来共建"人类命运共同体",从而使世界经济平衡稳定发展。习近平总书记倡议的共建"一带一路"和中国(上海)进口博览会的举办是这一理念的集中体现,前者开创了新的经济地理和贸易分工方式,使世界经济的区域分布更加平衡;[①] 后者则使各国特别是发展中国家可以更好地进入中国市场,共享中国发展成果。

四、国际环境不确定性下的中国经济安全发展

改革开放以来,世界经济经历了多次危机。例如 1982 年的拉美债务危机、1994 年前后的墨西哥金融危机、1997 年的亚洲金融危机、1997 年前后的俄罗斯金融危机、2008 年的国际金融危机。这些经济、金融危机造成了世界特别是一些国家的经济严重衰退以及相应的经济安全问题。这些事实表明,虽然近 50 年的国际政治经济环境总体保持稳定,但是各种不确定性非常大。思考这些经济危机的原因,其固然有外部冲击的因素,但在很大程度上也是因为这些国家的国内经济循环存在较大问题,无法抵御国际资本的冲击,本质上也属于国家经济安全问题。我国则规避或者成功应对了这些经济危机,或者说这些经济危机没有给我国造成较大负面影响。特别是我国之所以能够成功应对东南亚经济危机,其中一个很重要的原因就是我国坚持在国内经济循环基础之上参与国际循环,内需在我国始终发挥着基本稳定盘的作用。

展望未来,世界正在经历百年未有之大变局,未来的国际环境不确定性会更大,大国竞争和博弈可能加剧,地缘政治风险加大,全球科技竞争不断激烈,国际经济循环格局将发生深度调整。特别是,新冠

---

① 裴长洪、刘洪愧:《习近平新时代对外开放思想的经济学分析》,《经济研究》2018年第2期。

肺炎疫情也加剧了逆全球化趋势，各国经济内顾倾向快速上升。对此，习近平总书记指出"在疫情冲击下全球产业链供应链发生局部断裂，直接影响到我国国内经济循环。当地不少企业需要的国外原材料进不来、海外人员来不了、货物出不去，不得不停工停产。我感觉到，现在的形势已经很不一样了，大进大出的环境条件已经变化，必须根据新的形势提出引领发展的新思路"（习近平，2021）①。在这种情况下，安全发展问题就更加凸显。可以预期，中国经济未来发展的理论逻辑也将发生一定程度的调整，安全发展理念将在各领域、各地区得到更大程度的重视和体现。

（执笔人：刘洪愧）

---

① 习近平：《把握新发展阶段，贯彻新发展理念，构建新发展格局》，《求是》2021年第9期。

第二章

新发展格局的现实逻辑

2020 年 10 月召开的党的十九届五中全会是在我国将进入新发展阶段、实现中华民族伟大复兴处于关键时期召开的一次具有全局性、历史性意义的重要会议。全会重点研究"十四五"规划和未来发展远景目标问题，审议通过了《中共中央关于制定国民经济和社会发展第十四个五年规划和二〇三五年远景目标的建议》（以下简称《建议》），习近平总书记就《建议》向全会做了说明。2021 年 3 月，《中华人民共和国国民经济和社会发展第十四个五年规划和二〇三五年远景目标纲要》发布（以下简称《纲要》）。

《建议》和《纲要》是开启全面建设社会主义现代化国家新征程、向第二个百年奋斗目标进军的纲领性文件，是今后 5 年乃至更长时期我国经济社会发展的行动指南。《建议》的核心要义体现在三个"新"上，即新发展阶段、新发展理念、新发展格局，领会党的十九届五中全会精神，理解和把握"十四五"规划《建议》和《纲要》，其中"三新"是主线。习近平总书记在 2021 年 1 月 11 日省部级主要领导干部学习贯彻党的十九届五中全会精神专题研讨班上的讲话中指出，"进入新发展阶段、贯彻新发展理念、构建新发展格局，是由我国经济社会发展的理论逻辑、历史逻辑、现实逻辑决定的"①。这三个逻辑是党中央在这一时期提出"三新"，以及以"三新"为引导的一系列政策方向的根本原因，

---

① 2021 年 5 月 1 日出版的第 9 期《求是》杂志以《把握新发展阶段，贯彻新发展理念，构建新发展格局》为题刊发习近平总书记的讲话。

是深入理解《建议》和《纲要》的关键。

　　本章主要探讨构建新发展格局的现实逻辑。加快构建新发展格局，是以习近平同志为核心的党中央根据我国新发展阶段、新历史任务、新环境条件作出的重大战略决策，是习近平新时代中国特色社会主义经济思想的又一重大理论成果①。构建新发展格局的"现实逻辑"，概括起来，其实与过去几年中央屡次提到的"两个大局"，即"世界百年未有之大变局"和"中华民族伟大复兴战略全局"，是高度一致的，这两个大局相互交织、相互激荡，构成中央提出构建新发展格局的现实背景和环境。中国发展的环境之变在现实上要求构建以国内大循环为主体、国内国际双循环相互促进的新发展格局。

第一节　构建新发展格局是应对
逆全球化的战略举措

一、美国是第二次世界大战以来全球化的最主要支持者和推动者

　　第二次世界大战以后，原有的世界经济格局发生深刻变化，美国凭借在战争中树立的经济、政治和军事优势地位，积极筹建一个由美国领导和控制的国际经济秩序。1944 年 7 月，美国等 44 个国家或政府的代表在美国新罕布什尔州布雷顿森林举行联合国国际货币金融会议，商讨战后国际货币和金融秩序问题，会议通过了《布雷顿森林协议》，从而

---

　　① 刘鹤：《加快构建以国内大循环为主体、国内国际双循环相互促进的新发展格局》，《人民日报》2020 年 11 月 25 日。

奠定了第二次世界大战后以美国和美元为中心的国际货币、金融和商贸体系。关贸总协定（GATT）作为 1944 年布雷顿森林会议的补充，连同布雷顿森林会议通过的各项协定，统称为"布雷顿森林体系"，即以外汇自由化、资本自由化和贸易自由化为主要内容的多边经济制度，构成第二次世界大战后世界经济体系的核心内容。关贸总协定的继承者是世界贸易组织（WTO），于 1995 年正式开始运作，为世界提供了协商和签订贸易协定、解决贸易争端的政策框架。

因此，尽管全球化（Globalization）这一术语自 20 世纪 90 年代后才开始广为流行，实际上，第二次世界大战后世界的经济格局基本是在联合国、世界银行、国际货币基金组织、关贸总协定（世界贸易组织）等国际组织确定的框架下，向着全球化稳步迈进。中间虽屡有波动曲折，但全球化的大趋势是不变的。特别是在东欧剧变之后，资本主义和社会主义两大阵营的对立以美国为首的资本主义国家集团胜利为终结，更进一步推动了全球化的发展。

全球化的大趋势之所以未曾有大的改变，除了技术进步等因素外，从国际经济政治格局来看，美国作为世界头号强国一直利用自身超强的实力坚定地支持和推动世界的资本和贸易自由化，是一个关键原因。美国对全球化的支持与美国历史经历有密切关系，这里有必要回顾美国的国际贸易战略和关税史。美国的关税税率在第二次世界大战以前上下波动（见图 2-1），其中 1930 年美国实施《斯姆特—霍利法案》大幅提高关税，美国关税平均税率在 1921—1925 年是 25.9%，但《斯姆特—霍利法案》使其飙升至 1931—1935 年的 50%，是美国有史以来关税水平最高的时期之一，这招致其他国家以报复性关税作为回应，恶性贸易战促使了国际贸易的崩溃。因此，臭名昭著的《斯姆特—霍利法案》给美国和世界经济造成了严重损害，使全球经济陷入僵局，是造成 20 世纪

（单位：%）

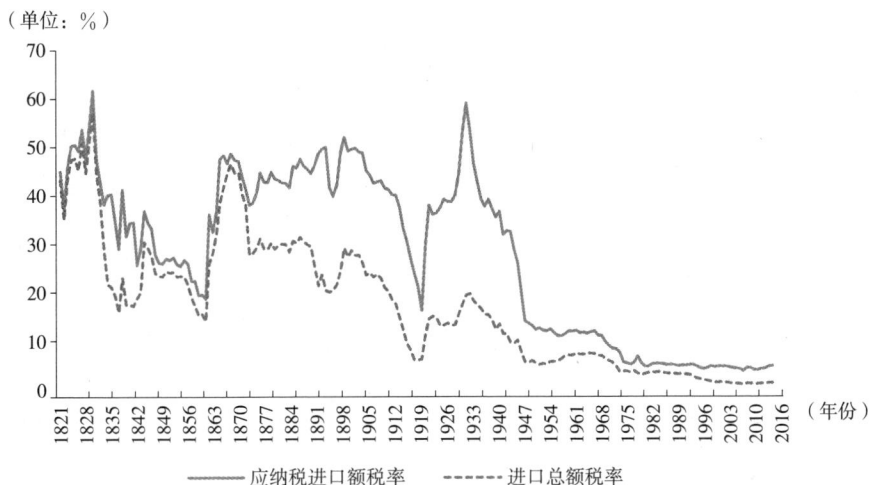

图 2-1　1821—2016 年美国平均关税税率

资料来源：美国国际贸易委员会（U. S. International Trade Commision）；美国人口普查局。

30 年代"大萧条"的重要原因之一[①]。美国人深刻反思，在 1933 年罗斯福总统当选后，美国迎来了长时期的关税下降过程。特别是 1934—1950 年，美国关税税率从超过 50% 大幅下降至不足 15%，1950 年后，则进入长期的缓慢下降时期。[②]

二、美国成为本轮逆全球化和贸易摩擦的始作俑者

因此，本轮全球化遭遇逆流之所以特别和重要，一个关键原因在于，这一轮全球化逆流是由自第二次世界大战以来全球化最主要、最有力的支持者和推动者——美国所发动的。

---

① Whaples, R., "Where is There Consensus among American Economic Historians? The Results of a Survey on Forty Propositions", *The Journal of Economic History*, 1995, p. 144.

② 1950 年后关税下降速度的放缓部分与冷战开始和东西阵营的对立有关。1989 年后苏联的解体不仅结束了冷战造成的世界分裂，也使美国的世界霸权地位大大增强，从而加速了自由市场经济在全世界的传播和全球化的发展。

　　表 2-1 是 2000—2019 年中国、欧盟和美国的关税税率情况，从表
2-1 中可以发现，在加入世界贸易组织前中国的关税税率相对较高，其
中 2001 年加权平均关税税率达到 14.11%，但在加入世界贸易组织后关
税水平迅速下降，"十三五"时期，我国加权平均关税税率已降至不到
4%。欧盟和美国的关税税率处于较低水平，且过去 20 年来税率总体
保持下降趋势。2008 年国际金融危机爆发后，为保护本国经济，美国、
欧盟的贸易政策虽然一度出现保护主义倾向，但美国加权关税税率只从
2008 年的 1.58% 提升至 2009 年的 1.71%，欧盟加权关税税率从 2008
年的 1.72% 提升至 2010 年的 2.13%，提升幅度都十分轻微，且关税税
率很快又开始下降，因此关税政策没有实质性改变。

表 2-1　　2000—2019 年中国、欧盟和美国所有产品关税税率

（单位：%）

年份	中国简单平均关税税率	中国加权平均关税税率	欧盟简单平均关税税率	欧盟加权平均关税税率（所有产品）	美国简单平均关税税率	美国加权平均关税税率
2000	16.40	14.67	3.30	2.41	3.87	2.10
2001	15.39	14.11	4.26	3.37	3.82	2.11
2002	12.15	7.72	2.57	2.45	3.98	2.16
2003	10.69	6.48	2.54	2.52	3.53	1.96
2004	9.81	5.96	2.64	2.24	3.31	1.79
2005	9.24	4.87	2.68	2.46	3.23	1.75
2006	8.89	4.25	2.75	2.30	3.14	1.70
2007	8.93	5.07	2.53	2.24	3.01	1.55
2008	8.70	4.47	2.37	1.72	3.10	1.58
2009	8.09	3.94	2.44	1.85	3.00	1.71
2010	8.09	4.65	2.78	2.13	2.96	1.66
2011	8.13	5.99	2.30	1.59	3.03	1.67
2012	—	—	2.28	1.46	2.99	1.67

续表

年份	中国简单平均关税税率	中国加权平均关税税率	欧盟简单平均关税税率	欧盟加权平均关税税率（所有产品）	美国简单平均关税税率	美国加权平均关税税率
2013	—	—	2.21	1.49	2.87	1.67
2014	7.74	4.74	2.76	2.03	2.93	1.69
2015	7.82	4.52	2.73	2.02	2.80	1.69
2016	7.88	3.54	2.48	2.09	2.76	1.65
2017	8.46	3.83	2.48	1.96	3.36	1.66
2018	7.56	3.39	2.46	1.83	3.25	1.59
2019	5.39	2.53	2.55	1.84	8.70	13.78

资料来源：世界银行。

　　特朗普政府时期，美国贸易政策出现大幅转向。在当选前特朗普就多次表达了向中国征收高额关税以及退出或重谈贸易协议的想法。[①] 当选后，特朗普推行"美国优先"战略，执意发动贸易摩擦，大幅提高了从中国进口商品的关税。2018—2019年中美贸易摩擦的规模不断升级，先后经历四轮加税，到2019年9月，美国对进口自中国的5500亿美元的商品加征关税，这已超过中国对美国出口的年度总额。美国不仅发动与中国的贸易摩擦，而且一度与欧盟等经济体也发生激烈的贸易摩擦。因此，美国挑起的大范围贸易摩擦使其关税税率大幅提高，美国加权平均关税税率在2018年仅为1.59%，到了2019年就提高到了13.78%，简单平均关税税率则提高到了8.7%，这是过去几十年来美国关税税率的最高水平。

　　除了提高关税外，在国际贸易中还有许多其他的措施也可以保护本国产品和产业，如对本国产品补贴、出口补贴、配额管理等措施，因此，若只看关税可能无法全面反映国际贸易中的保护主义倾向。全球贸

---

　　① 例如，2016年1月，特朗普在纽约时报编辑委员会会议上表达了向中国征收45%的进口税的想法，他也频繁抨击北美自由贸易协定和跨太平洋伙伴关系协定（TPP）。

易预警组织（Global Trade Alert）统计了 2008 年国际金融危机以来世界各国采取的贸易干预政策措施的数量和种类，从中可以更清楚地观察到逆全球化和贸易保护主义政策在过去的演变。如图 2-2 所示，世界各国的贸易自由化措施自 2009 年以来虽略有上升，但变化不是很大，但贸易保护措施大幅增加，特别是 2018 年以来贸易保护主义措施急剧上升。2021 年世界各国贸易保护主义干预措施是保护自由化干预措施的 5.7 倍，而这一比例在 2011 年只有 2.5 倍。从干预手段上看，在贸易自由化的措施中，最主要的政策工具是降低关税，但是贸易保护措施中，最主要的政策工具不是关税，而是政府补贴（包括政府对本国产品和消费的补贴，以及政府的出口补贴）等。因此，如果只看关税税率，2010—2018 年以来欧洲和美国关税税率不断下降，表面上看会得到贸易自由化进一步增强的结论，但实际上欧美等国家或地区在 2008 年国际金融危机后推行再工业化战略，支持产业回流本国，对本国产业的保护明显增强。若把各种贸易相关的政策工具都考虑进来，就会发现 2008 年国

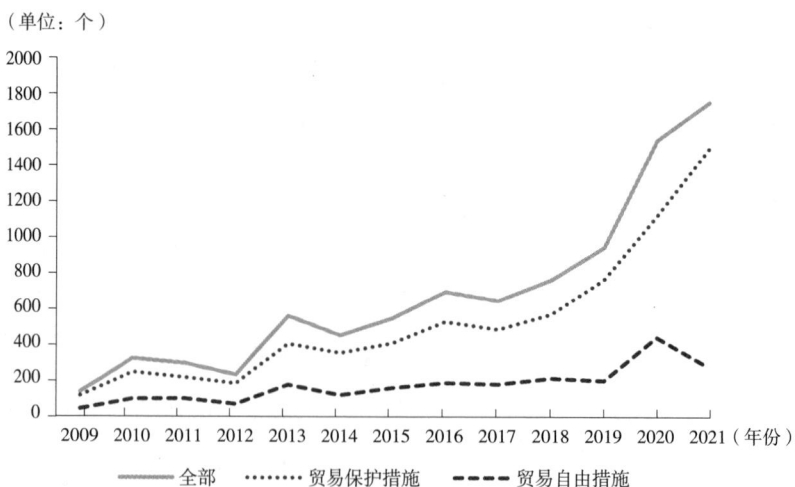

图 2-2　2009—2021 年全球贸易干预政策数量

资料来源：全球贸易预警组织（Global Trade Alert）。

际金融危机后，特别是 2018 年美国发起贸易摩擦以来，世界出现逆全球化潮流和贸易保护主义日益增强的趋势。

中国是世界各国贸易保护干预措施的最大受害国，而美国则是贸易保护干预措施的最大发起国。表 2-2 给出了 2008 年以来受各国贸易保护措施影响的前十大国家和发起贸易保护干预措施的前十大国家。其中，2008 年以来世界各国发起的所有贸易保护主义措施中，有 2677 个都影响到了中国，德国排名第二，总共有 1870 个干预措施影响了德国，美国排名第三。世界上发起贸易保护主义干预措施中排名首位的是美国，全世界所有国家发起的贸易保护干预措施中，1295 个是由美国发起的，占全世界比例达到 10.88%，其次是印度、英国、俄罗斯等国。作为受世界各国贸易保护措施影响最多的国家，中国却未进入发起贸易保护干预措施的前十位，并且中国发起的贸易保护措施大量是 2018—2019 年受美国贸易摩擦攻击后所发起的反制措施。由此可以看出，中国对外贸易目前所面临的巨大困难和挑战。

表 2-2　2008 年以来受贸易保护措施影响和发起贸易保护措施的前十大国家

受贸易保护干预措施影响的前十大国家			发起贸易保护干预措施的前十大国家		
国家名	干预措施数量（个）	占世界所有国家比例（%）	国家名	干预措施数量（个）	占世界所有国家比例（%）
中国	2677	3.22	美国	1295	10.88
德国	1870	2.25	印度	536	4.50
美国	1684	2.03	英国	383	3.22
意大利	1681	2.02	俄罗斯	370	3.11
法国	1638	1.97	德国	339	2.85
英国	1621	1.95	巴西	327	2.75
韩国	1612	1.94	阿根廷	305	2.56
日本	1499	1.80	意大利	293	2.46

受贸易保护干预措施影响的前十大国家			发起贸易保护干预措施的前十大国家		
国家名	干预措施数量（个）	占世界所有国家比例（%）	国家名	干预措施数量（个）	占世界所有国家比例（%）
西班牙	1481	1.78	法国	283	2.38

注：某国实行的贸易保护措施可能同时影响多个其他国家，因此表中左侧受贸易保护干预措施影响国家所受到的干预措施数量要明显多于右侧世界各国发起的贸易干预措施数量。

资料来源：全球贸易预警组织（Global Trade Alert）。

不过，值得庆幸的一点是，在本次贸易摩擦中美国挑起的大范围关税战并未得到其他国家的广泛支持和响应。不像 20 世纪 30 年代的《斯姆特—霍利法案》引发世界各国竞相加征关税的现象，中国、欧盟等虽对美国发起对等反制，但总体并未波及其他国家。因此，从欧盟数据看，其关税税率在 2019 年未有明显提升。而中国则在贸易摩擦中进一步扩大对外开放，降低了对其他国家的关税水平，中国的关税税率从 2017 年的平均 3.83% 降至 2019 年的 2.53%。中国反而成为当今世界全球化和国际贸易体系的坚定支持者。2020 年新冠肺炎疫情的暴发打乱了美国的节奏，使美国政府转移了注意力，加之 2020 年 1 月，特朗普与国务院副总理刘鹤在华盛顿签署了《中华人民共和国政府和美利坚合众国政府经济贸易协议》（《中美第一阶段经贸协议》），中美紧张的贸易纠纷在一定程度上得以缓和，使贸易摩擦自 2020 年以来总体上没有出现进一步升级。

三、全球化仍将在崎岖中前行，构建新发展格局是应对全球化逆流的战略举措

要理解和判断美国国内对待全球化的态度、贸易保护主义的趋势和中美经贸关系，须知道这一轮全球化逆流的根本原因是什么。自 20

世纪 80 年代里根总统推行经济自由化政策措施开始，直到 2008 年国际金融危机爆发，这一时期是美国大力推行贸易自由化，全球化进一步加深的时期。总体上，全球化对世界经济和美国经济都是有利的，但全球化带来的福利分配不均。这一分配不均既体现在不同国家之间利益分配的差异上，又体现在经济中不同部门、不同群体的利益分配格局中。一方面，自由贸易的反对者认为在全球化中，如中国等发展中国家得益更多，而美国等发达国家得益更少①；另一方面，在美国内部，有意见认为贸易自由化带来的收益更多流向消费者（更低的消费品价格和更大的消费规模），更多流向高技能劳动者、管理层和富豪，但制造业生产部门则受到损失，美国工人阶层的工资更低、工作机会更少。

2021 年以来，全球贸易与投资复苏呈现一些积极因素。联合国贸易和发展会议（UNCTAD）发布的《全球贸易更新报告》显示，2021 年全球贸易总额达 28.5 万美元，同比增长 25%。但是，这在很大程度上是由于 2020 年疫情冲击带来的低基数效应带来的，若把基数效应剔除，则可发现全球贸易和投资仍然较为低迷。由于美国等西方主要经济体单边主义、保护主义、民粹主义依然盛行，贸易和投资政策的政治化倾向仍在加重，全球贸易和投资增长仍面临巨大压力。可以预期，"十四五"时期，经济全球化仍将在崎岖中前行。改革开放以来中国经济发展所倚重的市场和资源"两头在外"的经济发展模式面临外部市场遭遇全球化逆流的困境，因此，党中央提出构建以国内大循环为主体、国内国际双循环相互促进的新发展格局，是应对全球化逆流的战略举措。

---

① 特朗普多次声称如中国、越南等发展中国家在占美国的"便宜"（Took advantage）。

第二节　构建新发展格局是应对新冠
肺炎疫情的必然选择

一、新冠肺炎疫情严重冲击世界经济和社会运行

2020 年，突如其来的新冠肺炎疫情，加速改变了世界经济政治格局，进一步加大了世界百年未有之大变局的广度和深度。短期来看，新冠肺炎疫情已对世界经济社会带来了巨大的冲击：

第一，在疫情冲击下，世界经济出现了 20 世纪 30 年代大萧条以来最糟糕局面。国际货币基金组织（IMF）数据显示，2020 年世界经济萎缩 3.3%，增速较 2019 年下降 6.0 个百分点；二十国集团（G20）成员中，除中国和土耳其外，均出现了经济衰退，最高降幅达 10.0%。

第二，疫情在客观上推动了世界经济的"脱钩"。疫情发生后，一方面，消费和投资需求的骤降客观上降低了跨国贸易和投资；另一方面，各国普遍采取疫情防控措施，商品、服务和人员等要素的跨国流动受阻，即使能够流动，其速度效率也大为放缓，全球供应链、产业链、服务链和价值链受到重大冲击，各国之间经济被迫"脱钩"。

第三，疫情加大全球两极分化，加重失业、贫困等问题。疫情全球大流行对不同区域和不同阶层的人群造成的影响是不均衡的，对贫穷国家、阶层带来的负面冲击远大于对富有国家、阶层的冲击，疫情造成的就业损失对普通劳动者影响更大，如此种种加剧了已有的不平等现象，并为国家之间和国家内部各种矛盾的加速累积埋下隐患。

长期来看，除了新冠肺炎疫情已对世界经济造成的直接冲击外，

还可能有一系列深远的影响，在未来一段时期内会长期困扰世界经济运行：

第一，疫情加大各国政策内顾倾向，进一步造成逆全球化趋势，加剧"脱钩"问题。新冠肺炎疫情冲击下，供应链断裂问题凸显，政府和市场主体为了规避客观和主观的安全风险，纷纷开始启动以本地化为目的的产业链重塑和全球分工格局调整进程。现有的国际产业链供应链布局是长期以来市场主体在既有约束条件下根据价格信号以效率最大化方式进行生产要素全球配置而形成的，而基于安全风险目的的产业链、供应链布局调整则过多加入地缘政治、大国博弈等非市场因素的考量，人为造成产业链、供应链"壁垒化"的"自我实现"。特别是在医药卫生、粮食安全、重要能源资源、先进技术、高端制造等与国家安全和发展潜力高度相关的敏感领域或行业，更容易发生主观断裂或"脱钩"的情况。因此疫情冲击带来的"脱钩"出现被动"脱钩"和主动"脱钩"两种方式并存的现象。为了防范疫情带来的"脱钩"风险，越来越多的国家开始施行减少对外依赖的内顾政策，出现不想"脱钩"却又加剧"脱钩"的"脱钩悖论"，这一"脱钩悖论"尤其需要警惕[①]。

第二，疫情大幅收窄各国政策空间，债务攀升和债务危机风险在累积。疫情发生后，主要经济体都推出了超常规的宽松宏观经济政策，降低利率水平，这在提振经济的同时，也造成债务水平大幅攀升，加剧债务危机风险，未来几年国际债务危机是我们必须面对的潜在风险。同时，超低利率的负面效应日益凸显，由于宏观经济政策旨在刺激需求侧，但由于疫情冲击造成的供应链断裂等问题，一些国家的供给侧迟迟得不到恢复，这造成供需的缺口拉大，催生通胀压力。以美国为

---

① 张宇燕、倪峰、杨伯江、冯仲平：《新冠疫情与国际关系》，《世界经济与政治》2020 年第 4 期。

例，如图 2-3 所示，2021 年六七两月，美国居民消费价格指数连续两月超过 5% 的水平，创下 13 年以来的新高，因此美国陷入控制通胀和对抗疫情的两难境地。不仅美国的通胀压力陡增，一方面，由于国际市场上大宗商品以美元定价；另一方面，世界其他经济体也普遍实行了十分宽松的宏观调控政策，因此通胀攀升正在世界范围内普遍扩散。

（单位：%）

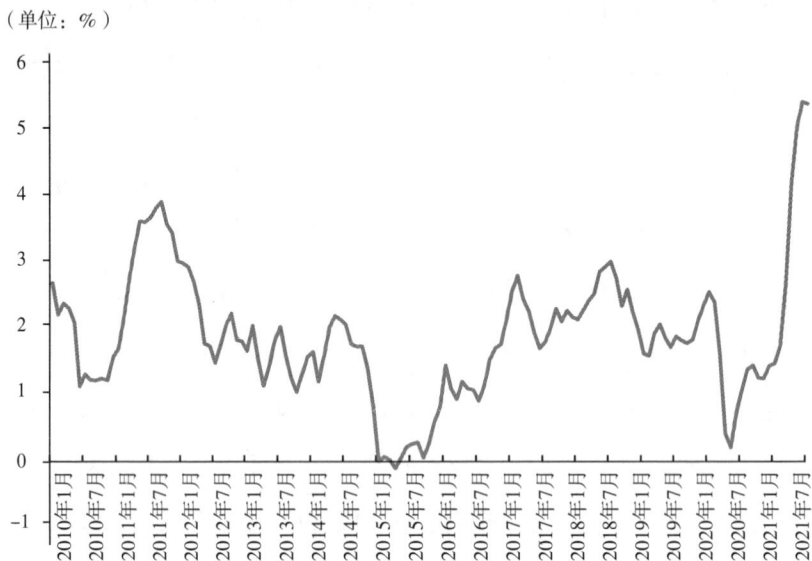

图 2-3　美国月度居民消费价格指数

二、新冠肺炎疫情影响深远，构建新发展格局是应对疫情冲击的必然选择

新冠肺炎疫情对现代国家治理构成严重威胁。无论是发达经济体还是发展中经济体，几乎都未能很好地应对疫情，并为此付出惨痛代价。中国在本次新冠肺炎疫情中表现优秀，在经过一个月的快速传播期后，中国是唯一将感染人数控制在 10 万级别的大经济体，此后确诊人数只有很少增长。但是，从世界范围看，病毒不断出现变种，受变异

新冠病毒德尔塔毒株快速传播影响，近期许多国家感染病例数再次大幅上升，全球抗疫形势变得陡然严峻。虽然新冠肺炎疫苗已经问世，但受全球新冠疫苗分配不均、各国政策支持力度不同、全球供应链受阻等多重因素影响，不同国家之间出现"免疫鸿沟"。国际货币基金组织在 2021 年 7 月发布的《世界经济展望报告》显示，截至 7 月中旬，发达经济体接近 40% 的人口已完成新冠疫苗接种，新兴经济体约 11%的人口完成接种，而低收入经济体完成接种的人口比例仅为 1%。国际货币基金组织指出，疫苗获取已形成一条主要"断层线"，将全球经济复苏划分为两个阵营：疫苗接种率高的发达经济体有望进一步恢复正常；疫苗短缺的经济体仍将面临新冠感染人数再度增加和死亡病例上升的严峻挑战。

因此，这场百年不遇的全球疫情大流行，其影响也是超常规的，新冠肺炎疫情反复仍是影响世界经济复苏的最大不确定因素，疫情似乎远未结束，任何所谓"后疫情时期"的论述似乎也都为时过早。不管是疫情造成的客观"脱钩"还是主观"脱钩"风险，抑或疫情造成的债务危机风险和国际通胀压力，都需要我们转变经济发展的结构，增强抵御国际经济政治风险的能力。因此，新冠肺炎疫情影响深远，而构建以国内大循环为主体、国内国际双循环相互促进的新发展格局是应对疫情冲击的必然选择。

第三节　构建新发展格局是适应经济
发展新阶段的主动选择

经济发展是螺旋式上升的过程，也是分阶段的，不同阶段对应不同的需求结构、产业结构、技术体系和关联方式，要求发展方式也要与时俱进（刘鹤，2020）。因此，进入新发展阶段，也必然需要发展方式和发展战略作出相应调整，从而适应我国新发展阶段的新特征。

一、改革开放以来我国经济社会发展取得巨大成就

改革开放以来，我国坚持以经济建设为中心，不断解放和发展生产力，创造了经济长期快速发展的奇迹，国内生产总值（GDP）不断迈上新台阶，为全面建设社会主义现代化国家奠定了坚实的物质基础。1978—2020 年，我国 GDP 从约为 3679 亿元增长至超过 100 万亿元，占世界经济总量的比重从 1.7% 增长到 17%。1978 年，我国人均 GDP 为 385 元（约为 156 美元），不仅大大低于同期世界平均水平，甚至不到撒哈拉沙漠以南非洲国家平均水平的三分之一，是世界上最贫穷的国家之一。2019 年，我国人均 GDP 首次突破 7 万元（约 1 万美元），稳居世界银行所定义的中上等收入国家行列，距离高收入国家标准可谓是一步之遥。

如表 2-3 所示，纵向比较看，改革开放以来我国屡次提前、超额完成预期或者计划任务。1987 年党的十三大提出了"三步走"的发展战略。第一步是实现 1990 年 GDP 比 1980 年翻一番，实际上这一目标到 1987 年就实现了，1990 年比 1980 年增长 1.43 倍；第二步是实现 2000 年 GDP 比 1990 年再翻一番（也就是比 1980 年"翻两番"），实际上到 1997 年就完成了。前两步均提前、超额完成任务，我国在 1995 年就提前五年完成 GDP 比 1980 年"翻两番"的目标。进入 21 世纪后，我国继续保持较高的经济增速，经济发展明显快于邓小平同志的预期。我国提出的第二个"翻两番"目标（即 2020 年 GDP 比 2000 年翻两番），实

际上在 2016 年就提前四年实现了。改革开放以来，我国屡次提前、超额完成经济增长目标任务，全面建成小康社会取得决定性胜利，为实现"十四五"及 2035 年发展目标任务打下了坚实的物质基础。

表 2-3　1980—2020 年中国经济总量发展战略目标完成情况

发展战略目标完成情况	计划完成增幅（％）	计划完成时间	实际完成时间	最终完成增幅（％）
1980—1990 年	100	1990 年	1987 年	143
1990—2000 年	100	2000 年	1997 年	170
2000—2020 年	300	2020 年	2016 年	428

资料来源：笔者计算。

二、新发展阶段我国经济面临诸多挑战，构建新发展格局是应对挑战的主动选择

改革开放后，我国充分发挥劳动力等要素低成本优势，抓住经济全球化的重要机遇，充分利用国际分工机会，形成市场和资源"两头在外"的发展模式，参与国际经济大循环，推动了经济高速增长，人民生活从温饱不足到全面小康。经过长期努力，我国经济社会发展取得巨大成就，人均国内生产总值超过 1 万美元，离达到世界银行高收入国家水平一步之遥。但是，我国发展存在的矛盾仍然很多，进入新发展阶段面临一系列挑战：包括发展不平衡不充分问题仍然突出，重点领域关键环节改革任务仍然艰巨，生产体系内部循环不畅和供求脱节现象显现，创新能力不适应高质量发展要求，城乡区域发展和收入分配差距较大等问题，同时，在新发展阶段，还面临经济潜在增速进一步下滑、人口老龄化加速等挑战。要应对这些问题，成功化解挑战，就要求我们主动适应变化，努力攻坚克难，加快构建新发展格局。

因此，构建新发展格局，既是因为国际环境变化带来的战略安排，又是根据我国自身发展阶段的变化所作出的主动的战略调整和抉择。我国有十四亿多人口、四亿多中等收入群体，是全球最大、最有潜力的单一国家市场，因此有构建以国内大循环为主体的新发展格局的市场基础。我国是全世界唯一拥有联合国产业分类当中全部工业门类的国家，具有完整的工业体系，有构建以国内大循环为主体的产业基础。未来需要做的，第一，要大力推动科技创新，加快关键核心技术攻关，打造未来发展新优势、提供循环新动能，为长期经济发展提供技术进步这一最根本动力源；第二，要畅通国内大循环，加快构建全国统一大市场，贯通生产、分配、流通、消费各环节，破除制约要素、商品合理流动的堵点，矫正资源要素失衡错配，提升流通效率，从源头上畅通国民经济循环；第三，要促进国内国际双循环，实现更高水平对外开放，立足国内大循环，形成全球资源要素强大引力场，促进内需和外需、进口和出口、引进外资和对外投资协调发展，加快培育参与国际合作和竞争新优势；第四，要深入实施扩大内需战略，增强消费对经济发展的基础性作用和投资对优化供给结构的关键性作用，顺应居民消费升级趋势，把扩大消费同改善人民生活品质结合起来，稳步提高居民消费水平；第五，要优化收入分配结构，持续提高低收入群体收入，扩大中等收入群体，缩小城乡差距、区域差距和收入分配差距，健全多层次社会保障体系，完善再分配机制，更加积极有为地促进共同富裕，为畅通经济循环、释放国内需求打下坚实的基础。

总而言之，当今世界正经历百年未有之大变局，我国发展仍然处于重要战略机遇期，但机遇和挑战都有新的发展变化，从某种程度上说，成功应对挑战就是把握战略机遇。如《纲要》中所述，把握新发展阶段是贯彻新发展理念、构建新发展格局的现实依据，贯彻新发展理念为把握新发展阶段、构建新发展格局提供了行动指南，而构建新发展格局则是应对新发展阶段机遇和挑战、贯彻新发展理念的战略选择。

（执笔人：刘学良）

第三章

新发展格局的历史逻辑

中国已经进入了一个新发展阶段。习近平总书记指出："从历史依据来看，新发展阶段是我们党带领人民迎来从站起来、富起来到强起来历史性跨越的新阶段"，"进入新发展阶段、贯彻新发展理念、构建新发展格局，是由我国经济社会发展的理论逻辑、历史逻辑、现实逻辑决定的，三者紧密关联"①。新发展阶段历史逻辑的主线是民族复兴、人民幸福、实现社会主义现代化。新发展阶段的历史逻辑是：中国共产党领导新民主主义革命胜利，成立中华人民共和国，实现了国家独立，开辟了实现民族伟大复兴的壮阔道路；社会主义革命的胜利，建立了社会主义制度，实现了从社会主义革命到社会主义建设的历史性跨越；在社会主义建设探索时期建立了独立的比较完整的工业体系，中国在世界民族之林站稳了；改革开放确立了社会主义现代化建设的崭新局面，中国基本完成工业化，全面建成小康社会，富起来了。新发展格局的历史逻辑与新发展阶段的历史逻辑是一致的，在不同的历史时期，应对不同的国际局势与中外经济关系，中国经济双循环采取了不同的组合形式。中国特色社会主义进入新时代，中国进入新发展阶段，构建新发展格局，是历史与现实必然的选择。

---

① 习近平：《把握新发展阶段，贯彻新发展理念，构建新发展格局》，《求是》2021年第9期。

第一节 社会主义革命时期的经济格局

从中国共产党百年党史看，从 1921 年中国共产党成立到 1949 年新中国成立是新民主主义革命时期；从 1949 年新中国成立到 1978 年改革开放前是社会主义革命和建设时期；从 1978 年改革开放不久到 2012 年党的十八大召前是改革开放和社会主义现代化建设新时期；从 2012 年 11 月至今是中国特色社会主义新时代。1949 年中华人民共和国成立到 1956 年，是社会主义革命时期。这一时期，中国面临的急迫任务是恢复国民经济，实施工业化战略，从新民主主义社会过渡到社会主义社会，形成了国内经济循环为主体、辅以国际循环的经济格局，迅速完成了国民经济的恢复，快速推进了工业化建设。

一、恢复国民经济的急迫任务

中华人民共和国成立后，面临的急迫任务是恢复国民经济。

近代中国连年战争，生产力遭到严重破坏，民不聊生。抗日战争、解放战争中，农村生产力受到严重摧残。1949 年，中国主要农产品产量与抗战前最高年产量相比，出现大幅下降。粮食作物总产量由 1936 年的 15000 万吨，下降到 11218 万吨。1949 年，工业总产值比 1936 年下降一半，交通运输等基础设施的破坏非常严重，全国恶性通货膨胀，城乡经济循环严重受阻。

凡此种种，原来的城乡之间的商业流通渠道受到破坏，城乡阻隔，农民的农副产品不能流入城市，农民的收入受到影响；同时，农民也买不到需要的工业品，影响了农村经济的恢复发展，影响城市工业化的生产经营。

促进城乡经济交流，畅通国内经济循环，成为恢复国民经济的重要工作。

二、工业化的战略任务

"工业化——这是我国人民百年梦寐以求的理想，这是我国人民不再受帝国主义欺负不再过穷困生活的基本保证，因此这是全国人民的最高利益"。[①]

中国的工业化比世界主要资本主义国家的工业化晚了百年。新中国成立之前，工业基础薄弱，尚未形成工业体系。近代中国传统的生产方式仍占绝对的重要位置，现代工业与工业体系未获得突破性发展。1949年工农业总产值中机器大工业只占17%，农业和手工业还占83%。近代中国工业还表现为很强的对外依附性。[②]

1954年6月14日，毛泽东同志在中央人民政府会议上的讲话中说："现在我们能造什么？能造桌子椅子，能造茶碗茶壶，能种粮食，还能磨成面粉，还能造纸。但是，一辆汽车、一架飞机、一辆坦克、一辆拖拉机都不能造。"[③]

启动工业化，建设中国独立完整的工业体系，成为20世纪50年代中国的基本战略任务。

三、国内经济循环为主体的发展格局

国民经济恢复时期，针对城乡经济循环严重受阻的局面，畅通国内

---

① 《迎接一九五三的伟大任务》，《人民日报》1953年1月1日。
② 汪海波：《新中国工业经济史》，经济管理出版社1990年版，第20页、第17页。
③ 《毛泽东文集》第六卷，人民出版社1999年版，第329页。

经济循环成为政府工作的重点。特别是 1950 年统一财经后，出现了市场需求不足、工业品相对过剩的问题，政府实施多种措施推动城乡物质流通，以促进经济发展。

其一，大力恢复和发展交通运输。22.7% 的基本建设投资用于交通运输和邮电业，在经济建设总投资中占首位。铁路运输得到快速恢复，公路运输恢复速度更快，水路货运量也在提升。

其二，鼓励私商从事城乡间的购运业务。政府对贩运农副土特产品的私营商业给予减税或免税，以降低城乡间农副土特产品的运输费用。金融业给予从事城乡物资交流的私营商业以贷款、押汇的便利。政府在农副土特产品的地区价格差别、批发零售价格差别方面，让私商有利可图。

其三，国营商业、供销合作社商业积极开展土特产品经营。1950 年 4 月，政府成立中国土产公司，投入了大量资金收购运销土产品，沉寂的农村市场活跃起来。土产公司又把粮、盐、布、纱、日用百货等生活必需品、日用消费品卖给农户。

其四，举办物资交流会，发展农村集市贸易。据不完全统计，1952 年全国各地共举办物资交流会议 7738 次，总成交金额达 16.38 亿元，比 1951 年增长 62% 以上。①

其五，人民银行增加商业贷款，发展押汇业务，扩大通汇网点，以活跃城乡物资交流。

促进城乡经济循环的措施很快发挥出政策效果。农户增加了货币收入，三年间，农民购买力增长将近 80%。

农户收入的提高，既为广大农村工业品市场创造了条件，又促进了

———————
①　中国社会科学院、中央档案馆：《1949—1952 中华人民共和国经济档案资料选编·商业卷》，中国物资出版社 1995 年版，第 475 页。

手工业的快速恢复和发展。按 1952 年不变价格计算，全国手工业生产总值从 1949 年的 32.4 亿元增加到 1952 年的 73.1 亿元，3 年增长了 1.25 倍。① 轻工业生产也从萧条、萎缩中得到恢复和发展，总值由 1949 年的 103 亿元增加到 1952 年的 225 亿元，增长 1.18 倍。重工业生产总值由 1949 年的 37 亿元增加到 1952 年的 124 亿元。全国工业总产值由 1949 年的 140 亿元增加到 1952 年的 349 亿元，增长 1.49 倍。②

城乡经济循环的畅通，增加了国家的财政收入。与 1950 年相比，1952 年工商税收增长了 60%，商业部门上缴国家财政的收入增长了 289.6%，国家财政总收入增长了 181.8%。③

国内经济循环的畅通，促进了工农业生产，促进了国民经济的恢复。1949 年到 1952 年，社会总产值增长了 82.2%，年均递增 22.81%，国民收入增长了 64.5%，年均递增 18.05%，主要工农业产品产量已超过了历史上最好水平，国民经济恢复取得巨大成功，为开展大规模经济建设打下较好的基础。④

"一五"时期，中国启动大规模的工业化，国内经济循环走向计划经济。

四、积极参与国际经济循环

中华人民共和国成立后，在国家尚未稳固的情况下，采取了政治上

---

① 《伟大的十年》，人民出版社 1959 年版，第 83 页。

② 吴承明、董志凯：《中华人民共和国经济史》第一卷，中国财政经济出版社 2001 年版，第 404 页。

③ 《中国统计年鉴（1986）》，中国统计出版社 1983 年版，第 595 页。

④ 吴承明、董志凯：《中华人民共和国经济史》第一卷，中国财政经济出版社 2001 年版，第 16 页、第 17 页。

"一边倒"的政策，全力争取苏联的理解和支持。

1950年1月1日，由美国提议，西方敌对势力成立了"巴黎统筹委员会"，管制对华物质输出。[①] 尽管国际环境严峻，不利于中国参与国际经济循环，但我国政府本着平等互利原则，积极扩大与资本主义国家的贸易，以香港作为重要的转口贸易基地，进口经济建设急需物质，出口农副产品、矿产品。

1950年6月，朝鲜战争爆发，中国人民志愿军入朝作战，根本上改变了中国与外部世界的关系，以美国为首的西方国家对中国的封锁禁运步步升级。中国力图打破美国的封锁，同缅甸、巴勒斯坦、锡兰等国开展贸易，进口轮胎、汽油、棉花等物质。中国积极与日本及西方国家开展贸易，通过中国香港、中国澳门，与日本、英国、法国、瑞士、荷兰、比利时、意大利、联邦德国等国发展贸易。

中国将对外贸易重心转向了以苏联和东欧国家为主的国际贸易体系。1952年中国国营贸易部门对苏联和东欧新民主国家的进出口额，出口占79%，进口占66%。中国出口的全部战略物资及大部分主要物资，都销往苏联和东欧新民主国家。[②] 中国所需的工矿、交通、建设器材，也主要从苏联和东欧新民主国家进口。

对外贸易快速恢复，扩大了传统物资的出口，增加了国内急需的物质、设备的进口，支持了国内经济的发展。

"一五"时期，中国实施大规模的工业化，苏联及东欧新民主国家给予了强有力的支持，特别是苏联援建中国的"156"项重点建设项目，

---

① 董志凯：《应对封锁禁运——新中国历史一幕》，社会科学文献出版社2014年版，第9—12页。

② 中国社会科学院、中央档案馆：《1949—1952中华人民共和国经济档案资料选编·对外贸易卷》，经济管理出版社1994年版，第185、第187页。

强化了中国与苏联为首的社会主义经济体系的国际循环。

"一五"时期，中国采取了首先保证国防建设和工业建设需要的进口政策，进口钢板、钛合金、矽钢片等各种金属达数百万吨；进口各种金属切削机床、矿山机械、建筑机械等万台以上；进口大量国内尚不能生产或生产不足的工业原料；进口机车与车辆、船舶等设备；进口化学肥料。在出口方面，农副产品所占比重逐年下降，工业品所占比重呈上升趋势。

1950 年到 1956 年，中国出口商品总额从 5.52 亿美元增长到 16.45 亿美元，出口农副产品比重从 57.6% 下降到 42.6%，出口农副加工品比重从 33.2% 下降到 31.3%，出口工矿产品比重从 9.2% 提高到 26.1%。[1]1950 年到 1956 年，中国进口商品总额从 5.83 亿美元增长到 15.63 亿美元，其中进口生产资料的比重从 83.4% 提高到 91.6%，进口生活资料的比重从 16.6% 下降到 8.4%。在进口生产资料中，进口机械设备的比重从 22.5% 增加到 53.6%，进口生产原料的比重从 60.9% 下降到 38.1%。[2]

这种以国内经济循环为主体、辅以国际经济循环的经济格局，促进了国民经济恢复时期中国经济的快速恢复，促进了"一五"时期工业化建设。

第二节　社会主义建设探索时期的经济格局

1956 年年底"三大社会主义改造"完成，标志着社会主义革命到

---

① 张燕生、陈长缨、逯新红：《中国对外经济贸易 70 年》，经济科学出版社 2019 年版，第 44 页。

② 张燕生、陈长缨、逯新红：《中国对外经济贸易 70 年》，经济科学出版社 2019 年版，第 45 页。

社会主义建设的历史性跨越，中国开始了社会主义建设的探索，构建计划经济体制下的国内经济循环格局。20世纪50年代后期，深度参与苏联为首的国际社会主义经济体系，以国际经济循环促进工业化建设。60年代中国积极开展与资本主义国家的贸易往来，70年代末建成了相对独立完整的工业与国民经济体系。

一、确立建立工业体系的发展目标

实现工业化是中国共产党的奋斗目标。1953年中国共产党制定的"过渡时期总路线"中，一项重要内容是逐步实现国家的工业化。从"一五"计划到"五五"计划，中国经济建设的重要任务是推进工业化。

"一五"计划提出，集中主要力量进行以苏联帮助我国设计的156个建设单位为中心的、由限额以上的694个建设单位组成的工业建设，建立我们的社会主义工业化的初步基础[1]，启动了当代中国大规模的工业化。1956年党的八大通过了关于发展国民经济的第二个五年计划（1958—1962）的建议，提出"二五"计划的中心任务仍然是优先发展重工业。[2] 在经历三年严重经济困难后，1963年到1965年调整国民经济，经济发展趋于协调。1965年开始编制"三五"计划，在国际局势风云突变的情况下，9月18日到10月12日中共中央讨论"三五汇报提纲"时，确定"三五"计划的方针是"积极备战，把国防建设放在第一位，加快三线建设逐步改变工业布局"。[3]1970年2月全国计划会议讨论、拟订《1970年计划和第四个五年国民经济计划纲要（草案）》，提出了

---

① 刘国光：《中国十年五年计划研究报告》，人民出版社2006年版，第59页。

② 刘国光：《中国十年五年计划研究报告》，人民出版社2006年版，第123页。

③ 刘国光：《中国十年五年计划研究报告》，人民出版社2006年版，第278页。

"四五"时期建设任务是："抓备战，集中力量建设大三线强大的后方，改善布局"，"狠抓钢铁、军工、基础工业和交通运输的建设"等工业化建设。[①]1974年8月，国家计委发出经中共中央、国务院批准的《关于拟定十年规划的通知》，重提1964年12月周恩来总理提出的建设"四个现代化"的目标，提出分两步发展国民经济的计划：第一步，建立一个独立的比较完整的工业和国民经济体系；第二步，全面实现农业、工业、国防和科学技术现代化，使我国经济走在世界前列。[②]

二、国际循环辅助国内循环的经济格局

建立社会主义制度后，中国坚持"独立自主、自力更生"的基本方针，参与国际循环受到国际大环境的较大限制，经济循环以国内市场为主。[③]直到改革开放前，中国在单一公有制经济结构上，实行计划经济，构建了以国内循环为主体的独特经济体系。[④]这一时期，中国的经济格局是以国内循环为主体。面对不利的国际环境，中国并不自我封闭，而是积极发展对外经济贸易关系，利用一切机会，努力拓展国际循环，引进先进的技术设备，为建立工业体系服务。

新中国成立初期，中国从苏联、东欧民主国家引进先进的技术装备，奠定了中国工业化初步的技术基础。20世纪60年代初期中苏关系破裂，在引进技术装备来源方面，中国转向了日本、英国、法国、联邦德国、意大利等发达国家。中国的对外贸易实现多元化发展，中国对外

---

① 刘国光：《中国十年五年计划研究报告》，人民出版社2006年版，第307页。
② 刘国光：《中国十年五年计划研究报告》，人民出版社2006年版，第379页。
③ 裴长洪、刘洪愧：《构建新发展格局科学内涵研究》，《中国工业经济》2021年第6期。
④ 董志勇、方敏：《新发展格局的理论、历史与实践——以政治经济学为例》，《教学与研究》2020年第12期。

贸易重心转到资本主义国家。

1962 年至 1969 年，我国先后从日本、英国、法国、西德、瑞典、意大利、奥地利、瑞士、荷兰、比利时等国引进技术和设备 84 项，累计用汇金额 14.5 亿美元，进行冶金、石化、机械、电子、轻工业等部门的技术改造，填补生产技术空白。[①]

20 世纪 70 年代初，世界政治经济形势发生了较大变化。西方资本主义国家面临着新一轮的经济危机，原有的社会主义和资本主义阵营两大经济体系逐渐趋向解体，发达国家和发展中国家之间经贸往来日益增多。中美关系趋于缓和，中国重返联合国，与大批西方国家建交，打破了国际敌对势力的长期封锁。中国利用西方国家陷入经济危机的有利时机，制订了引进成套设备的"四三方案"，引进急需的石油、煤炭、冶金、发电、交通运输等基础工业设备以及农业、轻工业的设备，以后又陆续追加了一批项目，计划进口总额达到 51.4 亿美元。1982 年引进的 26 个项目全部投产，对中国经济发展和技术进步起到了重要的促进作用。

从 1957 年到改革开放前，中国参与的国际经济循环是出口初级产品、资源性产品及简单加工的产品，进口资本密集型投资品及中间产品。

但是，由于受国际环境的影响，中国很难参与国际经济分工，国际经济循环停留在互通有无的层次。

三、建成独立的比较完整的工业体系

本国工业拥有的工业门类能够反映出工业体系的基本面貌。19 世纪末，中国工业门类仅有 13 个。1933 年中国能够生产 23 大类工业产品。

---

① 当代中国丛书编委会：《当代中国的对外贸易》（下），当代中国出版社 1992 年版，第 158 页。

1933 年到 1952 年，工业门类基本没有增加。1978 年中国的工业门类增加到 34 个，比 1952 年增加了 11 个大类。[1] 中国工业门类已占 39 个全部工业大类的 87.2%。这反映出中国工业体系建设的伟大成就。这一成就是当时中国以国内经济循环为主体，辅以有效的国际循环，历经千辛万苦取得的。

"一五"计划时期施工的工业建设项目，基本上在进入社会主义社会之后陆续完成。到改革开放前，中国又连续实施三个五年计划，初步建成了相对独立、比较完整的工业体系，实现了工业体系从无到有的巨变。

1980 年"四五"计划完成后，与恢复国民经济的 1952 年相比，全国工业固定资产按原价计算，增长 26 倍多，达到 4100 多亿元；棉纱产量增长 3.5 倍，达到 293 万吨；原煤产量增长 8.4 倍，达到 6.2 亿吨；发电量增长 40 倍，达到 3000 多亿千瓦时；原油产量达到 1.05 亿吨；钢产量达到 3700 万吨；机械工业产值增长 53 倍，达到 1270 亿元。在辽阔的内地和少数民族地区，兴建了一批新的工业基地。国防工业从无到有逐步建立起来。资源勘探工作成绩很大，铁路、公路、水运、航空和邮电事业，都有很大的发展。[2]

第三节　改革开放后的经济格局

1978 年 12 月党的十一届三中全会召开，中国确定了改革开放的国

---

① 管汉晖、刘冲、辛星：《中国的工业化：过去与现在（1887—2017）》，《经济学报》2020 年第 3 期。

② 《中国共产党中央委员会关于建国以来党的若干历史问题的决议》单行本，人民出版社 1981 年版，第 8 页。

策。中国共产党形成了社会主义初级阶段理论，确定了实现现代化的
"三步走"发展战略，准确判断和平与发展的世界大势，积极利用国内
与国际"两个市场、两种资源"，大力发展外向型经济，构建起国际循
环发挥重要作用的经济发展格局，基本实现工业化，全面建成小康社
会，为迈进新发展阶段、构建新发展格局打下坚实的基础。

一、科学定位中国处于社会主义初级阶段

1978 年 12 月，党的十一届三中全会确立了改革开放的基本国策，
中国经济出现欣欣向荣的局面。个体经济、私营经济、合资经济等非公
有制经济纷纷涌现，形成了多种经济成分并存的结构，打破了单一公有
制的经济格局。经济领域的新变化对传统社会主义理论造成很大的冲
击，中国究竟还是不是社会主义社会？引起了社会思想的混乱。

1979 年 9 月，叶剑英在庆祝中华人民共和国成立 30 周年大会上发
表重要讲话，批驳了中国还处在从资本主义向社会主义过渡时期的观
点，提出中国的社会主义处在幼年时期。[①]1980 年 2 月，党的十一届五
中全会明确提出：中国社会主义已进入一个新的历史时期。1981 年 6 月，
党的十一届六中全会通过了《中共中央关于建国以来若干历史问题的决
议》，第一次正式指出"尽管我们的社会主义制度还是处于初级的阶段，
但是，毫无疑问，我国已经建立了社会主义制度，进入了社会主义"[②]。
1982 年 9 月，党的十二大报告又指出"我国的社会主义社会现在还处在
初级发展阶段，物质文明不发达"[③]。1987 年 10 月，党的十三大报告提出：

① 柳建辉：《社会主义初级阶段理论形成的历史考察》，《理论导刊》1988 年第 2 期。
② 《中共中央关于建国以来若干历史问题的决议》，人民出版社 1981 年版，第 53 页。
③ 《全面开创社会主义现代化建设的新局面》，人民出版社 1982 年版，第 23 页。

"我国正处在社会主义的初级阶段"，社会主义初级阶段"是特指我国在生产力落后、商品经济不发达条件下建设社会主义必然要经历的特定阶段"，从 50 年代生产资料私有制的社会主义改造基本完成，到社会主义现代化的基本实现，至少需要上百年时间，都属于社会主义初级阶段。①

中国处于社会主义初级阶段的重大理论判断，是在深刻总结世界社会主义特别是中国社会主义建设正反两方面经验基础上形成的理论创新。习近平总书记指出，中国共产党作出我国正处于并将长期处于社会主义初级阶段的重大判断，并据此提出了党的基本路线，开辟了改革开放和社会主义现代化建设的崭新局面。②

二、确定基本实现现代化的"三步走"发展战略

1980 年前后，中国已建成了比较独立、完整的工业体系和国民经济体系。在此基础上，以邓小平同志为代表的中国共产党领导集体根据中国的实际情况，将"实现四个现代化"两步走战略任务明确为现代化建设"三步走"的发展战略。1987 年党的十三大报告确认了"三步走"战略目标和步骤：第一步，实现国民生产总值比 1980 年翻一番，解决人民温饱问题；第二步，到 20 世纪末，国民生产总值再增长一倍，人民生活达到小康水平；第三步，到 21 世纪中叶，人均国民生产总值达到中等发达国家水平，人民生活比较富裕，基本实现现代化。③ 这是中

① 中共中央文献研究室：《十三大以来重要文献选编》（上），人民出版社 1991 年版，第 15 页。

② 习近平：《把握新发展阶段，贯彻新发展理念，构建新发展格局》，《求是》2021 年第 9 期。

③ 中共中央文献研究室编：《十三大以来重要文献选编》（上），人民出版社 1991 年版，第 16 页。

华民族伟大复兴征途中首次提出清晰而切实的战略目标和步骤。

1987 年党的十三大召开时，得益于改革开放，第一步战略目标已基本实现。1995 年中国经济发展提前完成原定于 2000 年实现的第二步战略目标。为实现"三步走"发展战略的"第三步"，1997 年党的十五大报告提出分为三个阶段完成：第一个十年实现国民生产总值比 2000 年翻一番，使人民的小康生活更加宽裕，形成比较完善的社会主义市场经济体制；再经过十年的努力，到建党一百年时，使国民经济更加发展，各项制度更加完善；到世纪中叶建国一百年时，基本实现现代化，建成富强民主文明的社会主义国家。①

三、建立国际循环为主体的经济发展格局

改革开放，中国经济建设不再封闭，从国内循环为主体的格局逐渐走向了国际循环为主体的格局。

改革开放初期的 20 世纪 80 年代，国际经济局势十分有利于中国。和平与发展成为世界主题，全球多极化趋势增强。70 年代兴起的以信息技术为代表的高科技快速发展，发达国家产业结构走向升级，传统产业产能过剩，劳动密集型产业迫切需要向外转移，国际资本在寻找投资机会。中国不断扩大对外开放，迎来良好的国际政治环境。中国积极吸引外资，实施出口导向的经济发展战略。1988 年，中国实施沿海发展战略，利用劳动力成本低的比较优势，引进国际资本与技术，发展市场和资源"两头在外、大进大出"的外向型劳动密集型产业，跻身国际经

---

① 江泽民：《高举邓小平理论伟大旗帜，把建设有中国特色社会主义事业全面推向二十一世纪——在中国共产党第十五次全国代表大会上的报告（1997 年 9 月 12 日）》，《求是》1997 年第 18 期。

济大循环之中。

20 世纪 90 年代，美苏两极世界格局终结，世界走向多极化，国际政治形势趋于缓和。面对错综复杂的国际环境，中国坚持扩大开放，形成了全方位的开放格局，外向型经济迅速发展。1993 年，中国对外贸易依存度由 1978 年的不足 10% 提升到 32% 左右。①

进入 21 世纪，经济全球化加速，科学技术日新月异，国际产业转移加快，国家之间互利合作扩大，2001 年中国加入世界贸易组织，为中国融入全球经济体系提供了难得的机会。2006 年的中国对外贸易依存度达到 64.2% 的峰值。2009 年中国成为第一大出口国、第二大进口国，进出口增速远远高于同期世界平均水平。2012 年中国首次成为世界三大对外投资国家。中国抓住了经济全球化的战略机遇，深度融入国际经济大循环，充分利用国内国际两个市场、两种资源，创造了大量就业岗位，升级改造国有企业，提升了经济实力，提高了国际地位。与改革开放前 30 年相比，中国国民经济循环结构发生了历史性变化。②

随着中国成为"世界工厂"，全球经济大体形成了以美欧为消费市场和研发中心，东亚特别是中国为生产基地和制造中心，中东拉美为能源资源输出地的"大三角国际循环"模式。③但以国际循环为主体的经济格局，极易受到国际市场波动的冲击。2008 年在国际金融危机巨大冲击之下，出口急剧下滑，工业生产大幅下降，国内经济发展遇阻，单一的出口导向型经济发展模式的弊端开始显露。2010 年 10 月党的十七届五中全会提出了"构建扩大内需长效机制，促进经济增长向依靠消费、

---

① 王一鸣：《百年大变局、高质量发展与构建新发展格局》，《管理世界》2021 年第 12 期。
② 董志勇、方敏：《新发展格局的理论、历史与实践——以政治经济学为例》，《教学与研究》2020 年第 12 期。
③ 王一鸣：《构建新发展格局是中国的重大战略任务》，《现代国际关系》2021 年第 1 期。

投资、出口协调拉动转变"的政策，推动经济发展向内需主导转变，对外贸易依存度逐年下降，2019 年下降至 31.8%，经常项目顺差占国内生产总值的比重也从 2007 年的 10% 降至不足 1%。[①] 国际大循环所能带来的收益日渐减少，国内经济产业结构又需要调整，经济增长重心由国际外循环逐步向国内循环调整。[②]

四、基本实现工业化

改革开放前，中国实施重工业优先发展的工业化模式。改革开放后，在基本建成独立完整的工业体系基础上，中国转向以市场为导向的工业化均衡发展模式。2002 年党的十六大又确定了走新型工业化道路。2012 年党的十八大后，中国从高速度工业化转向了高质量工业化。

从工业化进程看，经过改革开放 40 多年的快速发展，中国从工业化初期阶段发展到了工业化后期阶段[③]，2020 年基本实现工业化。中国已成为全球第一制造业大国，工业体系拥有联合国产业分类中的 41 个工业大类、207 个中类、666 个小类全部类别，是唯一一个拥有全部工业门类的国家，是世界上具备最完整现代工业体系的国家。世界 500 种主要工业品中，中国有 220 多种产品产量位居全球第一，是全球产业链不可或缺的组成部分。[④]

习近平总书记评价说"我们用几十年时间走完了发达国家几百年走

① 王一鸣：《百年大变局、高质量发展与构建新发展格局》，《管理世界》2021 年第 12 期。
② 陈伟光、明元鹏、钟列炀：《构建"双循环"新发展格局：基于中国与世界经济关系的分析》，《改革》2021 年第 5 期。
③ 黄群慧：《中国工业化进程与产业政策》，《中国经济报告》2019 年第 1 期。
④ 黄群慧：《"十四五"时期深化中国工业化进程的重大挑战与战略选择》，《中共中央党校（国家行政学院）学报》2020 年第 2 期。

过的工业化历程"①。中国工业化水平实现了从工业化初期到工业化后期的历史性飞越，中国的基本经济基础实现了从落后的农业大国向世界工业大国的历史性转变。②

中国高速发展的工业化，创造了经济增长奇迹，2010年经济总量跃居世界第二，居民收入持续增长，走向富裕生活。

五、全面建成小康社会

消除贫困、改善民生、实现共同富裕，是中国特色社会主义的本质要求。③改革开放之初，中国共产党提出了实现小康社会的战略构想。2016年10月习近平总书记提出"全面建成小康社会、实现第一个百年奋斗目标，农村贫困人口全部脱贫是一个标志性指标"。④经过改革开放后持续多年的快速发展，中国的经济实力、科技实力、综合实力跃上新台阶，全面建成小康社会已具备扎实的基础。

2017年党的十九大发出了坚决打赢脱贫攻坚战动员令。2018年中共中央、国务院制定了《关于打赢脱贫攻坚战三年行动的指导意见》，全社会掀起了脱贫攻坚的热潮。2020年11月23日，随着全国最后9个贫困县脱贫，经过8年的扶贫攻坚，中国实现了832个贫困县、12.8万个贫困村、近1亿贫困户全部脱贫，消除了绝对贫困和区域整体贫困，取得了全面建成小康社会的伟大历史性成就。⑤

① 习近平：《在庆祝改革开放40周年大会上的讲话》，人民出版社2018年版，第19页。
② 黄群慧：《"十四五"时期深化中国工业化进程的重大挑战与战略选择》，《中共中央党校（国家行政学院）学报》2020年第2期。
③ 《习近平谈治国理政》第二卷，外文出版社2017年版，第83页。
④ 《习近平关于全面建成小康社会论述摘编》，中央文献出版社2016年版，第154页。
⑤ 本书编写组：《中国共产党简史》，人民出版社2021年版，第514页。

全面建成小康社会，历史性解决了困扰中华民族几千年的绝对贫困问题，实现了第一个百年的奋斗目标，中国的发展和人民生活水平跃上一个新的台阶，为实现第二个百年奋斗目标奠定了坚实的基础，在中华民族伟大复兴新征程上又迈出了关键的一步。

第四节　构建新发展格局的历史必然性

踏着历史的步伐，中国迈进了新发展阶段。新发展阶段是社会主义初级阶段的更高阶段。在新发展阶段，中国社会主要矛盾已经转化为人民日益增长的美好生活需要和不平衡不充分的发展之间的矛盾。在全面建成小康社会的基础上，中国要在 2035 年基本实现社会主义现代化，到 21 世纪中叶，建成富强民主文明和谐美丽的社会主义现代化强国。这是时代的要求。70 多年的经济建设已经为新发展阶段打下良好的基础。当前，世界百年未有之大变局改变了中国外部发展环境，必须统筹发展和安全。构建国内大循环为主体、国内国际双循环相互促进的新发展格局，是历史与现实的必然选择。

一、新发展阶段是社会主义初级阶段向更高阶段迈进阶段

当前的中国步入了新发展阶段。习近平总书记指出："党的十八大以来，我们在前人长期奋斗的基础上统筹推进'五位一体'总体布局、协调推进'四个全面'战略布局，推动党和国家事业取得历史性成就、发生历史性变革，推动中国特色社会主义进入了新时代。""党的十九届五中全会提出，全面建成小康社会、实现第一个百年奋斗目标之后，我

们要乘势而上开启全面建设社会主义现代化国家新征程、向第二个百年奋斗目标进军，这标志着我国进入了一个新发展阶段。""今天，我们正在此前发展的基础上续写全面建设社会主义现代化国家新的历史。"[①]

从建设社会主义现代化国家的历史脉络看，新发展阶段是社会主义初级阶段向更高阶段迈进阶段。在社会主义建设初步探索阶段，中国建成了独立的比较完整的工业体系和国民经济体系；在改革开放和社会主义现代化建设阶段，中国全面建成了小康社会。"三步走"战略的前两步战略，中国已经胜利完成。对于实现"基本实现现代化"的第三步战略，党的十九大已作出两阶段完成的科学规划：第一个阶段，从 2020 年到 2035 年，在全面建成小康社会的基础上，基本实现社会主义现代化；第二个阶段，从 2035 年到 21 世纪中叶，在基本实现现代化的基础上，把我国建成富强民主文明和谐美丽的社会主义现代化强国。

新发展阶段就是社会主义初级阶段中建成社会主义现代化强国的阶段，是中国从站起来、富起来到强起来历史性跨越的新阶段。[②] 新发展阶段是社会主义初级阶段决战决胜、完美收官的阶段，也是社会主义从初级阶段迈向比较发达阶段的过渡阶段。[③]

二、70 多年经济建设打下新发展阶段坚实的基础

中华人民共和国成立 70 多年来，中国建成了独立完整的工业体系与国民经济体系，经济社会发生了翻天覆地的历史性变化，主要经济社

---

① 习近平：《把握新发展阶段，贯彻新发展理念，构建新发展格局》，《求是》2021 年第 9 期。

② 王立胜：《深刻把握新发展阶段的历史逻辑》，《人民论坛》2021 年 3 月（上）。

③ 李景治：《准确把握"新发展阶段"的历史方位和科学内涵》，《学术界》2021 年第 5 期。

会指标占世界的比重大幅提高，国际地位和国际影响力显著提升。

我国建立了独立完整的工业体系。鸦片战争后的一百多年中，我国饱受帝国主义列强侵略掠夺，其中重要的原因是没有强大的工业。中华人民共和国成立时，我国工业基础薄弱，尚未形成工业体系，工农业总产值中机器大工业只占17%。经过七十余年的建设，我国建成了独立完整的工业体系，成为全球唯一的拥有联合国产业分类中全部工业门类的全产业链国家，是名副其实的"世界工厂"。我国工业生产能力发生了翻天覆地的变化，原煤、粗钢、水泥、电力等主要工业产品年产量居世界第一。2020年与1949年相比，我国原煤产量增长120倍、粗钢产量增长10112倍、水泥产量增长3616倍。我国经济已具备了全产业链的优势，独立完整的工业体系成为我国全面建设社会主义现代化强国的坚实物质基础。

我国科技创新能力实现巨大的跨越，从大幅落后到跟跑、并跑乃至部分领域领跑的历史性变化。中华人民共和国成立初期，我国不能制造汽车、飞机、坦克、拖拉机等现代化工业产品。在七十余年的艰苦奋斗中，我们不仅自主生产出汽车、飞机、坦克、拖拉机，还创造出一批具有世界领先水平的重大科技成果，如成功爆炸原子弹、氢弹，自行设计制造并成功发射运载火箭，在世界上首次人工合成牛胰岛素，制成青蒿素。近年来，天宫、蛟龙、天眼、悟空、墨子、大飞机等重大科技成果又相继问世。目前我国研发人员总量稳居世界首位，研发经费投入仅次于美国。科技创新能力的巨大提升，为我国的创新发展奠定了良好的科技基础。

我国的综合国力跃上新台阶。1950年我国的GDP只占世界的4.5%，只有美国的16.46%。2020年我国GDP增长到101.6万亿元，占世界的17%，达到美国的70%左右，稳居世界第二大经济体地位。2020年，我国GDP较1952年实际增长189倍，年均增长8.26%。我国国际地位和国际影响力显著提升。

我国人民的生活水平得到巨大的提高。我国人均国民总收入（GNI）大幅提升。1962年，我国人均国民总收入只有70美元，1978年为200美元，1962年和1978年仅相当于世界平均水平的14.57%和10.38%。到2019年我国人均国民总收入达到世界平均水平的89.93%。我国人民的生活显著改善，已经摆脱了贫穷、饥饿、温饱不足，实现了全面小康。我国推动了人类历史上规模最大、速度最快的城镇化进程，2020年常住人口城镇化率达到63.89%，满足了人民对美好生活的需求。人民生活水平的提高，创造了巨大的消费市场，我国超大规模市场的优势已经形成。

最为重要的是，我国开辟了适合本国国情的经济建设道路，建立了社会主义市场经济体制，为建设社会主义现代化强国确立了制度保障。正如习近平总书记所说，中国实现了社会主义现代化进程中新的历史性跨越。正是因为社会主义建设经过几十年的积累，打下了雄厚的基础，今天的中国才能站到新的起点上，开创新发展阶段，构建新发展格局。

三、世界百年未有之大变局改变了外部发展环境

新中国成立以来，国际环境复杂多变，深刻影响了国内与国际的经济循环。20世纪五六十年代，在美国为首的西方势力封锁下，中国与苏联及东欧民主主义国家发展友好关系，获得了工业化急需的资金、技术与设备。中苏关系破裂后，中国与资本主义国家发展经贸关系，引进技术设备。改革开放后，中国积极与世界各国发展友好关系，引进投资、技术与设备，深度融入全球经济体系，改变了国内循环为主体的旧格局，

转变为国际循环为主体的开放型经济格局。这种以国际大循环带动国内循环，国内、国际经济双循环格局的转化，促进了中国经济的发展。

当前，中国正面临世界百年未有之大变局。新一轮科技革命和产业变革正在影响世界经济发展，将重塑全球竞争格局。经济全球化退潮，全球产业链供应链收缩。美国对中国战略遏制日趋强化。[①] 大变局对中国以国际经济循环为主体的经济格局造成致命威胁。构建新发展格局就是应对外部环境深刻复杂变化的主动调整。

由于我国发展所面临的外部环境变化已经从量变发展到了质变，必须从全局高度出发，采取系统性策略。[②] 随着外部环境的不稳定性和不确定性显著增加，以至于量的积累达到了质变程度，即对经济安全乃至国家安全构成威胁，启动事关全局的系统性、深层次变革，作出立足当前、着眼长远的战略谋划，便是必须果断采取的实质行动，统筹发展和安全。[③]

四、构建新发展格局是自然与必然的选择

大国经济的重要特征，就是必须实现内部循环，并且提供巨大国内市场和供给能力，支撑并且带动外循环。[④]

中国是一个大国，作为世界第二大经济体，依靠原有的外需拉动经济发展已不可能，而且，随着中国经济体量的加大，国内市场增长和

---

①　王一鸣：《构建新发展格局是中国的重大战略任务》，《现代国际关系》2021年第1期。

②　高培勇：《从全局高度准确把握和积极推进构建新发展格局》，《经济日报》2021年1月18日。

③　高培勇：《构建新发展格局：在统筹发展和安全中前行》，《经济研究》2021年第3期。

④　刘鹤：《加快构建以国内大循环为主体、国内国际双循环相互促进的新发展格局》，《人民日报》2020年11月25日。

劳动密集型产品出口优势相对减弱，外循环的作用在过去十年逐渐下降。[①] 中国需求结构和供给结构都发生了深刻变化，国内大循环在发展格局中的主体地位基本形成。从需求端看，国内市场总体规模加速扩大，2019 年社会消费品零售总额达到 41.2 万亿元，约为 6 万亿美元，接近美国 6.2 万亿美元的规模，将成为全球最大的零售市场，具有超大规模市场的优势。从供给端看，中国拥有全球最完整、规模最大的产业体系。[②]

实际上，无论就历史还是就现实，中国的经济发展从来没有过单一循环的经历，不同历史时期有所不同的，仅在于内外循环在国民经济循环中的各自占比以及以哪一种循环为主体。[③] 改革开放后，中国积极参与国际循环，国内国际双循环相互促进，始终是以满足国内供给及需求为出发点和落脚点的。所以，构建新发展格局，既是中国经济建设的经验总结，又揭示了中国经济发展的客观规律。[④]

世界百年未有之大变局也是中国的发展机遇。新科技革命为中国打开了进入国际前沿地带的机会窗口。美国的围堵和打压，倒逼中国下决心增强自主创新能力，攻克关键核心技术，提升产业链竞争力和现代化水平。在传统全球化减缓的同时，数字全球化却发展得非常快，中国在数字全球化中具有优势。[⑤] 中国在基础研究和原始创新取得重要进展，如量子信息、干细胞、脑科学等前沿方向上取得一批重大原创成果。在战略高技术领域取得新跨越，如在深海、深空、深地、深蓝等领域积极抢占科技制高点。在高端产业取得新突破，如研制 C919 大飞机、高速

① 江小涓：《双循环下的新发展格局》，《企业管理》2021 年第 1 期。
② 王一鸣：《百年大变局、高质量发展与构建新发展格局》，《管理世界》2021 年第 12 期。
③ 高培勇：《构建新发展格局：在统筹发展和安全中前行》，《经济研究》2021 年第 3 期。
④ 裴长洪、刘洪愧：《构建新发展格局科学内涵研究》，《中国工业经济》2021 年第 6 期。
⑤ 江小涓：《双循环下的新发展格局》，《企业管理》2021 年第 1 期。

磁浮试验样车。在民生科技领域取得显著成效，如医用重离子加速器、磁共振、彩超、CT 等高端医疗装备国产化替代取得重大进展。①

综上所述，在新发展阶段，构建国内大循环为主体、国内国际双循环相互促进的新发展格局，是历史与现实的必然选择。

（执笔人：赵学军）

---

① 习近平：《在中国科学院第二十次院士大会、中国工程院第十五次院士大会、中国科协第十次全国代表大会上的讲话（2021 年 5 月 28 日）》，《人民日报》2021 年 5 月 28 日。

中　篇

构建新发展格局的关键问题

第四章

新发展格局的测度分析

习近平总书记在庆祝中国共产党成立 100 周年大会上的重要讲话中再次提到，立足新发展阶段，完整、准确、全面贯彻新发展理念，构建新发展格局，推动高质量发展。事实上，2020 年 4 月 10 日在中央财经委第七次会议上，习近平总书记首次提出形成以国内大循环为主体、国内国际双循环相互促进的新发展格局。自此以后，习近平总书记在各大重要会议上多次讲述"新发展格局"。在此过程中，"大循环""双循环""新发展格局"成为政策界、学术界、业界关注度最高的话题。除了政策界对构建新发展格局的政策阐释外（刘鹤，2020[①]；杨伟民，2021[②]），学术界也围绕新发展格局的历史逻辑、现实逻辑、理论逻辑、政策建议以及"双循环""经济循环""内循环"等经济方面的问题进行了系统的研究，但这些研究大多是定性的、学理性的阐释，对国内国际双循环进行系统性测度的文献还比较少，在理论上和实证数据方面的深化研究不多，正如习近平总书记所指出："对这个客观现象，理论界进行了很多讨论，可以继续深化研究，并提出真知灼见。"[③] 从定性分析进

[①] 刘鹤：《加快构建以国内大循环为主体、国内国际双循环相互促进的新发展格局》，见本书编写组编著：《〈中共中央关于制定国民经济和社会发展第十四个五年规划和二〇三五年远景目标的建议〉辅导读本》，人民出版社 2020 年版，第 45—53 页。

[②] 杨伟民：《构建新发展格局：为什么，是什么，干什么》，《比较》2021 年第 2 期。

[③] 习近平：《在经济社会领域专家座谈会上的讲话》，人民出版社 2020 年版，第 5 页。

入定量分析，是一种人类思想发展从一种思想规定向另一种思想规定的客观转化。自然界中各种物质运动形式都是质和量的统一，人们若能从数量关系上去把握事物，就能更深刻地认识它的质的规定性。

本章主要探讨新发展格局中国内国际循环的测度，首先，通过对经济循环生产环节的分析来理解新发展格局提出的必要性；其次，构建GDP分解模型从全球价值链的视角测度双循环，并进行国际比较分析，试图找到中国新发展格局的实践路径着力点。对中国经济双循环的科学和系统测度具有重要的认识论意义，是深刻认识构建新发展格局的重要工具。科学测度国内国际双循环的新发展格局有助于回答以下问题：中国经济的国内国际双循环格局发展态势如何？内循环占国民经济的比重多大是合适的？深度参与国际经济循环是否一定与以国内大循环为主导经济发展格局不适应？国内国际循环的相互协调在中国经济发展中的作用是什么？中国内需规模到底有多大，是否真的还需要在体量上持续扩大？中国对本国内需的供给能力如何？对于这些问题的回答，可以在理解当前中国经济发展格局的现状基础上，在与世界先进经济体的比较中，更为准确地找到中国经济新发展格局的着力点。

第一节　新发展格局测度研究脉络

现有文献从经济循环活动的生产、分配、流通、消费等内涵来对国内国际循环活动进行理论层面的定义。倪红福（2020）[①]对国内大循环、国际大循环和双循环进行了初步的探讨。国内大循环是指再生产活动

的每一个环节，即投资、生产、分配、流通、消费这种有机过程的周而复始所形成的循环，都是以满足国内需求作为出发点，同时也以此作为落脚点。与此相对应的"国际大循环"，是指在改革开放初期，外部需求旺盛，中国存在以富余劳动力禀赋参与国际循环的条件，市场和需求两头在外，从事劳动密集型的低端制造业，以外部需求拉动国内经济增长。"双循环"是指国内大循环与国际大循环之间有机联系的交互联系与沟通，形成以国内大循环为主体、国内国际双循环相互促进的新发展格局。经济循环是在一国经济的运转或循环中，表示一国在一定时间内经济总供给与总需求之间平衡关系的表达（佟家栋，2021）。经济循环的国内经济循环和国际经济循环的区分需要考虑到经济活动的国界（或者经济体）（黄群慧，2021）①。具体地，就供给配套及营销市场的来源差异而言，国内循环是指整个生产流程在主权国家内部开展并完成的经济系统，而国际循环是指国内生产流程借助了国外原材料、国外生产制造或国外消费市场开展并完成的经济系统（黎峰，2021）。

在新发展格局测度的实践层面，将一国 GDP 的不同部分按照所涉边界差异来区分内外经济循环是综合测度双循环发展现状的主流方法。当前对国内国际双循环的测度主要有四种：第一，按照最终需求的目的地区分。陈全润等（2022）②认为，衡量参与国内循环、国际循环程度的一个重要维度是本国经济增长依靠国内最终需求和国外最终需求的相对程度，即要能说明国内和国外对中国经济的贡献。因此提出以中国经济对本国最终需求依存度和对国外最终需求依存度衡量中国参与国内

① 黄群慧：《"双循环"新发展格局：深刻内涵、时代背景与形成建议》，《北京工业大学学报（社会科学版）》2021 年第 1 期。

② 陈全润、许健、夏炎、季康先：《国内国际双循环的测度方法及我国双循环格局演变趋势分析》，《中国管理科学》2022 年第 1 期。

循环、国际循环的相对程度。第二，对外贸易依存度。江小涓和孟丽君（2021）[①]从中间产品出口比重、外商投资企业出口比重、加工贸易出口比重和对外贸易依存度4个方面，分析外循环的地位及变化。从库普曼、王直、魏尚进（2014）的总出口分解模型可知，由于中间品贸易的存在，本国增加值出口仅是本国出口的一部分，因此以对外贸易依存度来衡量一国经济对国外的依赖存在较大程度的高估。第三，从产品市场和投入供给来源的角度，将内循环理解为向国内市场提供产品服务和使用国内生产要素，此时投入和市场同时在内，将外循环理解为向国外市场提供产品服务和使用国外的生产要素，此时投入和市场同时在外，也被称为国际大循环[②]。第四，总产出分解模型。黎峰（2021）[③]在考虑国内循环和国际循环内涵及边界的情境下，延续库普曼、王直、魏尚进（2014）的出口分解框架将一国总产出分解为国内循环强度和国际循环强度，并依据各类生产链条中资源与市场的边界，将国际循环分解为三种国际循环强度。这一框架可以较为清晰地看到总产出的市场和资源的来源，能够对经济循环的内容进行一定程度的识别，但由于总产出中仍有中间品投入，这部分不能记为GDP，故不能准确刻画内外循环对中国经济的贡献。

就现有新发展格局的测度研究而言，存在两点不足：第一，基于经济循环的环节的讨论多在理论层面，少有基于数据描述的认识。缺乏从经济循环具体环节对新发展格局现状的准确认识，这不利于理解中国当前经济循环出现的问题。第二，对新发展格局的综合测度的科学性有待

---

① 江小涓、孟丽君：《内循环为主、外循环赋能与更高水平双循环——国际经验与中国实践》，《管理世界》2021年第1期。

② 王建：《什么是国际经济大循环》，《四川建材学院学报》1988年第3期。

③ 黎峰：《国内国际双循环：理论框架与中国实践》，《财经研究》2021年第4期。

提高，这不利于把握新发展格局的宏观特征。因此，为了对新发展格局进行基于测度视角的全面认识，一方面，本书从新格局下经济循环各环节出发，利用投入产出数据对生产、分配、流通、消费等环节进行测度；另一方面，为了使"双循环"测度能够准确地反映国内循环、国际循环对一国经济的贡献，同时尽可能体现经济循环的内涵，我们在纳入企业所有权异质性的情境下，利用生产分解框架对双循环进行测度。我们依据投入的来源、市场的目的地、生产活动的区位对一国 GDP 的国内国际双循环进行测度。具体地，我们将一国 GDP 所涉及的经济循环分为四类：纯国内循环、市场在外的国内国际双循环、投入在外的国内大循环、国际大循环。

第二节　中国经济循环格局分析

本章利用世界投入产出表、国家统计局以及经济合作与发展组织数据库的相关数据刻画我国当前经济循环的格局，分析我国经济循环中亟待解决的种种问题。

一、供需格局

从总体上的总需求和供给平衡的视角来分析中国的国内需求和供给的变化情况。表 4-1 显示了中国国内供需格局的历史变化。其中总需求＝消费支出合计＋资本形成总额＋出口。总供给＝总产出－中间投入合计＋进口。国内需求＝总需求－出口，国内供给＝总供给－进口。可以看到：(1) 我国总供给、总需求由 2002 年的 14.8 万亿元增长至

2018 年的 109.1 万亿元，呈快速上升趋势，且总体上保持着动态供需平衡。（2）我国国内供给略高于国内需求，国内供给与国内需求的差额在 2007 年扩大到 2.4 万亿元，在 2018 年回落至 0.7 万亿元。（3）国内需求与国内供给的增长速度高于进出口，其中国内需求由 2002 年的 11.7 万亿元增长至 2018 年的 91.5 万亿元，国内供给由 2002 年的 12.1 万亿元增长至 2018 年的 92.2 万亿元。进出口的增长速度较慢，出口由 2002 年的 3.1 万亿元增长至 2018 年的 17.6 万亿元，进口则由 2002 年的 2.7 万亿元增长至 2018 年的 16.9 万亿元。国内需求占总需求的比重与国内供给占总需求比重相对上升，进出口占比相对下降。

表 4-1　2002—2018 年中国国内供需格局历史变化

（单位：万亿元）

年份	国内需求	国内供给	出口	进口	总供给	总需求
2002	11.7	12.1	3.1	2.7	14.8	14.8
2005	17.8	18.6	6.8	5.9	24.5	24.6
2007	24.2	26.6	9.5	7.4	34.0	33.7
2010	39.0	40.3	11.1	10.1	50.4	50.1
2012	52.0	53.6	13.6	12.2	65.8	65.6
2015	66.6	68.0	14.8	12.5	80.5	81.4
2017	80.9	82.3	16.3	14.9	97.2	97.2
2018	91.5	92.2	17.6	16.9	109.1	109.1

资料来源：国家统计局网站。

就供需格局而言，我国总体上能实现静态供需平衡。然而当国际形势越发严峻、出口增幅放缓时，为保持供需格局的通畅，需要增加国内需求以弥补出口需求的减少，进一步就会带动供给侧尤其是国内供给的增加。盲目扩大国内供给并不可取，我国在上阶段呈现出来的主要经济问题之一，正是粗放式扩大供给以至于供过于求，进一步造成产能过剩与经济增长速度下滑，形成经济循环中的"堵点""塞点"。能否在动态中实现供需平衡是我们在新发展阶段即将面临的考验。构建循环畅通的供需格局要求供给侧的"韧性"与可调整性，能良好适应需求侧发生的各种经济变化。

二、生产格局

从产业结构来看中国的生产格局。图 4-1 展示了中国三次产业结构历史变化。其中产业增加值占比 = 产业增加值 / 国内生产总值 ×100%。可以看到：（1）我国第一产业增加值占比由 1978 年的 27.7% 下降至2020 年的 7.7%，总体上呈下降趋势。（2）我国第二产业增加值占比总体呈阶段性下降趋势。由 1978 年的 47.7% 下降至 1988 年的 43.5%，1988—2008 年保持在 43%—47% 的区间内，而后持续下降至 2020 年的37.8%。（3）第三产业增加值占比整体上呈现上升趋势，由 1978 年的24.6% 上升至 2020 年的 54.5%。

（单位：%）

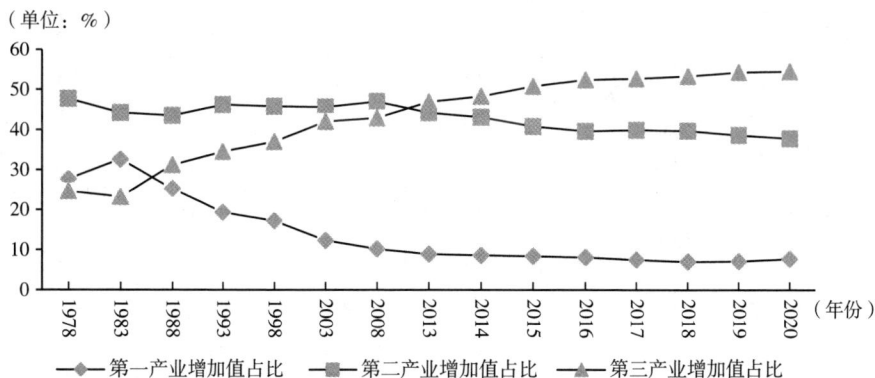

图 4-1　1978—2020 年中国产业结构构成历史变化

资料来源：国家统计局。

表 4-2 给出三次产业对 GDP 贡献率和拉动百分点。可以看到：（1）第一产业对 GDP 增长的贡献率由 1978 年的 9.8% 下降到 2019 年的 3.9%，总体呈稳定下降趋势。2020 年受新冠肺炎疫情的影响回升至 9.5%。第一产业对经济增长率拉动百分点整体上同样呈下跌趋势，在 1983 年达到最高 2.6 个百分点，而后逐年下跌到 2013 年的 0.3 个百分点并保持相对稳定。（2）第二产业对 GDP 增长的贡献率由 1978 年的 61.8% 下降到 2019 年的 32.6%，对经济增长率拉动的百分点同样呈现出逐年下降趋势，在 2020 年新冠肺炎疫情对第三产业造成冲击后回升至 43.3%。（3）我国第三产业对 GDP 增长的贡献率由 1978 年的 28.4% 上升至 2019 年的 63.5%，受新冠肺炎疫情影响在 2020 年下跌至 47.3%。第三产业对经济增长率的拉动百分点也呈现出缓慢上升趋势。仅在 1998 年与 2020 年呈现出大幅度下跌。从生产格局来看，我国服务业比重及对 GDP 贡献率逐年上升，中国实现了产业结构升级。

表 4-2 1978—2020 年三次产业对 GDP 增长的贡献率与拉动百分点

年份	第一产业		第二产业		第三产业	
	贡献率（%）	拉动百分点	贡献率（%）	拉动百分点	贡献率（%）	拉动百分点
1978	9.8	1.1	61.8	7.2	28.4	3.3
1983	23.9	2.6	43.5	4.7	32.7	3.5
1988	5.4	0.6	61.3	6.9	33.4	3.7
1993	7.6	1.1	64.4	8.9	28.0	3.9
1998	7.2	0.6	59.7	4.7	33.0	2.6
2003	3.1	0.3	57.9	5.8	39.0	3.9
2008	5.2	0.5	48.6	4.7	46.2	4.5
2013	4.2	0.3	48.5	3.8	47.2	3.7
2014	4.5	0.3	45.6	3.4	49.9	3.7
2015	4.4	0.3	39.7	2.8	55.9	3.9

年份	第一产业		第二产业		第三产业	
	贡献率（%）	拉动百分点	贡献率（%）	拉动百分点	贡献率（%）	拉动百分点
2016	4.0	0.3	36.0	2.5	60.0	4.1
2017	4.6	0.3	34.2	2.4	61.1	4.2
2018	4.1	0.3	34.4	2.3	61.5	4.2
2019	3.9	0.2	32.6	1.9	63.5	3.8
2020	9.5	0.2	43.3	1.0	47.3	1.1

资料来源：国家统计局。

三、分配格局

我们从居民部门、非金融企业、金融企业和政府部门的各自收入占比来看我国收入分配的宏观格局。从国民收入分配格局的变化趋势来看，我国收入分配格局主要分为三个阶段（见图4-2）：（1）1978—

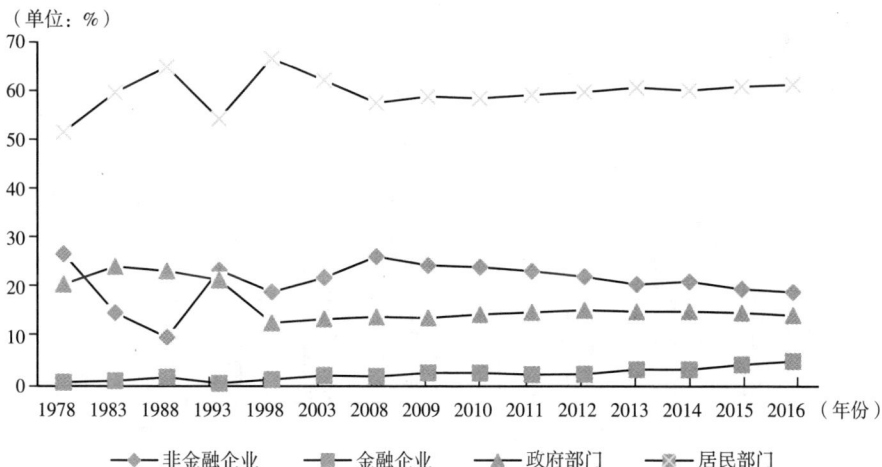

图4-2　1978—2016年中国收入分配格局占比历年变化

资料来源：1992年之前的数据来源于国家统计局《中国历史年份资金流量表编制方法说明（1978—1991年）》，第三次全国经济普查后国家统计局对1992—2012年资金流出表进行修订，表中结果为修订后的数据。2013年及以后的数据来源于相关年度《中国统计年鉴》。

1991 年，非金融企业部门收入份额逐渐下降，居民部门收入份额不断增加。（2）1992—2008 年，企业部门收入份额稳步增加，居民部门收入份额逐年下降（3）2009—2016 年，居民部门收入份额回升，企业部门收入份额下降。

图 4-3 显示了 2013—2020 年全国人均可支配总收入及其占人均GDP 比重。其中，我国居民人均可支配收入由 2013 年的 18311 元增加至 2020 年的 32189 元，呈逐年上升趋势。而我国居民可支配收入占GDP 总额的比重一直在 42%—43%。就国际比较而言，2016 年中国人均 GDP 为 8123 美元，接近于 20 世纪 70 年代末的美国、德国、法国、日本，80 年代初的英国，90 年代初的韩国。2015 年我国城镇居民人均可支配收入约为 5060 美元，同期美国居民人均可支配收入为 42400 美元；2015 年，中国的居民人均可支配收入水平相当于同期美国水平的

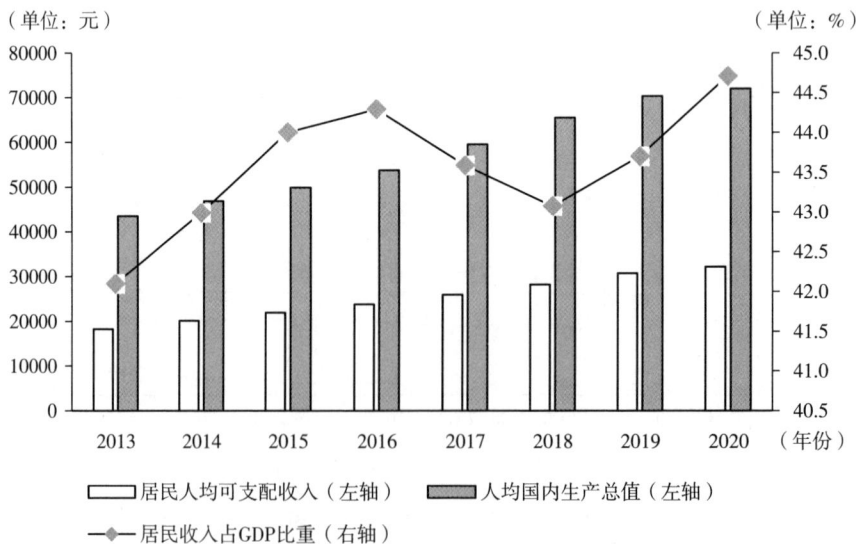

图 4-3 2013—2020 年全国人均可支配总收入及其占人均 GDP 比重

资料来源：国家统计局。

12%、日本水平的 26%、韩国水平的 35%、英国水平的 17%，大约等同于美国 20 世纪 70 年代初的水平。从居民收入占 GDP 比重来看，西方发达国家居民收入占 GDP 比重一般为 50%—60%、美国为 65%、日本为 60%、英国高达 71%。我国人均可支配收入占比相对偏低，一方面意味着企业和居民税负较重，另一方面意味着居民没有从经济增长中获得较高的福利。

我国国民收入分配格局中，存在居民收入份额长期偏低和因要素市场不完善所造成的劳动收入份额偏低等不合理现象。这不仅扩大了我国居民收入差距，同时也造成了居民部门消费不足、内需动力缺乏的问题。

四、流通格局

表 4-3 列示了我国社会物流总额、社会物流总费用及社会物流总费用占 GDP 比重历年变化情况。其中社会物流总额是指第一次进入国内需求领域，产生从供应地向接受地实体流动的物品的价值总额。社会物流总额包含以下六个方面：进入需求领域的农产品物流总额、工业品物流总额、进口货物物流总额、外省市调入物品物流总额、再生资源物流总额、单位与居民物品物流总额。社会物流总费用指报告期内国民经济各方面用于社会物流活动的各项费用支出的总和，可划分为运输费用、保管费用及管理费用。从数值上看，我国社会物流总额从 2007 年的 75.2 万亿元增长至 2020 年的 300.1 万亿元，呈逐年上涨趋势。增速由 2007 年的 26.2% 放缓至 2020 年的 4.0%，仅在 2010 年有所回升。社会物流总费用由 2007 年的 4.5 万亿元增长至 2020 年的 14.9 万亿元，同样呈逐年上涨趋势。而社会物流总费用的增速由 2007 年的 18.2% 放缓

至 2020 年的 2.0%,总体上呈波动放缓趋势。社会物流总费用占 GDP 比重由 2007 年的 18.2% 放缓至 2020 年的 14.7%,大体上呈缓慢下降趋势,2016 年后基本稳定在 14.7% 左右。

表 4-3　2007—2020 年我国社会物流总额、社会物流总费用及占 GDP 比重变化

年份	社会物流总额(万亿元)	同比增长(%)	社会物流总费用(万亿元)	同比增长(%)	社会物流总费用占 GDP 比重(%)
2007	75.2	26.2	4.5	18.2	18.2
2008	89.9	19.5	5.4	16.2	18.1
2009	96.7	7.4	6.1	7.2	18.1
2010	125.4	15.0	7.1	16.7	17.2
2011	158.4	12.3	8.4	18.5	17.2
2012	177.3	9.8	9.4	11.4	17.4
2013	197.8	9.5	10.2	9.3	17.1
2014	213.5	7.9	10.6	6.9	16.5
2015	219.2	5.8	10.8	2.8	15.7
2016	229.7	6.1	11.1	2.9	14.9
2017	252.8	6.7	12.1	9.2	14.7
2018	283.1	6.4	13.3	9.8	14.8
2019	298.0	5.9	14.6	7.3	14.7
2020	300.1	4.0	14.9	2.0	14.7

资料来源:中国物流信息中心。

国际比较而言,虽然我国社会物流总费用占 GDP 比重呈稳中有降趋势,但 2016 年美国、德国、加拿大、英国、日本、韩国等发达国家的社会物流总费用与 GDP 比重在 8%—9%,印度为 13%,巴西为 11.16%,普遍低于我国。表明我国物流部门仍存在保管费用和管理费用偏高的问题,在物流行业效率上和发达国家的差距仍十分明显。

五、消费格局

从我国消费格局历年发展变化来看（见图 4-4），1978—2020 年，我国最终消费与资本形成总额都实现了巨额增长。可以看到：（1）最终消费中的居民消费由 1978 年的 1759.1 亿元增长至 2020 年的 387176.1 亿元，政府消费由 1978 年的 474.5 亿元增长至 2020 年的 169810.3 亿元。（2）资本形成总额由 1978 年的 1383.3 亿元增长至 2020 年的 442400.6 亿元，高于居民消费，在国民经济中占比较大。（3）在 1993 年前，货物与服务净出口多数年份为负值，仅 1983 年为正值。1993 年后，货物与服务净出口呈现出在波动中不断增长的趋势。

从需求对国内生产总值的贡献率和拉动百分点上来看（见表 4-4），最终消费支出对国内生产总值增长的贡献率在 1978—1990 年飞速提高，由 38.7% 增长至 89.0%。1990—2003 年由 89.0% 降低至 36.1%，在 2000 年保持了 78.8% 的贡献率。在 2003 年后整体上呈增长态势，

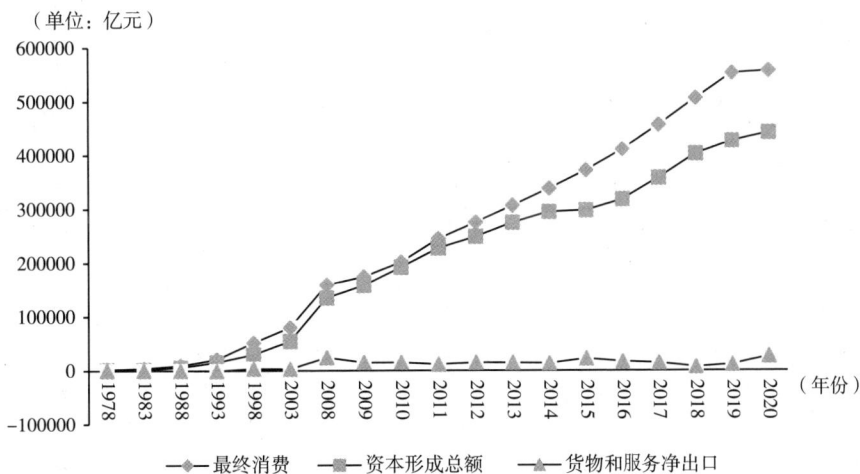

图 4-4　1978—2020 年我国消费格局发展情况

资料来源：国家统计局。

由 36.1% 增长到 2019 年的 57.8% 并大体保持了 50%—70% 的国内生产
总值增长贡献率。对经济增长拉动百分点在 1985 年达到最高 9.7 个百
分点，其余年份保持在 4—6 个百分点。资本形成总额对经济增长的贡
献率整体呈现波动下降趋势，在 1990 年一度达到 –69.4%，至 2019 年，
该贡献率已降至 31.2% 并保持在 30%—40% 区间内，对经济增长拉动
百分点也降至 2—3 个百分点。货物和服务净出口对国内生产总值贡献
率整体上呈大幅度波动态势，对经济增长拉动百分点整体上保持在正负
1 个百分点以内。

表 4-4　1978—2019 年我国需求对国内生产总值增长的贡献率和拉动百分点

年份	最终消费支出		资本形成总额		货物和服务净出口	
	贡献率（%）	拉动（百分点）	贡献率（%）	拉动（百分点）	贡献率（%）	拉动（百分点）
1978	38.7	4.5	66.7	7.8	–5.4	–0.6
1980	78.1	6.1	20.1	1.6	1.8	0.1
1985	71.9	9.7	79.6	10.7	–51.5	–6.9
1990	89.0	3.5	–69.4	–2.7	80.5	3.2
1995	46.7	5.1	46.1	5.0	7.2	0.8
2000	78.8	6.7	21.7	1.8	–0.5	0.0
2005	56.8	6.5	33.1	3.8	10.1	1.1
2010	47.4	5.0	63.4	6.7	–10.8	–1.1
2011	65.7	6.3	41.1	3.9	–6.8	–0.6
2012	55.4	4.4	42.1	3.3	2.5	0.2
2013	50.2	3.9	53.1	4.1	–3.3	–0.3
2014	56.3	4.2	45.0	3.3	–1.3	–0.1
2015	69.0	4.9	22.6	1.6	8.4	0.6
2016	66.5	4.6	45.0	3.1	–11.6	–0.8
2017	57.5	4.0	37.7	2.6	4.8	0.3
2018	65.9	4.4	41.5	2.8	–7.4	–0.5
2019	57.8	3.5	31.2	1.9	11.0	0.7

资料来源：国家统计局。

从需求格局整体上来看，我国仍存在内需格局中投资占比过高、居民消费潜力释放不足的问题。在我国过去十几年中消费需求已经实现了较快增长，消费推动型经济增长格局正在形成。当前资本形成对经济的影响仍然较大，我国仍需进一步挖掘消费潜力，补齐消费需求的短板，打通制约消费需求增长的堵点。

从中国经济循环各环节的现状来看，中国经济的生产结构实现了升级，但供需格局、分配格局、流通格局、消费格局均存在一些问题，在中国经济结构实现内生转变和面临外部巨大不确定性的背景下，以国内大循环为主体、国内国际双循环相互促进的新发展格局是中国经济高质量发展的必由之路。

第三节　中国经济国内国际循环的测度与比较分析

我们认为，国内国际双循环既要包含边界的含义，也要包含经济活动循环的内容。因此，在识别一国 GDP 的内外循环时，不仅需要考虑边界问题，也需要考察经济循环活动的内涵。但是现有测度要么仅考虑其中一方面，要么与 GDP 不直接相关，从而无法识别一国经济中的内、外循环。基于最终需求目的地的测度重点在于强调一国经济的内外循环比重，旨在刻画一国经济对国内和国外的依赖，而对经济循环活动的内涵基本没有涉及。基于产品市场和投入来源地区别以及总产出分解框架的测度方法，初步纳入了经济循环活动的内涵，投入可以看作生产活动，市场可以看作销售活动，然而，这一类测度并未能明确地刻画其对一国 GDP 的影响。基于对外贸易依存度的方法并不能刻画一国经济对国内或国外的影响，因为仅有净出口才被算作 GDP 的一部分，更不用说这种方法对经济循环活动内涵的体现。裴长洪和刘洪愧（2021）[①] 也认为对外贸易依存度不能对双循环进行准确的测度。为了使双循环测度能够准确地反映国内循环、国际循环对一国经济的贡献，同时尽可能体现经济循环的内涵，我们在纳入企业所有权异质性的情境下，利用新的GDP 分解框架对双循环进行测度。

一、理论模型与数据来源

（一）基本的 GDP 分解模型

参考王直等（2021）[②] 纳入企业所有权的 GDP 或最终需求生产分解框架，将一国 GDP 分解成由不同所有权企业主导的各类价值链条。

总产出平衡方程可表示为：

$$X = Z + Y = AX + Y \tag{4.1}$$

移项可得列昂惕夫逆矩阵（B）：

$$X = (I - A)^{-1}Y = BY \tag{4.2}$$

如果将总产出区分为是否出口，式（4.1）可以写为：

$$X = AX + Y = A^D X + Y^D + A^F X + Y^F \tag{4.3}$$

式（4.3）中，A^D 是本国投入系数矩阵，$A^D X$ 是本国中间品贸易流，Y^D 是在本国消费的最终需求，A^F 是进口投入系数矩阵，$A^F X$ 是中间品出口，Y^F 是最终品出口，后两项加总等于一国的总出口。需要注意的是，当 D 和 F 位于上角标位置时，分别表示本国贸易流和双边贸易流，不表示所有权，此惯例在后文通用。

---

① 裴长洪、刘洪愧：《构建新发展格局科学内涵研究》，《中国工业经济》2021 年第 6 期。

② Wang Z., Wei S. J., Yu X., et al., Tracing Value Added in the Presence of Foreign Direct Investment, *National Bureau of Economic Research*, Working papers, 2021.

结合式（4.2），对式（4.3）进行移向可得：

$$BY = (I - A^D)^{-1} Y^D + (I - A^D)^{-1} A^F BY + (I - A^D)^{-1} Y^F$$

$$= L Y^D + L A^F BY + L Y^F \tag{4.4}$$

式（4.4）中，$L = (I - A^D)^{-1}$为本国列昂惕夫逆矩阵。对式（4.4）左乘增加值系数矩阵，并对增加值系数矩阵和最终需求向量对角化，可以得到 GDP 的生产分解模型：

$$\hat{V}B\hat{Y} = \hat{V}L\hat{Y}^D + \hat{V}L\hat{Y}^F + \hat{V}LA^F B\hat{Y} \tag{4.5}$$

式（4.5）中，$\hat{V}B\hat{Y}$的元素代表某国最终需求中来自某特定国家部门的直接和间接增加值之和。行向加总为全球层面最终需求中来自某特定国家部门的直接和间接增加值之和；列向加总为某特定国家最终需求来自所有国家的直接和间接增加值之和，等于该列所对应国家部门的最终需求。

式（4.5）中的生产分解模型可以从前向视角追踪增加值的去向，也可以从后向视角追溯最终品中的增加值来源，为了进一步了解所有权视角下增加值的来源与去向，我们对式（4.5）的增加值系数和最终需求进行所有权层面的区分：

$$\hat{V} = \hat{V}_D + \hat{V}_F, \hat{Y} = \hat{Y}_D + \hat{Y}_F, \hat{Y}^D = \hat{Y}_D^D + \hat{Y}_F^D, \hat{Y}^F = \hat{Y}_D^F + \hat{Y}_F^F$$

将以上分解代入式（4.5）：

$$\hat{V}B\hat{Y} = \hat{V}_D L\hat{Y}_D^D + \hat{V}_D L\hat{Y}_D^F + \hat{V}_D LA^E B\hat{Y}_D + \hat{V}_D L\hat{Y}_F + \hat{V}_F L\hat{Y}_D + \hat{V}_F L\hat{Y}_F +$$
$$\hat{V}_D LA^F B\hat{Y}_F + \hat{V}_F LA^F B\hat{Y}_D + \hat{V}_F LA^F B\hat{Y}_F \tag{4.6}$$

跨国公司在东道国直接投资建立子公司，在东道国整合要素和市场资源、布局生产和建立销售渠道，就其活动内容来看可以看作是一种跨国公司主导的全球价值链（Glbal Value Chain，GVC）活动。因此，在识别全球价值链活动时，不仅要考虑生产要素随中间品跨境，也要考虑生产要素是否由外国公司供应。同时对于简单和复杂的全球价值链活动的识别，王直等（2021）依旧延续其（2017）[①] 的做法，将生产要素随中间品仅跨境 1 次的称为简单全球价值链活动，将生产要素随中间品至少跨境两次的称为复杂全球价值链活动。

总体来看，式（4.6）可以分为 5 大类价值链活动。

纯粹的本国生产活动。第一项 $\widehat{V_D} L \widehat{Y_D^D}$，表示用于生产本国公司提供的本国最终需求的本国企业的增加值，所有生产活动在东道国进行，不涉及要素和贸易的跨境活动，被称为纯粹的本国生产活动。

传统贸易生产活动。第二项 $\widehat{V_D} L \widehat{Y_D^F}$，表示用于生产本国公司生产出口最终产品的本国企业的增加值，所有生产活动同样在本国进行，不涉及要素的跨境生产活动，被称为传统贸易生产活动。

仅与贸易相关的全球价值链活动。第三项 $\widehat{V_D} L A^E B \widehat{Y_D}$，东道国本国企业的增加值嵌入中间品出口中，被直接进口国用于生产本国使用的最终品和出口品的生产，所有生产过程仅涉及本国企业，因此被称为仅与贸易相关的简单和复杂全球价值链活动。

与外商投资相关的简单全球价值链活动。第四项 $\widehat{V_D} L \widehat{Y_F}$，东道国的外国企业生产最终品时使用来自东道国本国企业的增加值，所有生产活动在东道国进行，因外国公司生产的最终品的去向为东道国市场和国外市场，因此被称为投入寻求型外商直接投资（Foreign Direct Investment，FDI）和出口平台型外商直接投资的全球价值链活动。第五项 $\widehat{V_F} L \widehat{Y_D}$，东道国的本国企业在生产最终品时来自东道国外国公司的增加值，所有生产活动在东道国进行，因外国公司为东道国提供了中间品，因此被称为中间品投入市场寻求型外商直接投资的全球价值链活动。第六项

---

① Wang Z., Wei S. J, Yu X., et al., Measures of Participation in Global Value Chains and Global Business Cycles, *National Bureau of Economic Research*, Working papers, 2017.

$\hat{V}_F L \hat{Y}_F$，东道国的外国企业生产最终品时使用来自东道国外国企业的增加值，因东道国外国公司既提供中间品投入，又生产最终产品，因此被称为最终产品市场寻求型外商直接投资的全球价值链活动。

同时与贸易和外商直接投资相关的全球价值链活动。第七项 $\hat{V}_D L A^F B \hat{Y}_F$，增加值被东道国本国所有权企业创造，这些增加值嵌入到东道国的中间品出口中，这些中间品被直接进口国的外国公司生产满足直接进口国当地市场的最终需求，或者是用于生产再出口产品。第八项 $\hat{V}_F L A^F B \hat{Y}_D$，被东道国当地的外国公司生产的增加值嵌入出口中间品中，这些中间品被直接进口国的本国企业生产最终需求产品，这些产品满足本国市场需求和海外市场需求。[①] 第九项 $\hat{V}_F L A^F B \hat{Y}_F$，增加值嵌入到东道国外国公司生产的出口中间品中，这些中间品被直接进口国的外国公司生产用于满足当地（直接进口国）的最终需求和生产出口品。以上三种全球价值链活动均同时与贸易和外商直接投资相关。

（二）经济循环活动的定义

前文给出的生产分解模型，将一国 GDP 分解成不同的价值链条。不仅可以看到每条价值链增加值占 GDP 的比重，也可以看到各种价值链对经济循环活动的刻画。每条价值链描述的是从产品生产的上游投入到下游产品销售的整个流程，与经济循环活动所刻画的从生产到销售的流程极为相似，因此用价值链刻画经济循环活动具有可行性。内含于每条价值链中的增加值在价值链中传递，可以在各类价值链中识别增加值投入来源，所涉及的生产活动区位、产品的销售市场。

在考虑价值链中各类经济活动的边界时，可以实现对经济循环活动

---

① 增加值从外国公司到本国公司也算作一种跨境。

的内外划分。将每种价值链看作一种类型的经济循环活动，可依据生产活动和销售活动所处区位识别各类经济循环活动。王直等（2021）在所有权层面对生产分解模型进行拓展，这有利于在生产分解模型中对投入来源的地理区位的识别。一国的跨国公司由资本的跨境流入（FDI）形成，一国之中这些企业的要素投入可以看作来自国外的要素，与跨境生产活动有关，由于跨国公司属于东道国的常住单位，因此这些跨国公司的增加值也包含在一国 GDP 中，这部分 GDP 具有投入在外的经济循环活动特征。在全球价值链背景下，综合考虑投入的来源地、生产活动区位、销售市场的目的地，可以将一国经济区分为以下几种经济循环活动：纯国内循环、市场在外的国内国际双循环、投入在外的国内大循环、国际大循环。

当增加值来自本国公司时，其所处价值链仅有生产活动或销售活动可能位于国内或国外，投入则源于本国。因此，经济循环可以依据本国公司要素投入所涉及的生产活动区位、产品的销售市场，具体可以分为以下两类经济循环：

（1）本国企业要素投入用于本国中间品的生产，并生产在本国消耗的最终品，此时生产活动和销售活动均在本国，可以被称为纯国内循环 $\left(\widehat{V_D}L\,\widehat{Y_D^D} + \widehat{V_D}L\,\widehat{Y_F^D}\right)$ [①]。

（2）本国企业要素投入用于位于本国的中间品生产活动，这些中间品被用于本国出口品的生产，此时本国生产的最终品或中间品的市场在国外，存在本国生产活动与国外销售活动、本国生产活动与国外生产活动两种国内国际循环的协调，可以被称为市场在外的国内国际双循环 $\left(\widehat{V_D}L\,\widehat{Y_D^F} + \widehat{V_D}L\,\widehat{Y_F^F} + \widehat{V_D}LA^F B\,\widehat{Y_D} + \widehat{V_D}LA^F B\,\widehat{Y_F}\right)$。

---

① 有些项在式（4.6）中没有直接给出，但是将式（4.6）中的各项矩阵拆成出口或本国即可得。其他经济循环中"没有"的项，在式（4.6）中作类似的代换即可明晰。

　　当增加值源于本国的跨国公司时，其所处价值链的投入来源被看作来自国外，生产活动区位或销售市场区位可能位于国内或国外。因此，经济循环可以依据跨国公司要素投入所涉及的生产活动区位，其产品的销售市场，同样可以分为两类：

　　（1）跨国公司要素投入用于位于本国的中间品生产活动，并且这些中间品被用于生产在国内销售的最终品。生产活动涉及国外投入，生产和销售活动的区位在国内，可以称为投入在外的国内大循环（$\hat{V}_F L \hat{Y}_D^D + \hat{V}_F L \hat{Y}_F^D$）。

　　（2）跨国公司的要素投入用于位于本国的中间品生产活动，并且这些中间品被用于出口品（最终品或中间品）的生产，此时投入和市场"两头在外"，可以称为国际大循环（$\hat{V}_F L \hat{Y}_D^F + \hat{V}_F L \hat{Y}_F^F + \hat{V}_F L A^F B \hat{Y}_D + \hat{V}_F L A^F B \hat{Y}_F$）。

　　综上所述，可以看到的是：以上四类经济循环活动中仅有纯粹的内循环不涉及与国际循环相关的协调活动，其他三项均与国际循环有关。因此，将市场在外的国内国际双循环、投入在外的国内大循环可以进一步归类为国内国际双循环的协调活动。式（4.7）给出了各类经济循环的清晰表达式。

$$\hat{V}B\hat{Y} = \underbrace{\hat{V}_D L \hat{Y}_D^D + \hat{V}_D L \hat{Y}_F^D}_{\text{纯国内循环}} + \underbrace{\hat{V}_D L \hat{Y}_D^F + \hat{V}_D L \hat{Y}_F^F + \hat{V}_D L A^F B \hat{Y}_D + \hat{V}_D L A^F B \hat{Y}_F}_{\text{市场在外的国内国际双循环}} +$$
$$\underbrace{\hat{V}_F L \hat{Y}_D^D + \hat{V}_F L \hat{Y}_F^D}_{\text{投入在外的国内大循环}} + \underbrace{\hat{V}_F L \hat{Y}_D^F + \hat{V}_F L \hat{Y}_F^F + \hat{V}_F L A^F B \hat{Y}_D + \hat{V}_F L A^F B \hat{Y}_F}_{\text{国际大循环}}$$

$$(4.7)$$

　　将以上四类经济循环进行适当组合或变形，可以得到一些有趣的经济含义。（1）将各类经济循环与GDP相除，得到各类经济循环份额，可以看到一国经济对各类经济循环活动的依赖程度。（2）将纯国内循环份额与投入在外的国内大循环份额相加，可以得出内需对本国经济的贡献，也是内需规模的大小。（3）将市场在外的国内国际双循环份额与国际大循环相加，可以看到外需对一国经济的贡献。（4）将纯国内循环与内需相比，能够刻画本国投入对内需的供给能力。

（三）数据来源

经济合作与发展组织将跨国公司活动分析数据库（Analytical Activity of Multinational Enterprises，AMNE）与增加值贸易数据库（TiVA）链接起来，形成了区分所有权的国家间投入产出表。该投入产出表样本期为 2005—2016 年，包含了 ISIC Rev.4 分类标准下的 34 个行业，59 个国家，外加一个世界其他地区的数据。这些国家中有 36 个是经济合作与发展组织国家，有 23 个是非经济合作与发展组织国家。该投入产出表还在行业层面识别了本国公司和跨国公司，将所有权差异引入国家投入产出表。本书利用该数据库对各类经济循环进行测度。

二、中国经济双循环的演变趋势及国际比较

（一）国家层面中国经济双循环的演变趋势

本书依据上述提出的各类经济循环指标，利用跨国公司活动分析数据库国家间投入产出数据库，测度了 2005—2016 年中国经济的纯国内循环份额、市场在外的国内国际双循环份额、投入在外的国内大循环份额、国际大循环份额，这四个指标将中国 GDP 完全分解，四类经济循环份额相加等于 1。图 4-5 给出了我国经济的各类经济循环份额（占GDP 的比重）的动态变化。可以看到：（1）从各类经济循环的比较来看，纯国内循环一直是中国经济最重要的驱动力，这一比重在样本期不低于 71.04%。与国际循环相关的经济循环活动为中国经济的发展作出了突出贡献，这一比重在 2016 年仍旧有 18.05%。（2）从纯国内循环份

（单位：%）

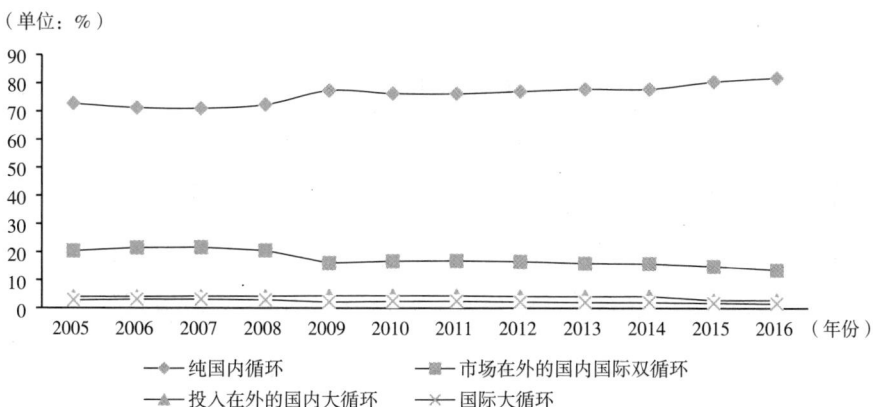

图 4-5 2005—2016 年中国经济双循环地位的动态变化

资料来源：笔者测算得出。

额的动态变化来看，中国经济结构的转变发生在 2007 年前后，而 2008
年的国际金融危机则加速了这一进程，纯国内循环经济对中国经济的
重要性继续加强。对于纯国内循环而言，在样本期经历了稳定下降期、
剧烈上升期、调整上升期三个阶段，对我国经济增长的重要性逐步增
强。2005—2007 年是稳定下降期，从 2005 年的 72.74% 下降到 2007 年
的 71.04%；2008—2009 年是剧烈上升期，从 2008 年的 72.35% 陡然上
升到 77.38%，上升幅度达到 6.95%；2010—2016 年是调整上升期，先
经历缓慢的下降，2011 年为 76.26%，是调整期的最低点，随后缓慢上
升，2016 年达到 81.96%。（3）国内国际双循环的协调活动在金融危机
之前占有重要比重，但这之后随着中国经济结构的调整，中国经济对外
部投入、市场的依赖都在减小。从市场在外的国内国际双循环来看，在
金融危机之前中国经济对海外市场的依赖还在缓慢上升，从 2005 年的
20.43% 上升到 21.58%。2008 年之后发达国家深陷金融危机泥潭，各
国经济增长乏力，中国经济对外部市场的依赖持续下降（从 2008 年的
20.55% 下降到 2016 年的 13.57%）。从投入在外的国内大循环来看，其

是指内需对本国跨国公司的依赖，在 2014 年之前，该指标稳定在 4%
左右，其在金融危机期间甚至有所上升（2009 年为 4.3%），存在逆周
期现象；2014 年之后，该指标有所下降。（4）国际大循环份额在各类经
济循环份额中最低，中国对国际大循环的依赖程度最低。2016 年国际
大循环份额仅为 1.62%，这意味着跨国公司可能更加关注中国市场，单
纯将中国视作出口平台的外国投资在国民经济中的比重在减小。总体而
言，单纯的国际大循环从来没有在中国经济中占有重要地位，更为重要
的是国内国际双循环的协调活动。

（二）国家层面双循环的国际比较

纯国内循环的国际比较。表 4-5 给出了 2005 年和 2016 年各国纯
国内循环的排名情况，可以看到：（1）中国经济的纯国内循环迅速提
高，相比其他国家，中国经济的内循环特征十分明显。从 2005 年的第
15 名上升到 2016 年的第 6 名，2016 年中国比排名第一的美国的纯国内
循环份额仅低 4%。（2）除美国和日本外，基本表现出发达国家的纯国
内循环比重低，发展中国家普遍高的特点。2016 年，中国、印度、哥
伦比亚、印度尼西亚、阿根廷等纯国内循环份额相当，排名靠前，均在
80% 左右；发达国家的纯国内循环份额排名普遍靠后，新加坡是纯国内
循环份额最低的国家，2016 年仅为 29%。（3）发达国家和发展中国家
中的大国的纯国内循环占比保持稳定，如美国、日本、澳大利亚、加拿
大、印度、巴西、哥伦比亚等；较小的发达国家，特别是东欧国家，纯
国内循环占比有所下降，如西班牙、葡萄牙、罗马尼亚、克罗地亚、立
陶宛；加工贸易明显的国家纯国内循环占比在此期间迅速上升，如中
国、印度尼西亚、马来西亚等，这是出口导向国面对 2008 年国际金融
危机后需求疲软的主动调整。以上我们可以看到，就纯国内循环的总量

来看，中国的内循环经济已经位居世界前列。据此可以判断，中国内循环经济在总量层面已经达标，以国内大循环为主体的新发展格局具有总量基础。

表4-5　2005年和2016年各国（地区）纯国内循环的排名

（单位：%）

排名	2005年		2016年		排名	2005年		2016年	
	国家（地区）	纯国内循环	国家（地区）	纯国内循环		国家（地区）	纯国内循环	国家（地区）	纯国内循环
1	美国	88	美国	86	31	芬兰	66	冰岛	64
2	日本	86	日本	85	32	塞浦路斯	64	瑞典	61
3	印度	83	哥伦比亚	83	33	丹麦	64	丹麦	61
4	哥伦比亚	81	巴西	82	34	荷兰	63	德国	61
5	希腊	81	印度	82	35	加拿大	63	挪威	60
6	巴西	80	中国	82	36	哥斯达黎加	63	塞浦路斯	59
7	冰岛	78	其他国家	81	37	立陶宛	62	荷兰	59
8	西班牙	77	印度尼西亚	81	38	斯洛文尼亚	62	比利时	58
9	土耳其	77	阿根廷	79	39	拉脱维亚	61	奥地利	57
10	墨西哥	75	土耳其	77	40	智利	61	中国台湾	56
11	葡萄牙	74	以色列	76	41	比利时	60	波兰	55
12	意大利	74	菲律宾	76	42	奥地利	60	克罗地亚	55
13	菲律宾	74	俄罗斯	75	43	中国台湾	59	罗马尼亚	53

续表

排名	2005年 国家(地区)	纯国内循环	2016年 国家(地区)	纯国内循环	排名	2005年 国家(地区)	纯国内循环	2016年 国家(地区)	纯国内循环
14	韩国	73	希腊	75	44	瑞典	58	拉脱维亚	53
15	中国	73	法国	73	45	保加利亚	58	瑞士	53
16	以色列	72	澳大利亚	72	46	瑞士	56	斯洛文尼亚	52
17	法国	72	意大利	70	47	越南	55	越南	52
18	摩洛哥	71	墨西哥	69	48	匈牙利	55	马来西亚	52
19	南非	71	沙特阿拉伯	69	49	中国香港	53	泰国	52
20	澳大利亚	71	韩国	69	50	爱沙尼亚	53	立陶宛	51
21	印度尼西亚	70	智利	69	51	泰国	52	爱沙尼亚	49
22	俄罗斯	70	摩洛哥	69	52	马耳他	51	斯洛伐克	46
23	英国	69	哥斯达黎加	69	53	斯洛伐克	51	保加利亚	46
24	其他国家	69	新西兰	69	54	挪威	51	匈牙利	44
25	阿根廷	69	加拿大	68	55	捷克	48	捷克	43
26	罗马尼亚	69	芬兰	68	56	沙特阿拉伯	45	中国香港	41
27	德国	68	西班牙	67	57	爱尔兰	42	马耳他	39
28	新西兰	67	南非	67	58	马来西亚	38	爱尔兰	31
29	波兰	66	英国	65	59	卢森堡	30	卢森堡	30
30	克罗地亚	66	葡萄牙	64	60	新加坡	21	新加坡	29

资料来源：笔者测算得出。

与国际循环相关的经济循环的国际比较。正如贾根良（2020）[1] 所言，所谓"国内大循环"，是指通过核心技术创新，充分运用我国国内超大规模的市场，自力更生地步入发达经济体的行列。中国的新发展格局旨在进一步提高中国经济的高质量，使中国跨越中等收入陷阱，早日进入高收入国家行列，以国内大循环为主体是实现这一目标的路径选择。为更好地借鉴国际经验，我们选取美国、中国、日本、德国这四个 2016 年 GDP 排名前四的国家，除中国外，其他国家都为最发达国家，比较各国与国际经济相关的经济循环活动。

市场在外的国内国际双循环，可以衡量来自一国本国企业对外国市场的依赖程度。图 4-6 给出四个国家市场在外的国内国际双循环占 GDP 比重的动态变化。可以看到：（1）德国的市场在外的国内国际双循环比重最高，其次是中国，然后是日本，美国本国企业对国外市场依赖

（单位：%）

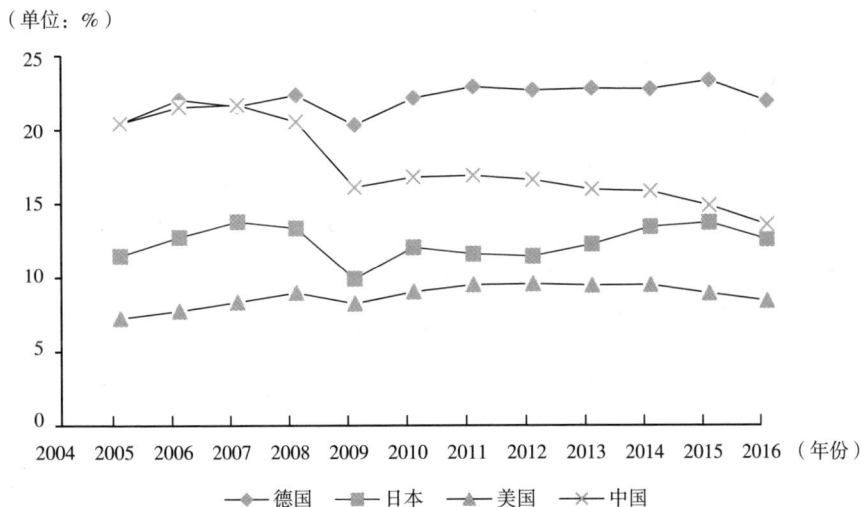

图 4-6　2004—2016 年市场在外的国内国际双循环的动态变化

资料来源：笔者测算得出。

___

[1]　贾根良：《谈谈热词"国内大循环"》，《光明日报》2020 年 11 月 4 日。

程度最低。（2）发达国家的本国企业对外国市场依赖程度更为稳定，中国本国企业的外国市场的依赖迅速下降。传统发达国家具有稳定的经济结构，而中国当前正处于经济转型的关键期，其中可以看到的是，中国本国公司服务于国外市场意愿相对下降，转而服务于日益扩大的本国内需市场。

投入在外的国内大循环是指一国市场上的跨国公司生产用于在东道国市场销售的产品，可以衡量东道国经济对跨国公司投入的依赖程度。图4-7给出了投入在外的国内大循环的动态变化。可以看到：（1）德国经济更依赖于跨国公司的投入，其次是美国，再者是中国，日本对跨国公司的依赖最低。这意味着在满足国内市场需求上，德国对来自跨国公司的投入依赖更强，美国、日本、中国对跨国公司的依赖相对更低。（2）中国投入在外的国内大循环在2005—2014年保持稳定，随后下降，从2014年的4.21%下降到2016年的2.81%。德国在样本期间波

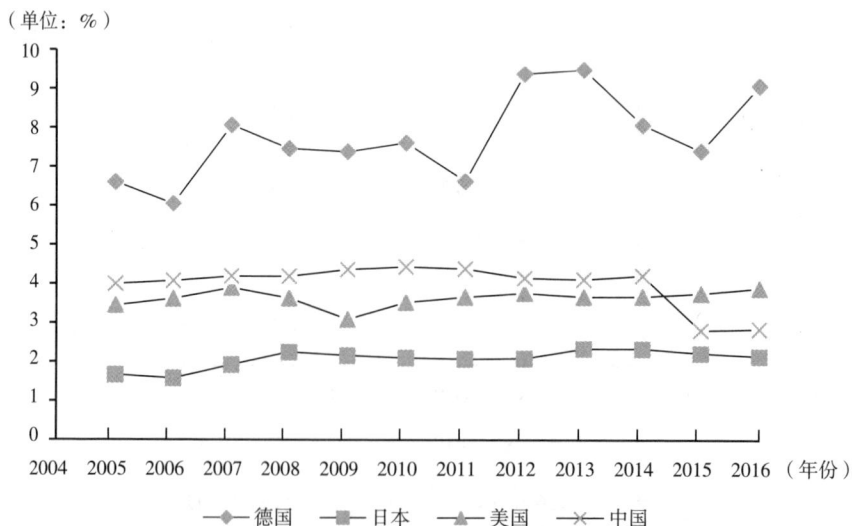

图4-7　2004—2016年投入在外的国内大循环的动态变化

资料来源：笔者测算得出。

动增长，从 2005 年的 6.6% 增长到 2016 年的 9.1%。值得注意的是，除了美国外，金融危机对各国投入在外的国内大循环的影响较小，出现了明显的逆周期情形。

国际大循环是指本国市场的跨国公司生产出口品（最终品和中间品）的情形，呈现出市场和资源"两头在外"的特征，尽管涉及国内生产活动，但其主要衡量了对国际循环的依赖程度。图 4-8 给出了国际大循环的动态变化。可以看到：（1）德国经济中的国际大循环比重在各国中最高，而中国、日本、美国三国经济对国际大循环的依赖程度都很低。（2）德国经济中国际大循环部分在样本期波动增长，从 2005 年的 5.0% 增长到 2016 年的 8.0%；中国经济中的国际大循环部分在 2008 年的急剧下降之后，稍有反弹后持续缓慢下降；美国和日本地位保持稳定。

将纯国内循环份额与投入在外的国内大循环份额相加，可以看到

（单位：%）

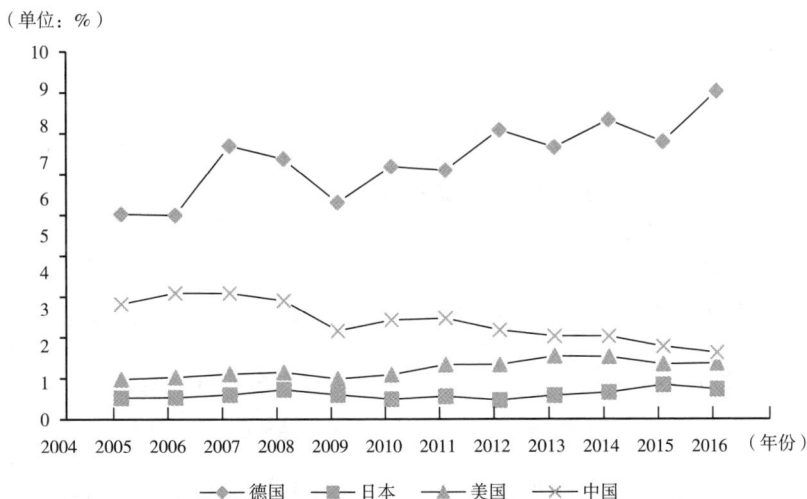

图 4-8　2004—2016 年国际大循环的动态变化

资料来源：笔者测算得出。

内需对本国经济的贡献。图 4-9 给出了国家层面内需的国际比较。可以看到：（1）不同国家之间的内需规模差异较大。2016 年美国的内需规模最高，达到了 90.22%，日本为 86.69%，中国为 84.80%，德国为 70.04%。（2）日本和美国的内需规模在样本期基本保持稳定，中国的内需规模在经历 2008 年的跳跃后缓慢上升，而德国的内需规模在 2008 年上升后持续下降。中国的内需规模与内循环特征明显的日本、美国仍有差距。

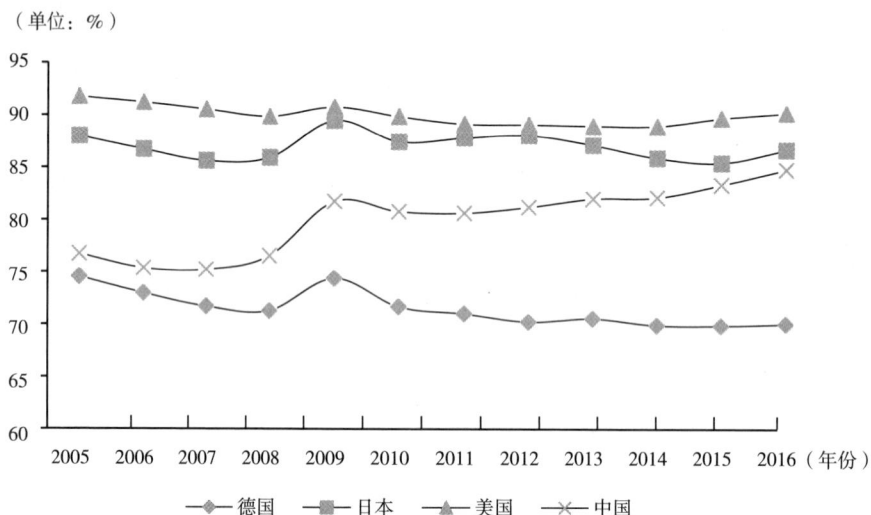

图 4-9　2005—2016 年内需的国际比较

资料来源：笔者测算得出。

将纯国内循环与内需相比得到内需的本国供给能力，能够刻画本国投入对内需的供给能力。图 4-10 给出了国家层面内需的本国供给能力的国际比较。可以看到：（1）以内循环为特征的经济体（美国、日本、中国）内需的本国供给能力要强于德国这一开放型经济体。就供给能力而言，在 2016 年，日本强于中国、中国强于美国。尽管中国内需的本国供给能力已经足够高，但仍旧低于日本，有进一步提高的

（单位：%）

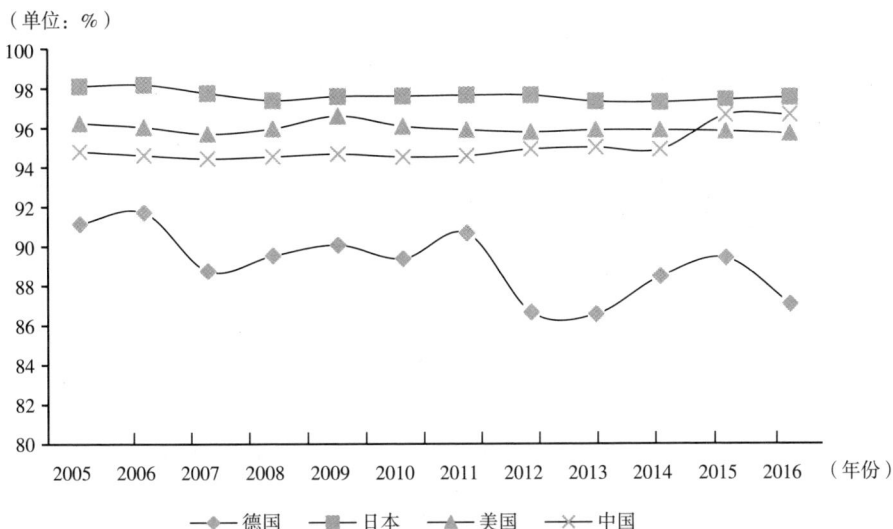

图 4-10　2005—2016 年内需的本国供给能力的国际比较

资料来源：笔者测算得出。

空间。（2）美国、日本内需的本国供给能力在样本期保持稳定，中国在 2005—2013 年保持稳定，这一比重在 2014 年发生较大幅度增长，从 2014 年的 94.88% 增长到 2015 年的 96.63%。

　　将市场在外的国际大循环份额与投入在外的国内大循环份额相加得到一国经济国内国际相互协调的经济循环份额，可以看到国内国际循环相互协调对一国经济的贡献（见图 4-11）。可以看到：德国是国内国际相互协调的经济循环份额最高的国家，其次是中国，日本略高于美国。德国的这一份额在样本期波动上升，而中国则迅速下降。中国从 2005 年的 24.43% 下降到 2016 年的 16.42%。2016 年，日本、美国的这一份额分别为 14.73%、12.30%。这意味着即使在发达国家，国内国际循环的相互协调在经济发展中也占有重要地位，中国的国内国际循环的相互协调部分不应下降过快。

　　基于以上的结果展示可以看到：（1）德国与美国、日本在各类经济

（单位：%）

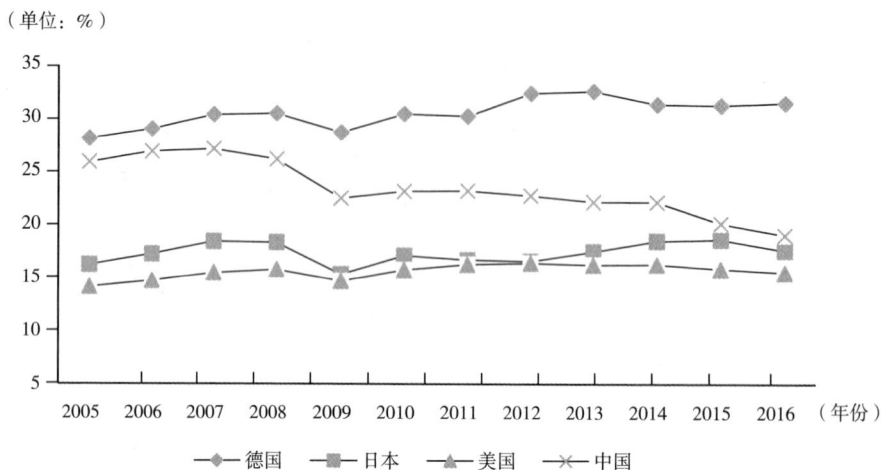

图 4-11　2005—2016 年国内国际相互协调的经济循环的国际比较

资料来源：笔者测算得出。

循环份额上的巨大差异，预示着参与国际大循环和以国内大循环为主体的两种经济发展模式都是可以实现经济高质量发展的有效途径。在中国经济循环结构与美国、日本趋同，同时在百年未有之大变局的背景下，中美贸易摩擦、疫情冲击等巨大不确定性冲击不利于中国持续参与全球价值链，中国选择以内需为主导的国内大循环发展战略是更为可行的选择。（2）基于内需规模来看，中国的内需规模与美日等内循环特征明显的发达经济体的差距越来越小，中国在进一步提高内需规模的同时，也要更加关注内需的结构。（3）国内国际循环的相互协调在美国、日本经济发展中占有重要地位，中国的国内国际循环的相互协调部分不应下降过快，应该做好国内国际循环的相互协调。

（三）中国行业层面的双循环演变趋势

总量层面的实证分析只能是对中国经济双循环现状和演变趋势的一个概览。为了在更深层次上探析中国双循环的现状以及与发达国家的差距，我们进一步对行业层面的结果进行分析。

图 4-12 给出了中国各行业 2005 年和 2016 年的经济循环份额。可以看到：（1）中国各行业的内循环特征在样本期持续加强，制造业的纯国内循环比重最低。农业从 2005 年的 86.76% 增长到 2016 年的 90.40%；矿业从 2005 年的 66.20% 增长到 2016 年的 76.84%；制造业从 2005 年的 56.37% 增长到 2016 年的 66.49%；服务业从 2005 年的 80.75% 增长到 2016 年的 88.31%。（2）中国对国外市场的依赖程度有显著下降，产品向中国内需市场供给增多。以市场在外的国内国际双循环份额来看，农业从 2005 年的 13.15% 下降到 2016 年的 9.49%；矿业从 2005 年的 32.63% 下降到 2016 年的 22.50%；制造业从 2005 年的 32.40% 下降到 2016 年的 23.63%；服务业从 2005 年的 13.03% 下降到 2016 年的 8.92%。矿业处于全球价值链最上游环节，其增加值会向下游流动，供给国内和全球市场。制造业作为全球价值链特征最为明显的行业，跨国生产合作特征非常明显。中国作为深度参与全球生产分工的

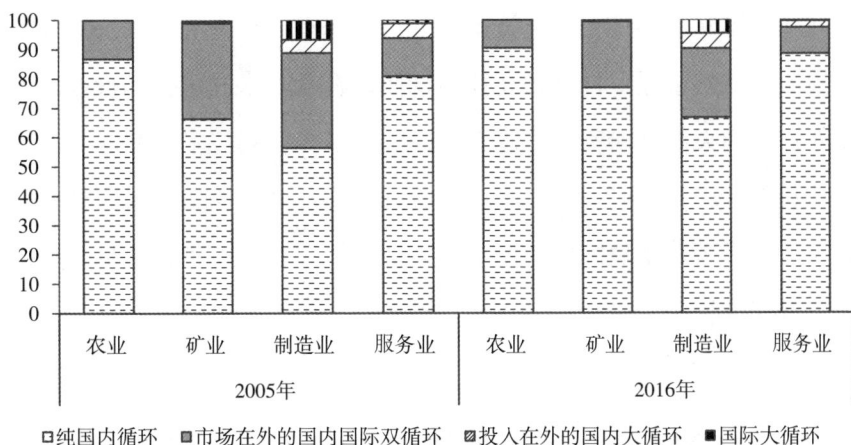

图 4-12　2005 年和 2016 年中国经济各行业的双循环动态变化

资料来源：笔者测算得出。

经济体，从而导致了当前制造业和矿业对海外市场的依赖度较高。制造业是国际大循环份额最高的行业，对中国经济有较为重要的影响，其份额在2005年至2016年仅从6.70%下降到4.68%。（3）国外投入对中国经济依然很重要。尽管在服务业中投入在外的国内大循环从2005年的5.0%下降到2016年的2.28%，这预示着中国服务部门本国企业的供给能力变强。然而，对于深度参与全球价值链的制造业来说，投入在外的国内大循环从2005年的4.53%增长到2016年的5.20%。这意味着制造业对外国投入依赖在增强，中国自身产品不足以满足本国市场需求，需要由跨国公司供给。对于农业和矿业来说，投入在外的国内大循环比重不到1%。

根据图4-12的结果可以看到，中国内循环经济发展最不充分的行业是制造业，因此我们将制造业按照研发强度做区分进一步探究中国制造业经济循环的演变趋势。[①] 表4-6给出各类制造业技术水平的双循环动态变化。可以看到：（1）各技术水平制造业的内循环特征在持续加强。2005年至2016年低技术、中技术、高技术制造业的纯国内循环份额分别提高12.0%、10.7%、8.4%；在样本期间，市场在外的国内国际双循环和国际大循环在三类技术水平行业都有明显下降。（2）对外国投入的依赖依然很强，特别是高技术行业。在低技术和中技术行业，投入在外的国内大循环份额仅下降0.4%和0.7%，而高技术行业这一份额反而增长2.3%，达到6.8%。这意味着，尽管中国在过去20年发展成为工业体系最为完整的国家，但中国经济可能存在高端供给不足问题，需要依靠外国公司。

---

① OECD按各行业的研发强度，将制造业行业依次区分为低研发强度、中低研发强度、中高研发强度、高研发强度，研发强度体现了制造业的技术水平。在此，我们将低研发强度制造业看作低技术行业，中低研发强度制造业看作中技术行业，中高和高研发强度制造业看作高技术行业。

表 4-6　2005 年、2010 年、2016 年各类制造业技术水平的双循环动态变化

（单位：%）

年份	制造业技术水平	纯国内循环	市场在外的国内国际双循环	投入在外的国内大循环	国际大循环
2005	低技术	56.6	32.9	55	49
	中技术	61.8	30.8	35	39
	高技术	52.6	33.1	45	99
2010	低技术	63.2	27.8	5.2	3.8
	中技术	67.3	26.7	3.2	2.8
	高技术	57.4	27.5	6.0	9.2
2016	低技术	68.6	23.4	5.1	2.8
	中技术	72.5	22.7	2.8	1.9
	高技术	61.0	24.4	6.8	7.8
样本期的变化	低技术	12.0	−9.5	−4	−2.1
	中技术	10.7	−8.1	−7	−2.0
	高技术	8.4	−8.7	2.3	−2.0

资料来源：笔者测算得出。

　　图 4-13 给出中国计算机和电子设备行业的双循环动态变化。对于这一深度参与全球价值链的高端制造行业，其对外国市场和投入的依赖程度依然较高。可以看到：（1）纯国内循环比重尽管有所上升，但依然低于市场在外的国内国际双循环。纯国内循环比重，从 2005 年的 25.02% 上升到 2016 年的 35.12%。2016 年市场在外的国内国际双循环的比重为 38.85%，国际大循环的比重也达到了 19.95%，外需共计达到 58.80%。中国的计算机和电子设备行业内需份额不高，为国外市场生产的比重更大。（2）投入在外的国内大循环比重持续上升，该行业的国内供给不足。投入在外的国内大循环在样本期内持续上升，从 2005 年的 0.63% 增长到 2016 年的 6.08%，跨国公司对中国内需的供给能力变

强。将投入在外的国内大循环和国际大循环相加（两者的投入都来源于跨国公司），2016 年这一值为 26.03%，远高于高技术行业的平均水平（14.6%）。这意味着中国经济在高科技行业严重依赖国外，并且中国存在高科技行业本国有效供给不足的短板。

（单位：%）

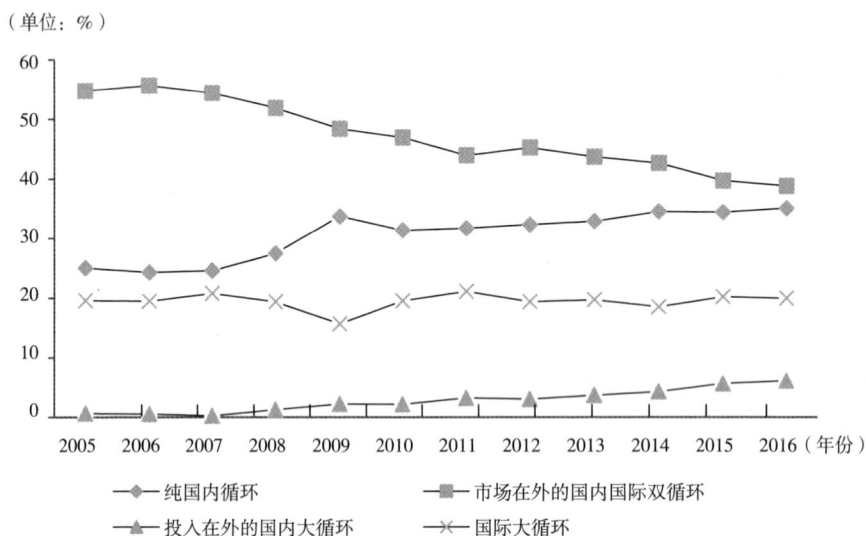

图 4-13　2005—2016 年中国计算机和电子设备行业的双循环动态变化

资料来源：笔者测算得出。

（四）制造业的国际比较

制造业是全球价值链分工特征最为明显的行业，其对国际经济循环的依赖很大。通过将中国制造业的经济循环情况与各国经济循环进行国际比较，以发现各国发展差异，从而寻求中国经济新格局的着力点。

表 4-7 给出了 2005 年和 2016 年各国制造业纯国内循环份额的排名情况。可以看到：（1）各国制造业的纯国内循环份额差异很大。除美国和日本外，基本表现出发达国家制造业的纯国内循环比重低，发展

中国家则普遍更高，这与国家层面的规律相似。2016 年，中国、印度、哥伦比亚、印度尼西亚、阿根廷等纯国内循环份额相当，排名靠前，均在 60% 以上。（2）发达国家制造业纯国内循环在样本期普遍下降，而发展中国家制造业的纯国内循环比重则明显上升。对全球价值链特征最为明显的制造业而言，中国的纯国内循环的比重高于发达国家。如果说国内循环体量越高越好，那么中国在总量层面也是能够满足发展要求的。

表 4-7　2005 年、2016 年各国（地区）制造业纯国内循环份额的动态变化

（单位：%）

排名	2005 年		2016 年		排名	2005 年		2016 年	
	国家（地区）	纯国内循环	国家（地区）	纯国内循环		国家（地区）	纯国内循环	国家（地区）	纯国内循环
1	哥伦比亚	73.0	其他国家	77.3	31	英国	43.4	英国	36.3
2	日本	70.9	哥伦比亚	73.4	32	保加利亚	43.0	中国香港	33.9
3	美国	68.7	阿根廷	69.9	33	立陶宛	41.5	加拿大	33.9
4	印度	68.5	印度	69.8	34	波兰	39.3	芬兰	33.0
5	其他国家	68.3	印度尼西亚	67.0	35	哥斯达黎加	38.2	罗马尼亚	32.7
6	塞浦路斯	67.5	中国	66.5	36	法国	38.2	拉脱维亚	31.3
7	希腊	67.1	沙特阿拉伯	64.7	37	德国	36.9	马来西亚	31.1
8	土耳其	60.6	日本	64.6	38	越南	36.3	葡萄牙	31.0
9	印度尼西亚	58.6	美国	63.1	39	以色列	35.3	泰国	29.0
10	阿根廷	56.6	菲律宾	62.5	40	丹麦	34.6	丹麦	28.9
11	中国	56.4	俄罗斯	60.9	41	中国香港	34.4	立陶宛	28.5
12	巴西	55.7	巴西	60.1	42	芬兰	33.6	越南	28.3

排名	2005 年		2016 年		排名	2005 年		2016 年	
	国家(地区)	纯国内循环	国家(地区)	纯国内循环		国家(地区)	纯国内循环	国家(地区)	纯国内循环
13	菲律宾	55.2	土耳其	59.7	43	泰国	33.0	波兰	28.3
14	冰岛	54.5	智利	54.8	44	荷兰	32.7	德国	28.2
15	沙特阿拉伯	52.9	希腊	54.5	45	加拿大	30.7	荷兰	27.4
16	墨西哥	52.3	塞浦路斯	53.6	46	中国台湾	29.8	保加利亚	27.0
17	南非	52.3	新西兰	50.5	47	奥地利	29.4	中国台湾	26.7
18	西班牙	52.1	摩洛哥	47.4	48	斯洛文尼亚	27.9	瑞典	26.0
19	新西兰	52.1	以色列	45.8	49	马耳他	27.2	比利时	23.9
20	智利	51.4	南非	44.4	50	爱沙尼亚	27.0	奥地利	23.9
21	克罗地亚	51.2	挪威	43.0	51	比利时	26.4	马耳他	20.7
22	意大利	51.2	哥斯达黎加	42.5	52	瑞士	25.2	瑞士	20.6
23	俄罗斯	49.5	意大利	41.4	53	瑞典	23.2	爱沙尼亚	20.0
24	罗马尼亚	47.1	克罗地亚	41.1	54	匈牙利	21.8	斯洛文尼亚	19.2
25	葡萄牙	46.9	澳大利亚	39.9	55	捷克	19.3	卢森堡	17.0
26	澳大利亚	46.6	墨西哥	39.7	56	斯洛伐克	18.8	捷克	15.6
27	挪威	46.3	冰岛	39.7	57	马来西亚	15.9	斯洛伐克	12.3
28	摩洛哥	45.6	韩国	39.2	58	卢森堡	15.5	匈牙利	10.6
29	韩国	45.2	法国	37.5	59	爱尔兰	8.7	爱尔兰	9.6
30	拉脱维亚	44.3	西班牙	37.4	60	新加坡	4.5	新加坡	8.3

资料来源：笔者测算得出。

为了进一步细致地了解中国制造业的经济循环与其他国家的差异，我们对低技术、中技术、高技术制造业进行国际比较。与之前国际比较的思路类似，我们选取 2016 年 GDP 排名前 4 的国家进行展示。同时考虑到制造业国际经济循环的重要性，因此我们在图 4-14、图 4-15、图 4-16 展示 GDP 前 4 国家的低、中、高技术制造业与国际循环相关的经济循环动态变化。可以看到：（1）总体来看，在各类技术行业中，市场在外的国内国际双循环几乎是各国与国际经济循环相关的经济循环中最重要的部分，德国和美国对国外投入依赖程度最高，日本对国外投入的依赖程度最低，除德国外，各国国际大循环的比重均不高。这意味着日本满足本国内需的能力最强。（2）从行业差异来看，各国高技术制造业对国际循环的依赖要明显高于低技术制造业和中技术制造业，其中德国

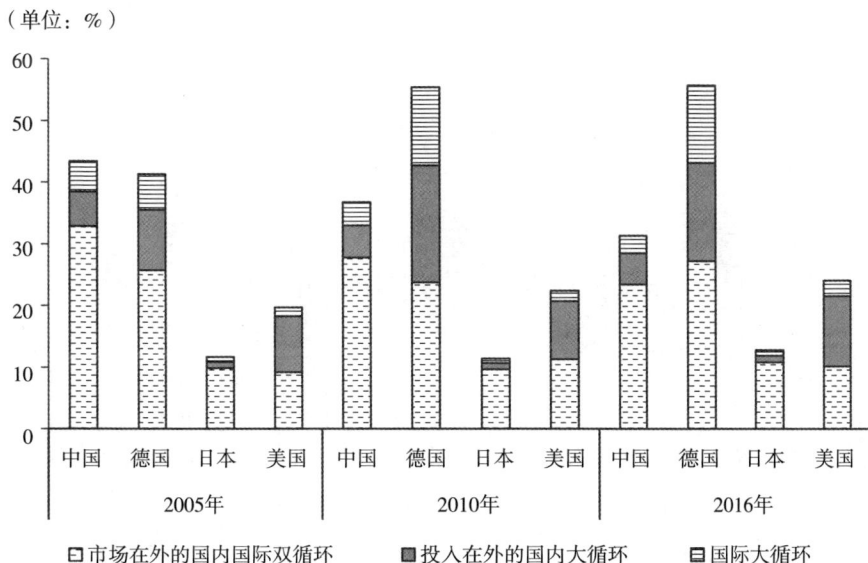

图 4-14　2005 年、2010 年、2016 年低技术制造业与国际经济循环
相关的经济循环动态变化

资料来源：笔者测算得出。

（单位：%）

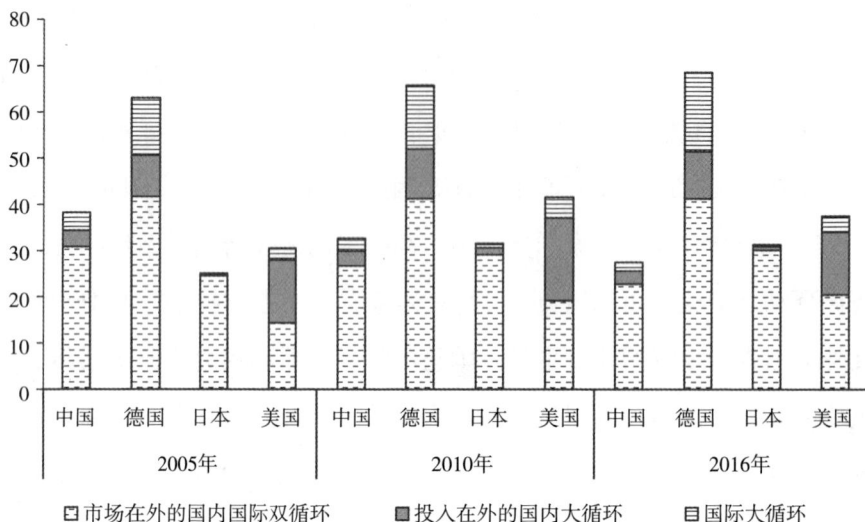

图 4-15　2005 年、2010 年、2016 年中技术制造业与国际经济循环
相关的经济循环动态变化

资料来源：笔者测算得出。

（单位：%）

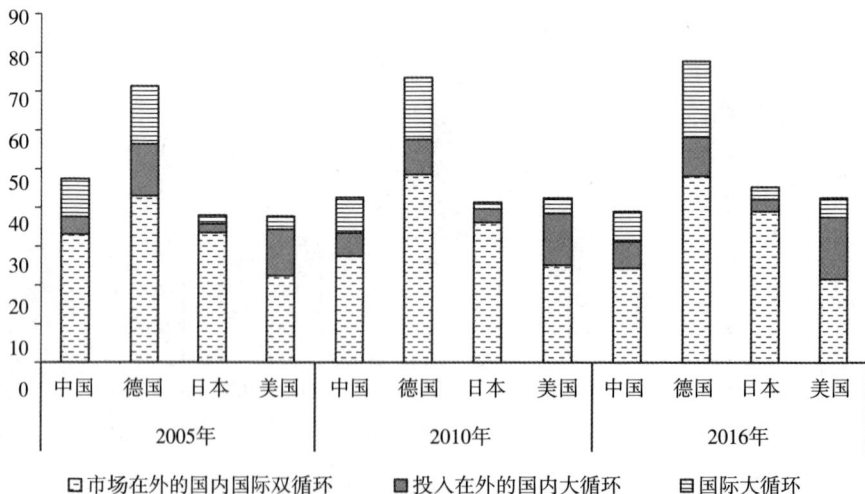

图 4-16　2005 年、2010 年、2016 年高技术制造业与国际经济循环
相关的经济循环动态变化

资料来源：笔者测算得出。

高技术行业与国际循环相关的经济循环份额要显著高于日本、美国和中国。相比于日本和美国，中国仅在低技术制造业对国际经济循环的依赖更强。（3）从各类经济循环的动态变化来看。发达国家中除日本在低技术行业与国际经济循环相关的经济循环在样本期保持稳定外，其他发达国家均有不同程度的上升，而中国在各个行业都有下降。

为了进一步看到中国在高技术行业的国际经济循环表现，我们将高技术行业中的计算机和电子设备行业单独列出进行比较（见图4-17）。发达国家的国际经济循环比重在样本期基本保持稳定，而中国则有所下降。在此过程中，中国市场在外的国内国际双循环比重明显下降，而投入在外的国内大循环比重则明显上升，这一比重从2005年的0.63%增长到2016年的6.08%。这意味着中国在逐渐深度参与该行业全球生产分工的同时，国内投入不足以满足内需，对外国投入需求正在加强。这

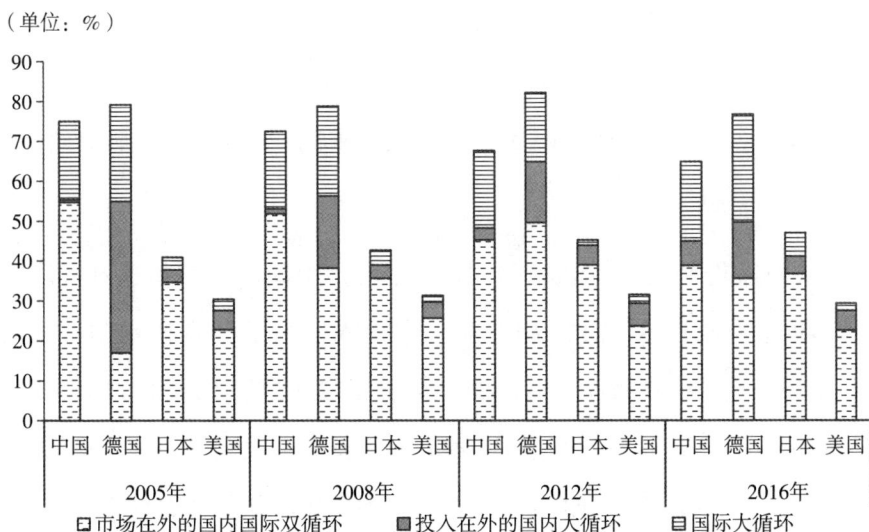

图4-17　2005年、2008年、2012年、2016年计算机和电子设备与国际经济循环
相关的经济循环动态变化

资料来源：笔者测算得出。

也意味着，中国在高端制造业领域仍然存在能力不足。

为了看到中国制造业与发达国家制造业在内需规模、内需供给能力、国内国际相互协调的差异，我们对其进行国际比较（见图4-18、图4-19、图4-20）。

（单位：%）

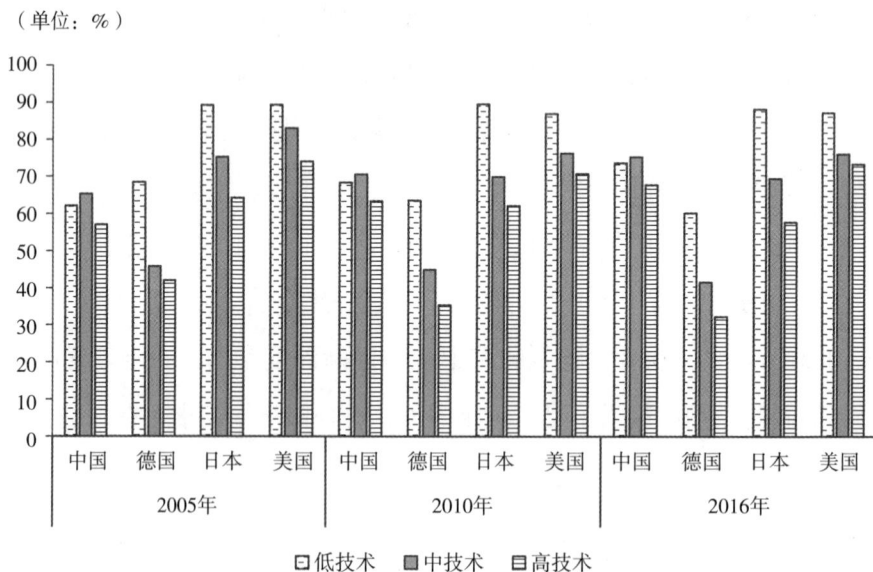

图4-18　2005年、2010年、2016年各技术水平制造业内需份额的国际比较

资料来源：笔者测算得出。

从内需份额的国际比较可以看到：（1）中国的内需份额在样本期具有明显的增长。低技术制造业、中技术制造业、高技术制造业分别从2005年的62.15%、65.30%、57.06%增长到2016年的73.75%、75.36%、67.79%。（2）中国的内需份额与日本、美国的差距逐渐缩小。以2016年的数据看，在低技术行业，中国内需份额小于日本、美国，高于德国；在中技术行业，中国内需份额高于日本、德国，略低于美国；在高技术行业，中国内需份额同样高于日本、德国，与美国差距逐渐缩小，仅低5.64%。

（单位：%）

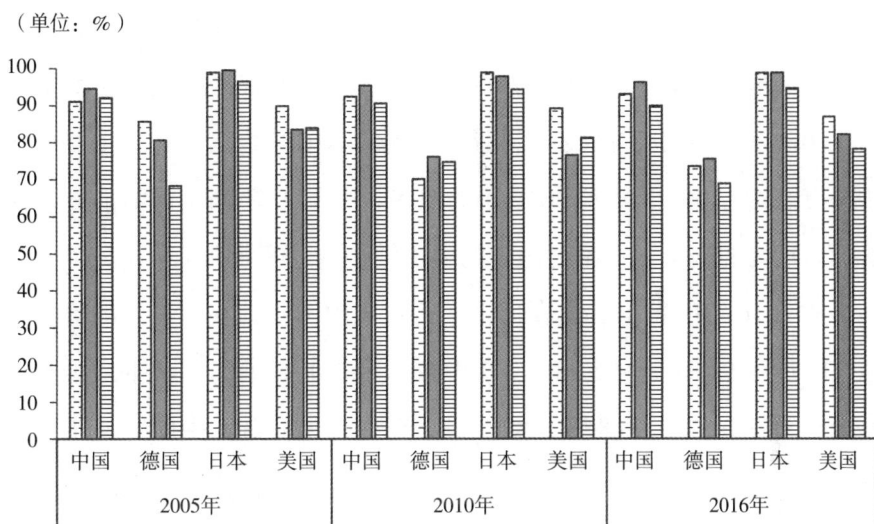

图 4-19 2005 年、2010 年、2016 年各技术水平制造业内需本国供给能力的国际比较

资料来源：笔者测算得出。

（单位：%）

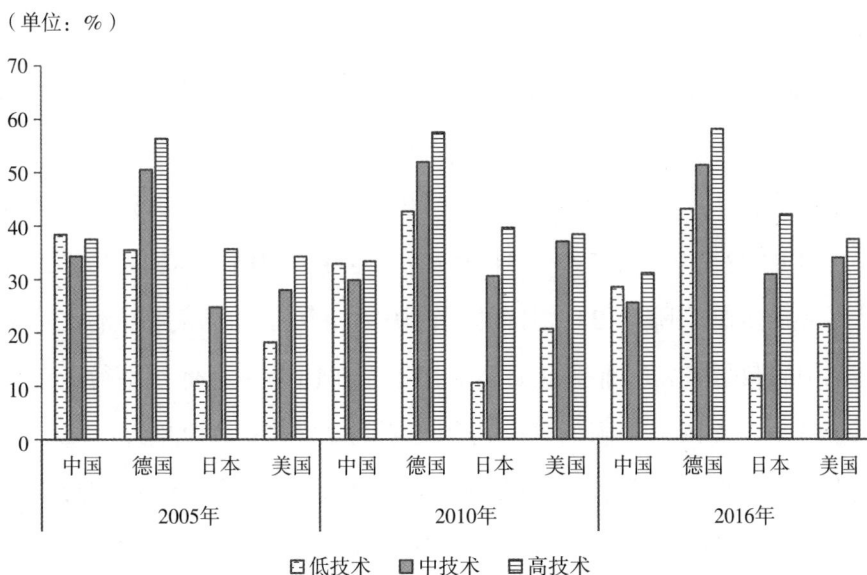

图 4-20 2005 年、2010 年、2016 年各技术水平制造业国内国际相互协调的
经济循环的国际比较

资料来源：笔者测算得出。

从内需的本国供给能力国际比较来看：（1）中国在低技术和中技术的供给能力上升，分别从 2005 年的 91.07%、94.63% 增长到 2016 年的 93.07%、96.22%；高技术制造业内需的本国供给能力有所下降，从 2005 年的 92.14% 下降到 2016 年的 89.94%。（2）德国是内需的本国供给能力最弱的国家，中国对内需的本国供给能力逐渐高于美国，低于日本。从 2016 年的数据看，在低技术行业，中国、日本、美国的值分别为 93.07%、98.81%、86.98%；在中技术制造业，中国、日本、美国的值分别为 96.22%、98.85%、82.11%；在高技术行业，中国、日本、美国的值分别为 89.93%、94.67%、78.23%。这意味着在参与全球价值链过程中，中国工业体系健全，工业门类齐全，在中低技术领域的竞争力有了长足进步，但是中国高技术制造业对国外的依赖不减反增，这可能说明中国有一些关键的"卡脖子"技术没有掌握，中国要加强在高技术制造业领域的有效供给能力。

从国内国际双循环相互协调的国际比较来看：（1）中国在各技术水平制造业的国内国际相互协调的经济循环份额都有所下降，低技术、中技术、高技术行业分别从 2005 年的 38.46%、34.36%、37.57% 下降到 2016 年的 28.51%、25.59%、31.20%。这意味着国内国际相互协调的经济循环的贡献下降。（2）德国的国内国际相互协调经济循环的比重最高，中国仅低技术行业高于日本和美国。2016 年，在低技术行业中国高于日本、美国，三国的这一份额分别为 28.51%、11.88%、21.54%；在中技术行业，中国低于日本和美国，三国的这一份额分别为 25.59%、30.94%、35.06%；在高技术行业，中国同样低于日本和美国，三国的这一份额分别为 31.20%、42.16%、37.51%。可见即使对于内循环特征非常明显的日本来说，在中、高技术行业，国内经济循环与国际经济的循环相互协调依然是很重要的内容。

从对制造业的国际比较可以看到的基本事实：（1）深度参与国际经济循环是制造业的典型特征，在该行业并不意味着国内循环程度越高越好。（2）中国高技术行业的投入在外的国内大循环份额逐年增长，且三类技术行业内需的本国供给能力都要小于日本，中国制造业内需的本国有效供给能力还有待提高。（3）对于日本、美国这两个内循环特征明显的发达经济体来说，其国内国际相互协调的经济循环在国民经济中占有相当大的份额，说明经济发展要做好国内国际相互协调，也再次证明了在全球价值链参与程度高的行业，内循环比重并不是越高越好。这些基本事实意味着，制造业可能并不需要高度内循环的经济发展格局，要注意国内国际的相互协调发展。攻克"卡脖子"技术，占据全球价值链主导地位，维护产业链安全与稳定，可能是基本要求。

第四节　双循环测度的政策含义

一、主要结论

以扩大内需为战略基点，以国内大循环为主体的国内国际双循环的新发展格局是中国在百年未有之大变局下实现中国经济高质量发展，早日迈入高收入国家的战略决策。对于这一发展战略的实施，需要明确的有两点：第一，中国当前双循环发展的基本态势；第二，中国与内循环特征明显的发达国家的差距。只有探明现状，找到差距，才更有可能找到中国新发展格局的着力点。本章基于生产分解框架，在同时考虑经济循环活动内涵和边界的情况下对中国经济"双循环"进行测度。利用投入产出模型，将一国 GDP 分解为四类经济循环：纯国内循环、市场在外的国内国际双循环、投入在外的国内大循环、国际大循环。在国家和行业层面对中国的双循环发展现状进行分析和国际比较，在行业层面重点关注了制造业的发展态势。

通过对实证结果的分析可以发现：（1）总体上，中国经济的国际大循环份额很小，纯国内循环一直是中国经济最重要的驱动力。2007 年前后是中国经济结构转折点，中国纯国内循环经历先上升后下降的变化趋势，中国纯国内循环在 2016 年与日本、美国等内循环特征明显的国家接近。中国已经基本形成以国内大循环为主导的发展格局。（2）国家层面，中国内需规模在经历增长后与美国、日本等内循环特征明显的发达经济体仍有差距，但中国在内需体量上的问题相对较小。另外，中国内需的本国供给能力低于日本，高于美国。（3）国内国际循环的相互协调在美国和日本经济发展中占有重要地位，中国国内国际相互协调的经济循环份额在经历快速下降后仍高于日本和美国。中国的国内国际循环的相互协调部分不应下降过快，应该做好国内国际循环的相互协调。（4）制造业在中国各行业中的纯国内循环份额最低，高技术制造业投入在外的国内大循环份额逐年上升，中国高技术行业面临有效供给不足的困境。（5）中国低、中、高技术制造业的内需份额仍低于美国，各制造行业内需的本国供给能力明显低于日本，中国的中、高技术制造业的国内国际相互协调的经济循环份额低于日本和美国。

二、政策启示与进一步讨论

基于本书的分析结果有以下启示：（1）中国现阶段已经具备实施

"双循环"新发展格局的现实基础。德国是国际循环特征最为明显的发达国家，日本和美国是国内循环最为明显的发达国家，以国内大循环为主和深度参与国际经济循环是实现经济高质量发展的两种途径。当前中国与日本、美国在内循环体量上差距较小，中国可以选择走以国内大循环为主导的新发展格局。（2）扩大内需的具体含义应该是在持续扩大内需时，也要关注内需结构的优化。在国家层面，中国的内需规模与日本、美国差距逐渐缩小，内需体量的问题较小，容易解决。因此，中国应该关注内需中居民消费、投资、政府购买的合理比重。（3）确保产业链安全与稳定，维护制造业国内国际的良性互动。制造业行业市场在外的国内国际双循环和投入在外的国内大循环占据国民经济的重要组成部分（国内国际相互协调的经济循环），这意味着制造业的发展深度参与到全球价值链中。在中国遭遇美国高技术产业精准打击和疫情冲击引发的全球供应链的物理隔断的背景下，为了确保中国持续参与全球价值链，确保中国产业链的安全与稳定应是题中之义。也意味着中国以国内大循环为主导的发展格局不可能是封闭的。（4）攻克"卡脖子"技术，提高中国在高技术制造业领域内需的本国供给能力。中国在高技术制造业内需的本国供给能力相比于日本来说还有较大差距，中国在高技术制造业行业还未能实现内需的有效供给。中国当前在制造业领域的问题主要在于一些"卡脖子"技术还未攻克，工业"四基"①还有待突破。

从测算数据来看，以国内大循环为主导的经济发展格局在体量视角下已经基本形成。新发展格局的研究重心应该是如何疏通国内大循环、国民经济循环的堵点？如何解决高端供给或有效供给能力不足的问题？

---

① "四基"是指：核心基础零部件和元器件、先进基础工艺、关键基础材料、产业技术基础。

如何通过利用好中国超大规模市场和内需攻克"卡脖子"技术，提高产业链供应链现代化水平，促进就业，提高收入水平，实现高质量发展？这些内容都是后续有待研究的重要问题。

（执笔人：倪红福　田野）

第五章

新发展理念、高质量发展与新发展格局

党的十九届五中全会提出，全面建成小康社会、实现第一个百年奋斗目标之后，我们要乘势而上开启全面建设社会主义现代化国家新征程、向第二个百年奋斗目标进军，这标志着我国进入了一个新发展阶段。立足新发展阶段，中国所处的内外部环境已经发生了深刻复杂的变化。明者因时而变，知者随事而制。随着发展阶段的变化，作为行动的先导，发展理念自然要随之变化。当然，理念为先还需要明确的战略方针和实现路径与之相配合，从而架起理想与现实之间的桥梁，促成应然向实然的转变。正如习近平总书记所强调的那样，进入新发展阶段明确了我国发展的历史方位，贯彻新发展理念明确了我国现代化建设的指导原则，构建新发展格局明确了我国经济现代化的路径选择。①

立足新发展阶段，我们必须统筹中华民族伟大复兴战略全局和世界百年未有之大变局。今天，我们比历史上任何时期都更接近、更有信心和能力实现中华民族伟大复兴的目标，同时必须准备付出更为艰巨、更为艰苦的努力。② 实现中华民族伟大复兴是近代以来无数仁人志士矢志追求的伟大目标。实现中华民族伟大复兴的使命，必将凝聚起海内外全体中华儿女的智慧和力量。新的征程上，为了实现这一宏伟目标唯有依

---

① 习近平：《把握新发展阶段，贯彻新发展理念，构建新发展格局》，《求是》2021年第9期。

② 习近平：《在庆祝中国共产党成立100周年大会上的讲话》，《求是》2021年第14期。

靠发展。发展仍然是解决中国一切问题的基础和关键，但是随着我国发展阶段的变化，以往的发展模式已难以适应新的变化了的环境、形势和条件，所带来的问题已显而易见。因此，站在新的起点向实现中华民族伟大复兴的目标迈进必须坚持高质量发展，这样就在关注发展速度的同时施加了发展质的约束。量与质这是人类社会评价一切事物优劣的两个基本维度。可以说，高质量发展是实现社会主义现代化和中华民族伟大复兴的必要途径，而构建新发展格局则为高质量发展提供了强有力的战略支撑。正如习近平总书记所强调的那样，加快构建新发展格局，就是要在各种可以预见和难以预见的狂风暴雨、惊涛骇浪中，增强我们的生存力、竞争力、发展力、持续力，确保中华民族伟大复兴进程不被迟滞甚至中断。①

从马克思主义认识论和方法论来看，理念是行事所应坚持的基本原则，是人类为达成某一目标，根据当时的具体环境条件而形成的信条，人们相信尊崇这些原则有利于达成目标，违背则有可能导致失败。理念往往也产生于事物发展变化的早期阶段，是实践、认识、再实践、再认识，这种循环往复运动中的一个升华了的认识环节，是指导未来进一步实践的基本遵循。认识论意义上的战略格局是在理念基础上，为达成目标而形成的基本方略，是认识过程持续深化的结果，是现实战略格局形成的思想基础，由此我们离具体实践将更为接近。人类认识过程更伟大之处还在于，我们在行动之前已经将最终成果的宏伟图景擘画在自己的脑海之中，对达成最终目标途径的基本特征会有所概括，从而有助于检验自身的行动有没有偏离这一途径。因此，从新发展理念、高质量发展到新发展格局，是对如何全面建设社会主义现代化国家，进而实现中华

---

① 习近平：《把握新发展阶段，贯彻新发展理念，构建新发展格局》，《求是》2021年第9期。

民族伟大复兴认识深化的产物，符合人类认识活动发展变化的一般规律，是逻辑一致的科学理论指导思想，是习近平新时代中国特色社会主义经济思想的重要组成部分。

第一节　贯彻新发展理念与构建
新发展格局相辅相成

2015 年 10 月，在党的十八届五中全会上，习近平总书记提出了创新、协调、绿色、开放、共享的发展理念，强调创新发展注重的是解决发展动力问题，协调发展注重的是解决发展不平衡问题，绿色发展注重的是解决人与自然和谐问题，开放发展注重的是解决发展内外联动问题，共享发展注重的是解决社会公平正义问题，强调坚持新发展理念是关系我国发展全局的一场深刻变革。2021 年 1 月，习近平总书记在省部级主要领导干部学习贯彻党的十九届五中全会精神专题研讨班开班式上强调，党的十八大以来我们对经济社会发展提出了许多重大理论和理念，其中新发展理念是最重要、最主要的。作为行动先导，新发展理念与新发展格局必须互相配合、相辅相成，两者应具有内在一致性，以便顺利达成最终的战略目标。

一、创新发展理念与新发展格局的内在一致性

（一）贯彻创新发展理念有利于构建新发展格局

立足新发展阶段，我国经济的发展动力已经发生了转变，传统的依靠要素投入形成的增长动能日渐减弱，创新成为引领发展的第一动力。

从经济增长理论看，一国经济潜在增速主要取决于劳动力、资本等生产要素投入状况，以及这些要素组合进行生产的效率，即通常所说的全要素生产率（TFP）。在劳动力要素投入方面，我国15—59岁劳动年龄人口，2010年达到最高峰，之后数量持续下降；即使以15—64岁来计算劳动年龄人口，我国在2013年也达到了顶峰，2020年较峰值水平下降了4170万。未来一段时间，我国劳动年龄人口下降的进程还将持续，使以往有利于提升经济潜在增长率的这一正向因素转为了负向因素。伴随我国劳动年龄人口的减少，资本边际产出（MPK）递减效应也在发挥作用，从而抑制投资和人均资本的增长。因此，与以往相比，推动经济发展更加需要提升全要素生产率，创新成为引领发展的第一动力。

构建新发展格局的关键在于经济循环的畅通无阻。[①] 创新是突破我国关键核心技术"瓶颈"、有效打通经济循环堵点、实现高水平自立自强的关键。在技术水平与世界前沿水平还有较大差距时，我国以技术引进和吸收为主推动产业升级，大幅降低了自主研发风险，提高了生产效率，最大限度地发挥了后发优势。然而，随着技术水平及产业结构与发达国家趋近，获得技术转让的难度上升。通过与OECD国家工业行业技术差距的比较，可以发现我国与世界先进技术水平差距较大行业的技术差距缩小速度较快，而技术差距较小行业的技术差距缩小速度较慢。说明在我国技术水平逐步逼近世界先进水平的过程中，技术引进的难度在加大。关键核心技术是要不来、买不来、讨不来的。立足新发展阶段，不断提升自主创新能力，逐步实现关键核心技术的自主可控，可以提升国内大循环的主体地位，增强我国发展的持续力、竞争力和抗风险能力。2020年9月，习近平总书记在教育文化卫生体育领域专家代表

---

① 习近平：《把握新发展阶段，贯彻新发展理念，构建新发展格局》，《求是》2021年第9期。

座谈会上曾强调，提升自主创新能力，尽快突破关键核心技术，是构建新发展格局的一个关键问题。①

通过创新引领提升我国产业的竞争力和综合实力，可以增强我国市场吸引聚集更多全球优质要素的能力，从而牢牢把握对外循环的主动权。创新人才是稀缺资源，有利的创新环境和创新生态能够吸引聚集大量具有开拓意识和冒险精神的高素质创新人才；创新所带来的高风险和高回报，始终受到风投资金的青睐；创新所形成的新产业和新业态具有的较高利润率，持续吸引着全球长期资本。当前，美国金融市场相对其他发达国家金融市场更具活力，创新较为活跃是非常重要的原因。过去一段时间，我国依靠劳动力成本较低等优势，参与全球产业分工，使经济得到一定程度的发展，但也存在产业或生产环节处于全球价值链中低端等问题。在其他发展中国家同样具有大量剩余劳动力的情况下，我国始终面临着产业外迁的风险。发达国家则依靠设计、研发等优势，不仅赚取了全球化生产的高额利润，更把握着在全球配置资源的主导权。立足新发展阶段，必须通过创新获取产品设计、研发和营销等方面的新优势，切实增强我国在对外循环中的主动权。

通过创新引领全面优化升级产业结构，可以增强我国供给体系的能力，从而实现经济在更高水平上的动态平衡。过去一段时间，制约我国经济发展的问题主要在供给侧。随着收入水平的提升，居民对产品质量和服务个性化提出了更高的要求，相对于需求结构和层次的快速变化，供给体系还难以适应的问题已经显现，部分产业产能过剩和大量高质量产品需求难以满足的情况同时存在。我国的一些关键核心零部件仍然需要大量进口，受新冠肺炎疫情冲击影响，海外断供对部分产业的影

---

① 习近平：《在教育文化卫生体育领域专家代表座谈会上的讲话》，人民出版社 2020 年版，第 2 页。

响已经凸显。疫情冲击之下，全球产业链和供应链的脆弱性和不稳定性也充分暴露，增强供给体系韧性是我国必须面对的问题。近年来，我国消费者对海外高质量终端产品的需求和购买也在逐步上升。根据跨境电商行业数据分析，2020 年我国海淘用户数量已达 1.58 亿人，进口跨境电商市场交易规模达 3.07 万亿元。[①] 同时，我国部分行业产能过剩情况依然存在，仍需去产能和加快存量生产要素的重新配置。因此，通过创新提升我国供给体系的质量，增强供需的适配性，实现以高质量供给适应和创造新需求，最终形成需求牵引供给、供给创造需求的更高水平动态平衡。

（二）构建新发展格局也有利于贯彻创新发展理念

形成强大国内市场是构建新发展格局的题中应有之义。立足新发展阶段，超大规模市场已经成为我国经济发展新的比较优势。未来，随着居民消费升级、现代产业体系构建、关键核心技术装备投资、公共服务和绿色转型投资以及区域协调发展的需要，我国强大国内市场将逐步形成。市场可以最集中、最敏感地反映需求的即时动向和未来趋向。当前，我国已经成为全世界唯一拥有联合国产业分类中所列全部工业门类的国家，随着构建新发展格局步伐的推进，我国产业的某些短板会加快补齐，这为我国供给体系把握市场变化、加快创新步伐提供了有利条件。近年来，部分发达国家搞所谓的制造业回流，产业空心化所造成的创新难度加大是重要原因之一。制造业的发展可以带来技术渗透效应、产业关联效应和外汇储备效应。[②] 我国制造业高质量发展所带来的技术

---

① 艾媒咨询（iiMedia Research）：《2020—2021 中国进口跨境电商行业研究报告》，2021 年，见 https://baijiahao.baidu.com/s?id=1693360803916707533&wfr=spider&for=pc。

② 黄群慧、贺俊：《未来 30 年中国工业化进程与产业变革的重大趋势》，《学习与探索》2019 年第 8 期。

渗透效应和产业关联效应，会推动包括服务业在内的其他产业的创新步伐，从而形成创新驱动发展的良好势头。

当然，新发展格局决不是搞封闭的国内循环，我国外贸进出口、利用外资、对外投资的规模未来还有可能继续扩大。这为我国积极吸收借鉴国际最新成果、加速创新步伐提供了条件。从传统发达国家和新兴工业化国家历史经验来看，在保持外贸出口较大顺差一段时间后，出口顺差占 GDP 之比终将趋于下降，但对外投资占 GDP 之比将趋于上升。根据国际货币基金组织（IMF）公布的数据，20 世纪 70 年代至今，美国来自海外的要素和投资收益保持净流入，年均为 GDP 的 0.65%；日本自 20 世纪 90 年代中期以后，来自海外的要素收入和投资收益实现了净流入且呈增长之势，年均为 2.6%，2019 年为 3.8%；韩国从 2011 年开始，海外要素和投资收益也开始转正，2019 年接近 1%。这些海外要素收益回流不仅增加了上述国家的国民收入，也促进了其国内的研发和技术创新，从而保持了对外竞争的优势。①

二、协调发展理念与新发展格局的内在一致性

（一）贯彻协调发展理念有利于构建新发展格局

协调发展理念的内涵非常丰富，习近平总书记指出，协调既是发展手段又是发展目标，同时还是评价发展的标准和尺度。再如，协调是发展两点论和重点论的统一。② 贯彻协调发展理念，首先有助于完整、准确地把握构建新发展格局的科学内涵，避免对构建新发展格局的片面认

---

① 张平、杨耀武:《经济复苏、"双循环"战略与资源配置改革》，《现代经济探讨》2021 年第 1 期。

② 习近平:《深入理解新发展理念》，《求是》2019 年第 10 期。

识。构建新发展格局显然不能只讲"国内国际双循环相互促进"不讲"以国内大循环为主体",并且其重心是落在"以国内大循环为主体"而非"国内国际双循环相互促进"之上。① 这正是体现了两点论和重点论的统一。

从当前我国发展所面临的一些不平衡、不协调、不可持续的突出问题出发,贯彻协调发展理念,要求我们着力解决城乡发展差距、区域发展差距等问题,推动形成优势互补高质量发展的区域经济布局。目前,我国城乡差距较大的问题依然存在,农业劳动生产率还大幅低于城市现代产业劳动生产率。虽然,很长一段时间以来我国农业就业人口一直在下降,但到 2019 年农业就业人数占比仍超两成,与发达国家农业就业人数占比普遍在 5% 以下相比,我国农业人口向城市现代部门转移仍有空间。随着农村就业人口的转移,有相当一部分劳动力的收入会随着生产率的提高而增长,这会有效增加国内消费需求规模;同时随着城镇化进程,公共基础设施建设投资也会相应地增加,从而有利于形成更大规模的国内市场。

推动形成优势互补高质量发展的区域经济布局,也是适应我国经济发展空间结构发生深刻变化、谋划区域协调发展的新思路。我国幅员辽阔、人口众多,各区域自然条件和人文历史存在很大差距。推动各区域协调发展,不能违背各区域的比较优势和发展特点,不能要求各地区在经济发展上达到同一水平,而要充分发挥各地区比较优势,巩固和厚植原有优势、着力补齐"短板"。推动各区域协调发展,要求有全国一盘棋的系统观念,使各地区高效协调配合,实现整体最优。就像人体的各组织器官一样,各自担负着不同的生理功能,相互配合、相得益彰;某一器官功能的紊乱,会影响整个人的身体状态和系统功能。在此状况

---

① 高培勇:《构建新发展格局:在统筹发展和安全中前行》,《经济研究》2021 年第 3 期。

下，往往需要借助于体外人造设备加以辅助。立足新发展阶段，未来我国将逐步形成能够带动全国高质量发展的一些中心城市和重要城市群、保障粮食安全的粮食主产区、维护生态安全的生态涵养区等。加强各地区的协调发展，形成优势互补高质量发展的区域经济布局，是我国经济发展的优势所在、底气所在。习近平总书记指出，中国的经济是一片大海，而不是小池塘。狂风骤雨可以掀翻小池塘，但不能掀翻大海。推动形成优势互补高质量发展的区域经济布局，将有利于畅通国内经济大循环，形成更高水平的自力自强。

(二) 构建新发展格局也有利于贯彻协调发展理念

在实行"两头在外、大进大出"的国际大循环时，我国提倡和鼓励沿海地区到国际市场上进口原材料，大力发展劳动密集型产业，加工增值后再把产品销往国际市场。① 这促进了东部沿海地区的经济发展，1992 年东部地区 GDP 在全国 GDP 中的占比为 48.7%，此后至国际金融危机之前，东部地区 GDP 占比持续上升，2006 年占比上升到了 55.5%，2006 年后占比开始有所下降。这一变化趋势同我国净出口与 GDP 之比的总体走势具有较高一致性（见图 5-1）。从人均 GDP 来看，东部与中西部的差距呈现出大致相同的走势。近年来，我国生产要素的禀赋结构已经发生了相当大的变化，国际大循环动能明显减弱，国内大循环活力日益增强，这种此消彼长的态势变化，将有助于缓解区域发展差距。

加快构建新发展格局，要求我国实行高水平对外开放，推动形成全方位对外开放格局。在"两头在外、大进大出"的国际大循环时期，我国从国际市场上进口原材料、中间产品和设备，加工组装后再销往国际

① 杨耀武：《从"双循环"新发展格局看中国经济结构变迁》，《上海经济研究》2021年第 3 期。

（单位：%）

（单位：%）

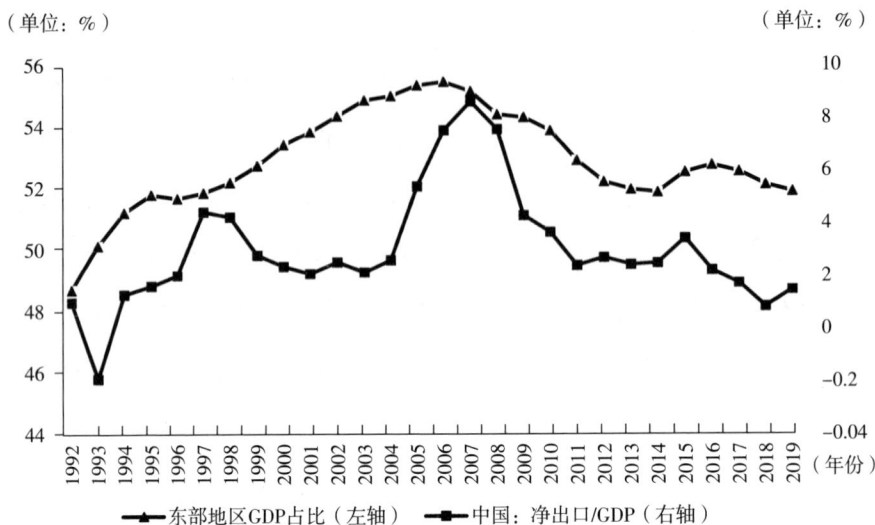

图 5-1　1992—2019 年中国净出口 /GDP 与东部地区 GDP 占比走势

资料来源：国家统计局。

市场，出口的主要对象为美欧等发达国家，沿海地区优越的地理位置吸引了大量劳动力和资金在此聚集。随着我国发展的外部环境发生了深刻复杂的变化，建立更为多元、更具韧性的对外经贸关系显得尤为重要。当前"一带一路"建设正积极推进，我国从东部到西部，从沿海到沿边再到内陆，多层次、多渠道、全方位开放的新格局将逐步形成，这就有利于我国经济更加协调、更可持续的发展。

三、绿色发展理念与新发展格局的内在一致性

（一）贯彻绿色发展理念有利于构建新发展格局

绿色发展，就其要义来讲，是要解决好人与自然和谐共生问题。[①]

[①]　习近平：《深入理解新发展理念》，《求是》2019 年第 10 期。

从近代以来世界经济发展历史来看，工业革命后全球经济总量快速提升，在人类创造巨量物质财富的同时，人类也开始面临越来越严重的自然环境问题。当前，我国发展所面临的自然资源和环境问题也相当严峻。随着收入水平的持续增长，人民对环境改善提出了更高的期望和需求。正如习近平总书记所强调的那样，环境就是民生，青山就是美丽，蓝天也是幸福。自然环境问题，既有全球性特征，也涉及某一具体区域或国家。中国的广袤大地和辽阔水域，是中国民族世代劳作、生活的家园，也是中国人民开展经济活动最深厚的根基。

自然生态系统循环有其自身规律，贯彻绿色发展理念就是要使人类的经济循环与自然生态系统循环相互支持、和谐共荣。绿水青山就是金山银山；保护环境就是保护生产力，改善环境就是发展生产力。[①] 这体现了自然资本对于人类经济产出和福利的巨大影响。在后发国家经济发展过程中，当技术水平离世界前沿仍较远时，实物资本投资和技术水平的"干中学"机制会出现规模报酬递增。此时，单纯依靠实物资本投资这种非平衡性的增长有可能实现经济较长时间的持续扩张，但是，如果在这一过程中缺少自然资本投资并且经济扩张造成严重的自然环境退化，则会使经济发展受到资源和环境方面的约束。当经济得到相当程度的发展，工业化规模扩张的体制模式和生产模式基本定型，技术水平已经非常接近前沿水平时，此时通过资本驱动的规模报酬递增状态将不复存在，仅仅依靠物质资本投资推动的经济增长和消费增加会因物质资本边际收益递减规律的制约而难以持续。此时，只有通过人力资本、社会资本和自然资本的逐步提升才有可能实现经济持续而稳定的发展。[②] 当

---

① 习近平：《深入理解新发展理念》，《求是》2019 年第 10 期。

② 杨耀武、张平：《中国经济高质量发展的逻辑、测度与治理》，《经济研究》2021 年第 1 期。

然，也有人提出环境问题通过外部循环也可以得到部分缓解，如通过粮食进口缓解水资源严重短缺，但解决的程度非常有限，而且可能带来其他方面的问题和风险。构建新发展格局，实现高水平自立自强必须重视自然资本的积累。

贯彻绿色发展理念，促进自然资本增长、形成优美的自然环境会带动旅游等第三产业的发展，适应了我国居民消费升级的需要，有利于形成更大规模国内消费市场。当前，我国各项生态旅游项目正蓬勃发展，逐步成为新的重要增长点。根据国家统计局公布的数据，2019 年我国国内旅游收入达到 5.7 万亿元，2015—2019 年，年均复合增长率为 13.8%，比同期社会消费品零售总额年均复合增长率高出 5.9 个百分点。我国休闲农业和乡村旅游也得到较快发展，2019 年共接待 32 亿人次，实现营业收入 8500 亿元，2015—2019 年，年均复合增长率分别为 9.8%、17.9%。贯彻绿色发展理念，实现绿色低碳转型也是全球应对气候变暖的共同努力，已经成为社会较为普遍的共识。在我国推动绿色低碳转型过程中，将形成新型基础设施投资需求，这不仅会在一定时期内增加国内需求，而且会增加未来我国绿色经济和循环经济的产出规模，提升我国供给体系的水平和能力。绿色低碳转型可能还会改变现有的世界能源供给格局，相对于石油、天然气等化石能源，我国在太阳能、风电等可再生能源方面的发展潜力巨大。由此形成的能源供给多元化，有可能在相当程度上降低我国能源对国外的依赖程度，这有利于我国形成高水平的自立自强。

（二）构建新发展格局也有利于贯彻绿色发展理念

在实行"两头在外、大进大出"的国际大循环时，我国从国际市场上大量进口原材料，加工生产后销往海外市场，在带来出口增长的同时，也形成了较为严重的污染问题。以钢材为例，2005 年，我国钢材总产量为 3.7 亿吨,实际消费量为 2.4 亿吨,实际消费量占总产量的 64.2%。2005 年后,我国钢材消费占产量之比总体继续呈下降趋势,2014 年,钢材总产量达到 11.3 亿吨,实际消费量是 5.6 万吨,消费量仅占总产量的一半左右,此后消费占产量之比有所上升,但到 2019 年仍仅为 54.6%。这种国际大循环模式,在充分利用国际大市场的同时,也将高耗能、高污染行业大量滞留在了国内。从华北平原一些主要城市,如北京、天津、石家庄、太原空气质量达到及好于二级的天数占全年天数比重的平均数来看,2005 年空气质量达到及好于二级的天数占比为 72.6%,2014 年下降到了 43.6%。

如果从污染物的全球扩散快慢来看,二氧化碳排放对全球各国的影响与其具体由哪国排放的关联性相对较弱,而一些固态、液态污染物以及粉尘污染对排放国的影响则较其他国家严重得多。在产品可贸易的情况下,这就为部分发达国家以跨国公司为载体实现污染转移提供了激励和可能。有些国外学者较早注意到了这类问题,提出了"污染避难所"和"产业漂移"等概念[1][2],认为发达国家企业为降低实施较高环保标准所带来的成本与费用,会倾向于将污染产业或污染生产环节转移到一些发展中国家。有些学者甚至给出了外商直接投资增长与我国工业污染物排放之间的关系,认为外商直接投资每增加 1%,工业二氧化硫(SO_2)排放会增加近 0.1%。[3] 这些数值的准确性有待进一步检验,但

---

[1] Walter, I., J. L. Ugelow, "Environmental Policies in Developing Countries", *Ambio*, Vol.8, 1979, pp.102-109.

[2] Copeland, B.R., M. S. Taylor, "Trade and Environment: Theory and Evidence", *Department of Environment*, Vol.17, 2003, pp.103-116.

[3] He, J., "Pollution Haven Hypothesis and Environmental Impacts of Foreign Direct Investment: The Case of Industrial Emission of Sulfur Dioxide (SO_2) in Chinese Provinces", *Ecological Economics*, Vol.60, 2006, pp.228-245.

所指向的问题应该给予关注。在加快构建新发展格局的背景下，我国经济的国内大循环活力将进一步加强，随着高水平对外开放步伐的推进，我国绿色发展的前景将更为明朗。

四、开放发展理念与新发展格局的内在一致性

（一）贯彻开放发展理念有利于加快构建新发展格局

我国 40 多年来的发展成就得益于对外开放。构建新发展格局决不是搞封闭的国内循环，而是要以更高水平对外开放打造发展新优势。2019 年 11 月，习近平主席在第二届中国进口博览会开幕式上强调，我们将坚持以开放促改革、促发展、促创新，持续推进更高水平的对外开放。当前，我国经济运行中的一些深层次矛盾逐步显现，需要通过扩大开放推进重点领域改革深化，充分释放市场主体活力和社会创造力，增强发展的内生动力，畅通经济循环。

近年来，我国大力推进自由贸易试验区建设，努力打造法治化、国际化、便利化的营商环境，持续一体推进"放管服"改革，简化办事流程，降低企业运营成本。世界银行发布的《2020 年营商环境报告》显示，中国总体营商环境排名较上年提高了 15 位，列全球第 31 位。同时也应该认识到，我国营商环境与国际领先水平还有不小差距，未来仍需以扩大高水平开放推动改革深化，增强我国市场对全球要素资源的吸引力。在开放中强化竞争政策的基础性地位，创造公平竞争的制度环境，全面实施准入前国民待遇加负面清单管理制度，使国内市场主体充分参与国际竞争。中国经济实现高水平自立自强，不是关起门来与自己的过往相比的自立自强，而应是在充分参与国际竞争与搏击风雨中不断增强自身的竞争力和持续力，是在厚积自身优势、不断补齐"短板"中由部分"领

跑"走向全方位领跑的渐进过程。

持续推进更高水平开放，需要在提升对外贸易竞争力的同时，推动生产要素市场领域开放形成协同效应。在参与国际循环方面，各国因自身优势和发展阶段差异，所采取的方式存在较大的不同。[①] 从净出口总额与 GDP 之比来看，发达国家或成功实现追赶的新兴工业化国家，大致都经历了净出口占比较高而后逐步下降的过程，英国、美国、德国、日本、韩国概莫能外。[②] 中国净出口与 GDP 之比，2007 年曾高达 8.6%，随后也出现了下降，2019 年为 1.5%。在经济发展的过程中，随着人口结构变动、产业结构变迁和国际形势变化，一国往往很难长期维持净出口的优势地位，但仍可以充分发挥自身优势积极参与国际循环，获取合作利益。立足新发展阶段，我国在增加对外高水平投资方面仍有相当大的空间。

20 世纪 90 年代中期以来，我国经常账户持续保持顺差，2008 年曾一度超过 4000 亿美元。从国民经济恒等式来看，中国国内储蓄高于投资是资本净输出国，但在 3 万多亿美元的外汇储备中，有相当一部分是以发达国家的国债形式持有的，收益相对有限。从发达国家或成功实现追赶的新兴工业化国家的发展经验来看，在净出口占 GDP 之比下降甚至转负后，英国、美国、德国、日本、韩国等国均通过高水平对外投资获取了不错的收益。国际金融危机以来，我国对外直接投资总体呈较快上升之势，2015 年达到 1450 多亿美元，超过当年实际使用外资额，2016 年继续上升到 1960 多亿美元，但也存在盲目投资等非理性行为。在加强监管的情况下，我国对外直接投资渐趋理性，2019 年我国对外

---

① 张平、杨耀武：《经济复苏、"双循环"战略与资源配置改革》，《现代经济探讨》2021 年第 1 期。

② 本章所用的净出口是指商品和服务贸易净出口金额之和。

（单位：亿美元）

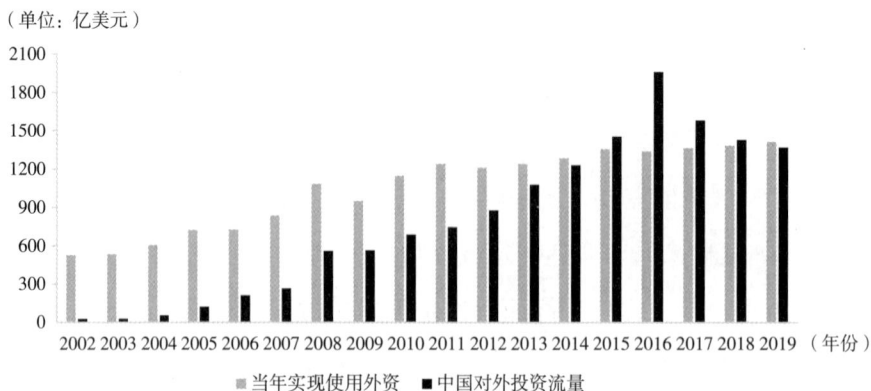

图5-2　2002—2019年中国对外投资流量与实际使用外资量

资料来源：国家统计局；联合国贸易和发展会议。

投资略低于当年实际使用外资（见图5-2）。未来，我国在推动高水平对外直接投资方面仍有很大空间。通过高水平对外直接投资，我国可以在全球更加合理地配置要素资源，争取更多产业链和供应链上的主动权和支配权。在新冠肺炎疫情的冲击之下，全球产业链和供应链呈现收缩趋势，区域性特征更加明显。通过向东盟等周边国家增加直接投资，我国可以充分利用该地区劳动力、资源等要素充裕优势，形成优势互补，解决好内外联动问题。

（二）加快构建新发展格局也有利于贯彻开放发展理念

构建新发展格局，实行高水平对外开放，必须具备强大的国内经济循环体系和稳固的基本盘，并以此形成对全球要素资源的强大吸引力、在激烈国际竞争中的强大竞争力、在全球资源配置中的强大推动力。① 根深才能叶茂，本固方能枝荣。在高水平对外开放过程中，不管是引进

① 习近平：《把握新发展阶段，贯彻新发展理念，构建新发展格局》，《求是》2021年第9期。

来还是走出去，都需稳固的国内基本盘作为支撑，都应符合提高人民福祉和维护国家长远发展利益的宗旨。回溯历史，在现代交通工具发明之前，世界各国之间的往来比现在要艰难得多，但古代中国的盛世，凭借其领先的国内经济实力和远播的国际影响力，吸引了当时世界众多国家的工匠和商人不远万里来到中国。积贫积弱的近代中国，由于国内工业基础薄弱，很多关乎民生的基本工业品都需要依赖进口，只能沦为帝国主义经济上的附庸。新中国成立后，我国逐步奠定了工业化的初步基础，但由于当时的历史条件和国际形势，我国同世界的关系是处于"一边倒"和封闭半封闭状态。改革开放以来，我国对经济结构进行了多次重大调整，产业结构不断优化升级，在充分利用自身比较优势基础上融入全球化大潮。当前我国已经成为全球第一大货物贸易国、第二大对外投资目的国。站在新的历史起点，我国正经历从投资输入国向投资输出国转变的关键时期。[1] 实现"引进来"与"走出去"双轮驱动和良性互动，必须具备强大的国内经济循环体系和稳固的基本盘，必须形成支撑高水平对外开放和全球安全高效配置资源的体制和力量。

构建新发展格局需要稳步拓展规则、规制、管理、标准等制度性开放，提升我国在全球治理和国际规则制定中的话语权。近年来，以西方国家主导的全球治理体系出现变革迹象，随着经济实力的增强，包括我国在内的广大发展中国家在国际经济体系中的作用有所提升，但仍未改变欧美等发达国家主导全球经济治理的格局，美国在相关领域的权力垄断依然相当强势。在构建新发展格局的进程中，我国将更加主动地参与国际规则制定，发出中国声音、贡献中国方案和中国智慧，推动国际经济体系和全球经济治理朝更加公正、更可持续、更为包容的方向发展。

---

[1] 张建平、刘恒：《改革开放 40 年："引进来"与"走出去"》，《先锋》2019 年第 2 期。

这有利于维护广大发展中国家在对外经贸往来中的利益，为我国更高水平对外开放打造更加良好的国际环境。

五、共享发展理念与新发展格局的内在一致性

（一）贯彻共享发展理念有利于加快构建新发展格局

共享理念体现的是坚持以人民为中心的发展思想。习近平总书记深刻指出，只有坚持以人民为中心的发展思想，坚持发展为了人民、发展依靠人民、发展成果由人民共享，才会有正确的发展观、现代化观。这说明检验我国经济发展成效的标准，就是要看经济发展有没有带来人民总体福利水平的提高，提高了多少，这种提高是否可持续。构建新发展格局，正是为适应我国发展阶段、环境、条件变化，更好实现人民总体福利稳定可持续提高目标而提出来的。

共享理念实质就是坚持以人民为中心的发展思想，体现的是逐步实现共同富裕的要求。[①] 共同富裕要求社会在富裕的基础上，实现发展成果由广大人民共享。当前，我国已全面建成小康社会，但与富裕社会和共同富裕仍存在不小的差距。实现共同富裕要求人均国民收入再上一个新台阶，同时缩小收入分配方面的差距，这将有利于建设更大规模的国内市场和畅通国民经济循环。马克思主义政治经济学认为，资本主义经济危机的实质是生产的相对过剩，即相对于消费者有效需要来说社会生产的商品相对过剩。我国是实行社会主义市场经济体制的国家，供需总量适配和结构适配问题仍需给予关注。现代西方经济理论认为，消费主要取决于可支配收入和边际消费倾向，而边际消费倾向一般随收入的

---

① 习近平：《深入理解新发展理念》，《求是》2019 年第 10 期。

增加而减少，即存在所谓的边际消费倾向递减现象。因此，实现共同富裕可以从增加居民可支配收入和提高全社会边际消费倾向两个方面增加整个社会的消费规模，实现消费结构升级，这有利于形成强大的国内市场。

实现共同富裕，需要处理好城乡发展不平衡和城乡收入差距问题，深入实施乡村振兴战略。我国发展最大的不平衡是城乡发展不平衡，最大的不充分是农村发展不充分。[①] 近年来，我国城乡收入差距有所缩小，但仍处于高位。2019 年，城镇居民人均可支配收入是农村居民人均可支配收入的 2.6 倍。推动农村发展、农民增收关键在于实施乡村振兴战略，增加对农业农村基础设施建设投入，加快城乡基础设施互联互通。这会增加我国在未来一段时间的有效投资，便利城乡之间的联系，有效改变原有的城乡二元经济结构，畅通我国的经济循环。实现共同富裕，需要解决相对贫困问题。经过多年的努力，我国已消除绝对贫困，但相对贫困问题仍将长期存在。在解决相对贫困问题过程中，我国中等收入群体将进一步壮大，社会总体消费能力和消费层次将进一步提升。

实现共同富裕，需要推动公共资源与公共服务的均等化，努力实现发展机会的平等。发展的关键在于人，在于人的能力和素质的提高；而提高人的能力和素质以及降低人们之间收入差距的一项重要手段，是使人们特别是在儿童和青少年阶段接受更高质量和更加均等的教育，这涉及教育资源投入和均等化等问题；同时，要大力推动人才、资本等要素充分流动和高效配置。当前，我国学龄前儿童教育水平，在城乡之间、各城市之间甚至是某一城市内部仍存在很大的差距；在义务教育阶段，城乡之间和地区之间的教育资源分配和教育质量也存在明显的差异，造

---

① 习近平：《把乡村振兴战略作为新时代"三农"工作总抓手》，《求是》2019 年第 11 期。

成同等学历学生素质和发展能力上的较大差别，成为社会关注的热点问题之一。推动包括教育在内的公共资源和公共服务均等化，实现人才、资本等要素的充分流动和高效配置，有利于提升我国生产要素的总体质量和配置效率，对于提高我国供给体系能力、增强供给体系韧性具有非常重要的意义。

（二）加快构建新发展格局也有利于贯彻共享发展理念

在实行"两头在外、大进大出"的国际大循环时，我国出口导向工业化的一个鲜明特征就是以通过压低劳动力要素价格提高资本回报率的方式，进行更高的资本积累和更多的剩余劳动转移，在宏观上表现为高增长、高投资、高出口和低消费。在税收政策上也给了资本积累和提高资本回报率很大的支持。压低劳动力要素价格本身是中国存在大量剩余劳动力的必然结果，同时也符合促进出口导向工业化资源配置体制的需要，适应了当时的经济发展阶段，对中国经济高速增长、突破贫困陷阱起到了积极的作用。[1] 劳动力要素价格低的直接影响表现为劳动收入份额的下降，对于20世纪90年代中期以后，中国劳动收入份额的下降，学者们曾给予了高度关注。[2][3][4]

按照白重恩、钱震杰（2009）的测算结果，劳动收入份额在1995—2006年从59.1%逐年下降到47.3%，相应地，资本收入份额则

① 张平、杨耀武：《经济复苏、"双循环"战略与资源配置改革》，《现代经济探讨》2021年第1期。
② 蔡昉：《探索适应经济发展的公平分配机制》，《人民论坛》2005年10月17日。
③ 白重恩、钱震杰：《国民收入的要素分配：统计数据背后的故事》，《经济研究》2009年第3期。
④ 罗长远、张军：《劳动收入占比下降的经济学解释——基于中国省级面板数据的分析》，《管理世界》2009年第5期。

上升了 11.8 个百分点。由于在初次分配中，居民部门收入中的劳动报酬占比接近八成，因此劳动报酬占比变化会主导居民部门在国民收入初次分配中的状况。近年来，随着国际大循环动能明显减弱，国内大循环活力日益增强，我国劳动收入份额在国民经济初次分配中有所回升，但仍处于较低水平。未来，在加快构建新发展格局进程中，随着产业转型升级，我国劳动收入占比仍有上升空间。由于劳动收入相对经营性收入和财产性收入的集中度低一些[①]，因此劳动收入在国民收入中占比的提升，会使居民初次分配差距过大的状况得到一定程度的改善。

在实行"两头在外、大进大出"的国际大循环时，各地方政府往往通过产业政策进行资源配置的有为干预，加速了以开发区为依托的产业聚集模式，同时通过土地、税收优惠和金融支持等多种方式招商引资，形成区域增长极。在加快构建新发展格局的进程中，我国将进一步推进治理体系和治理能力现代化，政府的产业政策将逐步从干预资源配置转向创造公平竞争的环境。同时，继续强化反垄断和防止资本无序扩张，维护新就业形态劳动者劳动保障权益，这些政策都有利于形成更为公平合理的收入分配格局。

第二节　构建新发展格局推动高质量发展

构建新发展格局是根据我国新发展形势、新历史任务、新环境条件作出的重大战略决策。推动高质量发展，是适应我国社会主要矛盾变化和全面建设社会主义现代化国家的必然要求。全面建设社会主义现代化

---

① 李实、[加] 史泰丽、[瑞典] 古斯塔夫森:《中国居民收入分配研究Ⅲ》，北京师范大学出版社 2008 年版。

国家，进而实现中华民族伟大复兴是我们的使命所系、目标所在。新的征程上，为了完成这一光荣使命、实现这一宏伟目标唯有依靠发展。发展仍然是解决中国一切问题的基础和关键，但与以往不同的是，站在新的起点向实现中华民族伟大复兴的目标迈进必须坚持高质量发展，高质量是对完成这一使命、达成这一目标必要途径的高度概况。构建新发展格局适应了高质量发展的需要，必将为推动高质量发展提供强有力的战略支撑。

一、构建强大国内市场有利于推动高质量发展

党的十九届五中全会提出"形成强大国内市场，构建新发展格局"，强调要"畅通国内大循环，促进国内国际双循环，全面促进消费，拓展投资空间"。我国是一个发展中的大国，有超过 14 亿多人口，人均收入突破 1 万美元，面对国内发展阶段和国际环境的深刻复杂变化，构建强大国内市场既有条件，也有必要。强大的国内市场不仅包括数量持续提升、结构进一步优化的消费品和投资品市场，也包括流动顺畅、配置高效的生产要素市场，从而形成需求牵引供给、供给创造需求的更高水平动态平衡。

形成强大国内市场，需要拓展投资空间。在面对国际金融危机之时，我国充分发挥扩大投资的稳增长作用，避免了经济的大起大落，但也造成一些投资效益不高和部分行业产能过剩等问题，传统投资模式的弊端已经显现。从对中国经济比较具有代表性的 A 股上市公司总资产收益率（ROA）看，2010 年来，A 股上市公司的总资产收益率总体处于下降过程中。2010 年，总资产收益率为 4.6%，2019 年已经下降到了 2.6%，表明国内投资带来的收益率已大幅下降。当前，我国人均资本

存量与发达国家仍有相当大差距，推动高质量发展必须拓展投资空间，提高投资收益。立足新发展阶段，我国在新一代通信技术、绿色基础设施等领域存在较大投资空间；在一些关键核心技术领域的研发投入势必也会加强。这不仅会形成当期的国内需求，也会决定未来一段时间我国供给体系的水平和能力。从投资主体来看，在一些基础性公共设施和基础研究领域应发挥政府投资的引领作用，而在一些市场调整比较快速的领域应稳定市场主体预期，充分激发民间投资的活力。从近两年 A 股上市公司研发投入来看，虽然受到新冠肺炎疫情的巨大冲击，2020 年，我国 A 股各行业上市公司研发投入强度仍普遍维持了正增长，表明各行业正在积极探索新技术、新业态和新模式带来的增长机会，以实现创新转型（见图 5-3）。与传统行业投资收益下降相比，一些新的科创型企业的投资收益正在逐步上升，这会促进未来的投资增长，形成新的更高水平供给，推动高质量发展。

（单位：%）

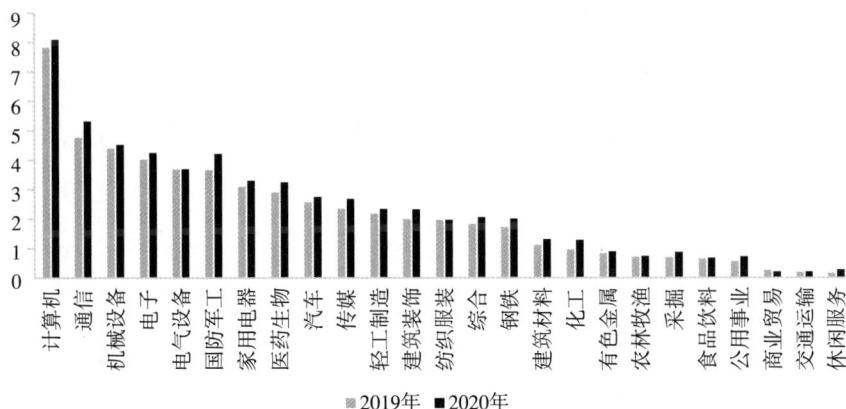

图 5-3　2019 年和 2020 年 A 股上市公司各行业研发费用与营业收入之比

资料来源：Wind，剔除了金融和房地产行业。

形成强大国内市场，还需要流动顺畅、配置高效的要素市场，提升对全球要素资源的吸引力。要素市场主要可分为劳动力市场、资本市场、技术市场和数据信息市场。从劳动力市场来看，改革开放以来，我国劳动力流动的便捷程度已大幅提高，但城乡劳动力市场之间的分割、不同产权性质企业之间的劳动力流动等问题依然存在。这阻碍了劳动力的合理流动，不利于整体劳动生产率的提高。形成强大国内市场，需逐步打破抑制劳动力自由流动和享受公共服务差异的各种显性和隐形壁垒。在国内投资收益趋于下降的情况下，提高资本的配置效率不仅要拓展新的投资领域，而且也要改善存量资本的配置效率。这需要加大研发投入，促进产业转型升级，加快"僵尸企业"出清，盘活被低效占用的土地资源和存量资产；提高直接融资比重，逐步改变金融资源配置的所有制偏好。在技术市场方面，加强知识产权保护，加强高校和科研机构与企业的对接，加快科技成果转化。目前，我国专利总数量已连续多年位居全球第一，但整体质量需接受市场的检验，在实际应用中加速技术升级迭代步伐，逐步实现对关键核心领域技术的掌控。对于可带来规模报酬递增且具有"非竞争性"的数据信息类要素，需要加快培育市场，完善数据权属界定、开放共享、交易流通等标准和措施，发挥数据资源价值。一个强大的国内市场，可以吸引全球优质要素资源在此聚集，从而极大地丰富国内商品和服务、提升生产要素的质量和使用效率。

二、统筹发展与安全有利于推动高质量发展

新发展格局的核心要义是统筹发展与安全。[①] 统筹发展和安全，需要坚持发展和安全并重，发展为增进安全提供了不断巩固的经济和社会

---

① 高培勇：《构建新发展格局：在统筹发展和安全中前行》，《经济研究》2021 年第 3 期。

基础，安全为促进发展提供了可靠的制度保障和优良的发展环境。可以说，没有高质量发展就难有高水平安全，缺乏高水平安全也难以保证高质量发展。

经济安全是国家安全的基础。没有安全的发展环境就难以保障经济持续健康平稳的发展。在经济增长出现大起大落的情况下，经济发展的长期绩效会大打折扣，这一点已经在一些发展中国家经济发展史中明白无误地得到了证明。在改革开放以前的 1958—1977 年这 20 年中，我国有 7 年 GDP 实际增速达到两位数以上，超过 8% 的有 9 年，超过 7% 有 12 年，但经济发展的总体绩效并不理想，也是因为出现了大起大落。经济发展的不稳定性不仅会直接影响居民的福利而且会有损资源配置的效率。20 世纪 70 年代，在西方国家石油供给主要依靠中东等石油输出国时，中东地区的紧张局势和战火曾使美欧等国物价飞涨、经济增长停滞，出现了所谓的长期"滞胀"现象。曾担任过美国约翰逊政府经济顾问委员会主席的阿瑟·奥肯（Arthur Okun）当时提出了用失业率和通货膨胀水平简单相加构造的"痛苦指数"（Misery Index），以反映经济波动对居民福利的直接影响；而且相对于富人来说，经济波动会对贫困人口产生更大的不利影响，特别是在那些社会安全网络不太健全的国家，这种影响则会更加严重。[1]经济波动同时也会造成资源配置的扭曲，从而有损经济效率。[2]因此，维护经济安全是推动高质量发展的基础性条件。

当前我国面临的国际环境日趋复杂，世界正经历"百年未有之大变

---

[1]　Furman, J., J. Stiglitz, "Economic Crises: Evidence and Insights from East Asia", Brookings Papers on Economic Activity, Economic Studies Program, *The Brooking Institution*, Vol.29, 1998, pp.1-136.

[2]　杨光、孙浦阳、龚刚：《经济波动、成本约束与资源配置》，《经济研究》2015 年第 2 期。

局"，经济全球化遭遇逆流，世界进入动荡变革期，单边主义、保护主义、霸权主义对世界和平与发展构成威胁，新冠肺炎疫情大流行使百年未有之大变局加速演进。在疫情的严重冲击之下，全球产业链和供应链的脆弱性充分显露，未来各国会在追求产业链和供应链全球布局高效性与保障安全性方面进行新的权衡。[①] 随着我国发展所面临的外部环境不稳定性和不确定性显著增加，以致量的积累达到了质变的程度——对我国经济安全乃至国家安全构成了威胁之时，跃出经济视域、宏观调控层面的局限而启动事关全局的系统性、深层次变革，作出立足当前、着眼长远的战略谋划，便是必须果断采取的实际行动。[②] 今天，我国比历史上任何时期都更接近实现中华民族伟大复兴的目标，但面临的风险挑战也十分严峻。维护经济安全、国家安全，确保中华民族伟大复兴进程不被迟滞甚至中断，是全体中华儿女竭尽全力所应担负的共同责任。

第三节　逻辑一致的科学思想体系

在全面建成小康社会，实现第一个百年奋斗目标之后，乘势而上开启全面建设社会主义现代化国家新征程，向第二个百年奋斗目标进军，必须统筹中华民族伟大复兴战略全局和世界百年未有之大变局，深刻认识我国社会主要矛盾变化带来的新特征和新要求，深刻认识错综复杂的国际环境带来的新矛盾、新挑战。理念是行动的先导，是我们行事所应坚持的基本原则。理念需要明确的战略方针和实现路径与之相配合，从

---

① 杨耀武、倪红福、王丽萍：《后疫情时期的全球产业链的演变逻辑、趋势和政策建议》，《财经智库》2020年第6期。

② 高培勇：《构建新发展格局：在统筹发展和安全中前行》，《经济研究》2021年第3期。

而为达成战略目标打下坚实的基础，这符合人类认识发展的基本规律。

立足新发展阶段，必须完整、准确、全面地理解和贯彻新发展理念，准确把握和积极推进构建新发展格局。加快构建新发展格局是新发展阶段要着力推动完成的重大历史任务，也是贯彻新发展理念的重大举措。因此，构建新发展格局是在准确研判我国现阶段发展环境、形势和条件的基础上作出的重大战略调整，适应了新发展阶段贯彻创新、协调、绿色、开放、共享发展理念的需要。从两者的内部逻辑性来看，贯彻新发展理念与构建新发展格局相互促进、相辅相成。

全面建设社会主义现代化国家，进而实现中华民族伟大复兴是近代以来中华儿女的夙愿和梦想。新征程上，发展仍然是解决中国一切问题的基础和关键，但不同于以往的是，现阶段我们追求的不再是单纯量的扩张，而是高质量发展，唯有高质量发展才是达成战略目标的正确途径。构建新发展格局适应了高质量发展的需要，必将有力地推动高质量发展。因此，把握新发展阶段、贯彻新发展理念、构建新发展格局、推动高质量发展，是逻辑一致的科学思想体系，将在未来五年、十五年乃至更长时间发挥指导我国经济工作的核心作用。

（执笔人：杨耀武）

第六章

现代化经济体系与新发展格局

  本章阐述现代化经济体系与新发展格局的关系，理论上提出两个主要观点：一是从思想史角度看，"构建新发展格局"是"建设现代化经济体系"这一提法中蕴含的自立自强逻辑的深化；"构建新发展格局"这一大背景，反过来又对建设现代化经济体系的方向和重点作出了限定。二是从现实角度看，加快建设现代化经济体系是实现发展格局调整的关键。发展格局调整，即从国际大循环为主的传统发展格局调整为国内大循环为主、国内国际双循环相互促进的新发展格局，这在结构上可以理解为从线性结构到网络结构的调整。改革开放前30年，中国加入国际大循环形成的模式具有线性结构，即"中西部劳动力—沿海城市平台（土地、公共设施）—海外技术和市场"；而国内大循环则是网状结构，即劳动力、土地、技术、市场等要素均由国内不同地域合作供给，呈现出交叉网络特征。从线性结构转换为网状结构有四个难点：第一，高技术中间产品从进口转为独立生产；第二，产成品从主要销往海外转为主要依托国内大市场销售；第三，城乡、区域的利益调整和重新定位；第四，在国内大循环为主体的情况下，对外开放战略的重新定位。只有加快建设现代产业体系、现代市场体系、收入分配体系、城乡区域发展体系、绿色发展体系、对外开放体系和市场化经济体制"六体系、一体制"的现代化经济体系才能突破这些难点。

现有文献已经对现代化经济体系建设与新发展格局的关系作出了一定程度讨论，这些讨论构成了本章的基础。与已有文献比较，本章有三个特色：一是从思想本身内在的逻辑线索，即思想理念的内生演变角度看，"构建新发展格局"是"建设现代化经济体系"这一提法中蕴含的自立自强逻辑的深化和强化。二是从发展格局调整的视角，分析格局调整的难点，进而引入关于现代化经济体系建设的讨论。关于国际大循环的线性结构、国内大循环的网状结构、发展格局调整的四大难点及其与现代化经济体系中各子体系建设的一一对应关系等，都是本章提出的新表述。三是理论与案例分析相结合，从城市案例的具体场景分析了发展格局调整的难点，以及如何通过现代化经济体系建设突破难点。

第一节　现代化经济体系与新发展格局的逻辑关系

2017年10月，党的十九大报告首次提出"现代化经济体系"概念，而且以此作为标题统领报告中经济建设部分的内容（即报告第五部分："贯彻新发展理念，建设现代化经济体系"）。报告深刻指出，我国经济已由高速增长阶段转向高质量发展阶段，正处在转变发展方式、优化经济结构、转变增长动力的攻关期，建设现代化经济体系是跨越关口的迫切要求和我国发展的战略目标。

2018年1月30日，习近平总书记在中共中央政治局集体学习上进一步阐发了现代化经济体系的内涵。习近平总书记强调，现代化经济体系是由社会经济活动各个环节、各个层面、各个领域的相互关系和内在联系构成的一个有机整体；并将现代化经济体系建设归纳为"一个体制、六个体系"：创新引领、协同发展的产业体系，统一开放、竞争有序的市场体系，体现效率、促进公平的收入分配体系，彰显优势、协调联动的城乡区域发展体系，资源节约、环境友好的绿色发展体系，多元平衡、安全高效的全面开放体系，和充分发挥市场作用、更好发挥政府作用的经济体制。以上几个体系是统一整体，要一体建设、一体推进。我们建设的现代化经济体系，既要借鉴发达国家有益做法，更要符合中国国情、具有中国特色。

"现代化经济体系"概念提出之后，受到学术界高度关注，出现了一系列以其为主题的阐释和研究文章。高培勇、杜创、刘霞辉等(2019)[①] 将现代化经济体系建设看作是经济体系的转换过程，系统解释传统经济体系向现代化经济体系转变的内在逻辑。具体来说，包括"四个转向"即社会主要矛盾、资源配置方式、产业体系、增长阶段四个方面的特征性变化；与"四个转向"相对应，经济体系运转体现为"四个机制"，即社会主要矛盾的性质决定了资源配置方式的选择；资源配置方式决定了产业体系特征；产业体系特征与经济增长阶段一致；高速增长引起社会主要矛盾转化。南京大学刘志彪教授也总结了建设现代化经济体系的基本框架：必须坚持质量第一、效率优先方针，坚持供给侧结构性改革为主线，建设创新引领、四位协同的产业体系作为现代化经济体系的基础，建设"三有"经济体制，认为不断调整和改革政府与市场关系是建设现代化经济体系的主要路径。[②]

关于现代化经济体系建设与新发展格局的关系，学术界也已有一些文献讨论。

① 高培勇、杜创、刘霞辉等：《高质量发展背景下的现代化经济体系建设：一个逻辑框架》，《经济研究》2019年第4期。
② 刘志彪：《建设现代化经济体系：基本框架、关键问题与理论创新》，《南京大学学报（哲学·人文科学·社会科学）》2018年第3期。

韩保江（2020）^① 系统阐述了新发展格局与现代化经济体系互为表里的关系，包括四个方面：（1）新发展格局与现代化经济体系作为开启全面建设社会主义现代化国家新征程的两大重要战略安排，都源于"全党要统筹中华民族伟大复兴战略全局和世界百年未有之大变局"的现实需要和由"新常态""新时代""新阶段"统一构成的"时代大逻辑"；都以"新发展理念"为"思想灵魂"和"指挥棒"；都是服务于实现高质量发展和满足人民美好生活需要的战略抉择。（2）新发展格局着眼于宏观布局，旨在追求国民经济循环畅通这一本质要求。现代化经济体系则成为"填充"新发展格局宏观布局中具体内容和实现国民经济循环畅通、总供给和总需求高水平动态平衡的具体路径。如果说新发展格局是"表"，现代化经济体系就是"里"。（3）建设现代化经济体系，需要从产业体系、市场体系、收入分配体系、区域发展体系、绿色发展体系、全面开放体系和经济体制等具体路径分别去建设和改革，但这"六个体系"和"一个体制"之间如何贯通和协同、衡量这个现代化经济体系好与不好的主要标准是什么等问题，现代化经济体系自身并不能回答。新发展格局恰恰能够回应现代化经济体系自身不能回答的这个问题。（4）针对如何构建新发展格局，党的十九届五中全会提出了三个方面要求，即"紧紧扭住扩大内需这个战略基点""牢牢坚持供给侧结构性改革这个战略方向""用好改革开放这个关键一招"。实现这三个方面的要求，都需要通过建设现代化经济体系的具体路径才能落地。

黄群慧（2021）^② 提出中国应从四个方面入手构建完整的内需体系，

———————————

① 韩保江：《深刻认识和把握新发展格局与现代化经济体系的关系》，《全球商业经典》2020 年第 12 期。

② 黄群慧：《"双循环"新发展格局：深刻内涵、时代背景与形成建议》，《北京工业大学学报（社会科学版）》2021 年第 1 期。

以此形成新发展格局；其中三个方面正是现代化经济体系建设的三个子体系：（1）加快构建统一开放、竞争有序的现代化市场体系；（2）加快建设创新引领、协同发展的现代化产业体系；（3）加快建立和完善体现效率、促进公平的收入分配体系；（4）"加快消费转型升级、重塑新型消费体系"，也和现代化经济体系建设中的城乡区域发展体系建设高度相关。

庄贵阳等（2021）[①] 研究新发展格局下增强现代化经济体系韧性的策略，其中探讨了新发展格局与现代化经济体系的关联机制。认为按照双循环视角可将现代化经济体系划分为两个层次：产业体系、市场体系、绿色发展体系、区域发展、收入分配，经济体制贯通生产、交换、分配、消费等国民经济运行环节，形成国内大循环；以内循环带动外循环，建设高层次开放型经济体系，助力世界经济复苏，进而对内循环形成良性反馈。

结合已有文献，我们认为，新发展格局与现代化经济体系逻辑关系如下：

一、"构建新发展格局"是"建设现代化经济体系"的逻辑深化

党的十九大报告将"贯彻新发展理念，建设现代化经济体系"作为第五部分的标题，统领经济建设部分报告内容。在"贯彻新发展理念"之后紧接着是"建设现代化经济体系"，意味着"建设现代化经济体系"是"贯彻新发展理念"的主要战略安排。而党的十九届五中全会之后，习近平总书记辅导学习党的十九届五中全会精神的最新文章的标题是"把握新发展阶段，贯彻新发展理念，构建新发展格局"，在"贯彻新发

---

① 庄贵阳、徐成龙、薄凡：《新发展格局下增强现代化经济体系韧性的策略》，《经济纵横》2021 年第 4 期。

展理念"之后紧接着是"构建新发展格局"，意味着在"新发展阶段"，"构建新发展格局"已成为"贯彻新发展理念"的主要战略安排。那么，如何在理论上把握"建设现代化经济体系"与"构建新发展格局"二者之间的关系？我们不妨首先从思想史的视角看二者提出的背景。

　　对于建设现代化经济体系、构建新发展格局等发展理念、思路的提出及演变，习近平总书记曾专门做过系统阐述。[①] 习近平总书记指出：党的十八大以来，中国共产党对经济形势进行科学判断，对发展理念和思路作出及时调整，引导我国经济发展取得了历史性成就、发生了历史性变革，可概括为十三个主要的方面：一是坚持以人民为中心的发展思想，二是不再简单以国内生产总值增长率论英雄，三是我国经济处于"三期叠加"时期，四是经济发展进入新常态，五是使市场在资源配置中起决定性作用、更好发挥政府作用，六是绿水青山就是金山银山，七是坚持新发展理念，八是推进供给侧结构性改革，九是发展不平衡不充分，十是推动高质量发展，十一是建设现代化经济体系，十二是构建以国内大循环为主体、国内国际双循环相互促进的新发展格局，十三是统筹发展和安全。

　　上述十三个方面的发展理念和思路是按照提出的时间顺序概括的。思想的演进首先是对现实变化作出反应的结果。当前，对于"构建新发展格局"这一提法的背景，较多的是从我国现实经济发展环境变化角度作出论证。由于新冠肺炎疫情等重大因素的影响，再依靠过去那种大进大出的国际大循环为主体的模式，对于 GDP 总量已居世界第二的中国这样的大国当然难以持续。这是"构建新发展格局"的直接现实动因，体现了思想脉络中与时俱进的层面。然而，如果只强调新提法的现实动

---

　　① 习近平：《把握新发展阶段，贯彻新发展理念，构建新发展格局》，《求是》2021年第9期。

因，容易导致把从"贯彻新发展理念，建设现代化经济体系"到"贯彻新发展理念，构建新发展格局"的提法调整简单化为发展战略的替代性调整，而忽略了其内在的逻辑关联。

思想本身有其内在的逻辑线索，即思想理念的内生演变。从这个角度看，"构建新发展格局"是"建设现代化经济体系"这一提法中蕴含的自立自强逻辑的深化。

"现代化经济体系"这一提法已经蕴含了自立自强的意思。现代化经济体系，是由社会经济活动各个环节、各个层面、各个领域的相互关系和内在联系构成的一个有机整体，具体包括"六体系、一体制"，这意味着我们要建设的现代化经济，不仅仅是人均 GDP、人均可支配收入达到高收入国家的水平这样单一的评判指标，而是多维的、体系性的评判指标。以现代产业体系为例，这不仅要求产业结构具有现代性，比如服务业占据主导地位，农业、制造业、服务业都实现了高水平发展；而且要求产业具有体系性，即从相对细分产业的角度来看，大部分的产品能够自主生产，形成完整的供给体系。一个反例是某些自然资源禀赋优势的小国，仅仅由于拥有稀缺资源的出口优势，人均收入也达到了高收入水平，但不能说这些国家建成了现代化经济体系。可见，"现代化经济体系"的"体系"性已经蕴含了自立自强的意思。

然而，单单提现代化经济体系，对于高水平自立自强的强调还不够。尤其是在现代化经济体系的"六体系、一体制"中，对外开放体系为其中之一，独立自主与对外开放为何种关系，并未在现代化经济体系层面直接阐述。例如，现代产业体系、现代市场体系、收入分配体系、城乡区域发展体系、绿色发展体系等其他"五体系"与对外开放体系当然是一体的、相辅相成的，但是其他"五体系"本身是否涉及对外开放？现代化经济关系蕴含自立自强的含义，主要是逻辑上的蕴含关系，可以推理演绎，但也有一定的模糊性。如前所述，"现代产业体系"意味着在相对细分的产业分类意义上，意味着我们都能自主生产供应，但并不意味着每一个产品都要自给自足，那就完全违背国际贸易中的比较优势原则了。然而，"体系性"究竟要到什么程度？可能见仁见智。新发展格局的提法则将这里面的内外关系讲清楚了，即要以国内大循环为主体，国内国际双循环相互促进。

构建新发展格局，最本质的特征是要实现高水平的自立自强。这是对现代化经济体系中蕴含的自立自强思想的明确化和逻辑深化，讲清楚了自立自强与对外开放的关系。

反过来看，"构建新发展格局"这一大背景，对建设现代化经济体系的方向和重点也作出了限定，尤其是在现代产业体系、现代市场体系、全面开放体系等方面。

第一，在建设创新引领、协同发展的现代产业体系时，更强调自主创新。为此，《中共中央关于制定国民经济和社会发展第十四个五年规划和二〇三五年远景目标的建议》第一条重大举措就是科技创新，第二条就是突破产业"瓶颈"。必须把这个问题放在能不能生存和发展的高度加以认识，全面加强对科技创新的部署。

第二，在建设统一开放、竞争有序的现代市场体系时，更强调形成国内统一大市场，促进形成国内大循环为主的格局。市场资源是我国的巨大优势，必须充分利用和发挥这个优势，不断巩固和增强这个优势，形成构建新发展格局的雄厚支撑。

第三，在建设多元平衡、安全高效的全面开放体系时，更强调国内国际双循环相互促进。必须具备强大的国内经济循环体系和稳固的基本盘，并以此形成对全球要素资源的强大吸引力、在激烈国际竞争中的强大竞争力、在全球资源配置中的强大推动力。要加强国内大循环在双循环中的主导作用，塑造我国参与国际合作和竞争新优势。要重视以国际循环提升国内大循环效率和水平，改善我国生产要素质量和配置水平。要通过参与国际市场竞争，增强我国出口产品和服务竞争力，推动我国产业转型升级，增强我国在全球产业链、供应链、创新链中的影响力。

二、建设现代化经济体系是突破发展格局调整中难点问题的现实路径

构建新发展格局意味着发展格局调整，即从国际大循环为主体的发展格局调整为以国内大循环为主体、国内国际双循环相互促进的新发展格局。如何实现这一调整？难点何在？与建设现代化经济体系又是怎样的关系？要回答这些问题，我们首先需要分析国际大循环和国内大循环在结构上的差异。

（一）国际大循环的线性结构

从经济循环的角度看，改革开放以来尤其是加入世界贸易组织以来我国经济高速增长模式体现为国际大循环主导的模式，即以沿海城市为平台，依托其土地、公共设施，从境外进口高技术中间产品，从中西部地区吸纳廉价劳动力，生产、制造的产成品主要销往境外（见图6-1）。这样的判断并不意味着不存在国内循环。沿海城市生产的制成品当然也有相当部分在内地销售，中西部地区也生产大量的制成品。然而，这样的国内循环并不是经济高速增长的主导力量。

国际大循环的线性结构有以下几个基本特征。第一，经济联系主要是"中西部—沿海—境外"的线性联系，国内中西部地区之间联系弱，国内沿海城市之间联系也较弱，此即国内学界广泛讨论的"市场分割"。

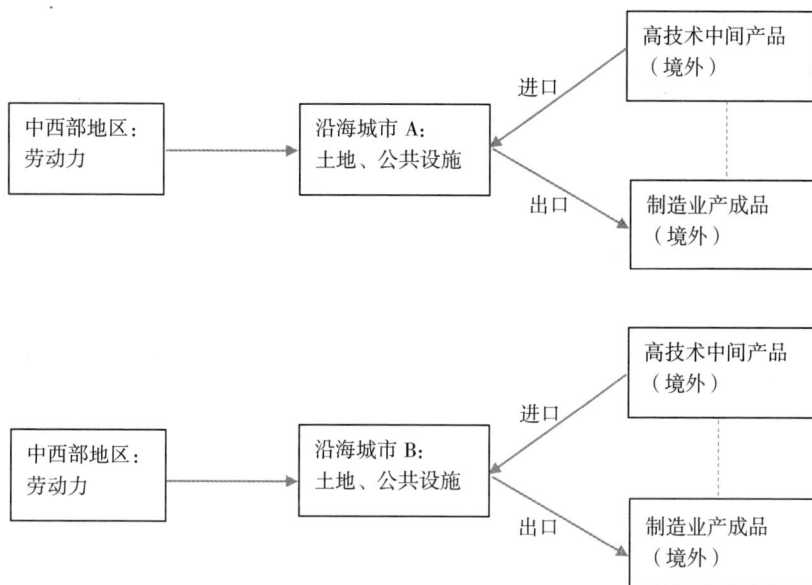

图 6-1　国际大循环的线性结构

资料来源：笔者根据理论分析制图。

第二，自主创新能力较弱。第三，城乡、区域利益形成了特殊格局：中西部、农村地区劳动力流向东部沿海城市，与沿海城市的土地、公共设施等结合。第四，两头在外，主要驱动力在国际市场。

这其中值得重点讨论的是由于"市场分割"导致的国内大循环不畅通。市场分割现象在实践中体现为通过歧视性的政策法规保护偏袒本地企业，使用各种行政手段干预市场价格的形成，直接设置贸易壁垒，限制外地商品进入，等等。[①] 陆铭和陈钊（2009）[②] 研究了邻省之间商品市场的分割对省级经济增长的影响，该文的经验研究发现分割市场对当

---

　　① 马草原、李廷瑞、孙思洋：《中国地区之间的市场分割——基于"自然实验"的实证研究》，《经济学季刊》2021 年第 21 卷第 3 期。

　　② 陆铭、陈钊：《分割市场的经济增长——为什么经济开放可能加剧地方保护》，《经济研究》2009 年第 3 期。

地即期和未来的经济增长具有倒"U"型的影响，对超过 96% 的观察点来说，市场分割有利于本地的经济增长；而且对经济开放程度更高的观察点来说，分割市场更可能有利于当地的经济增长。这说明地方政府的确在利用来自国际贸易的规模经济效应时放弃了国内市场的规模经济效应。现有关于市场分割的研究一般认为地区市场分割是一种"囚徒困境"，虽然可能有利于区域经济增长，但不利于总体的经济增长；不仅阻碍了国内市场的一体化进程，削弱了市场配置资源的效率，也延滞了区域协调发展战略的实现。①②③ 现有研究大多是经验研究，对于市场分割形成的理论机制探讨还不充分。

基于国际大循环线性结构，我们提出一些不同的理论分析。

（1）在看到国内市场分割的同时，应该看到中西部地区和沿海城市之间在产业链上的合作关系同时存在（见图 6-1）。现有关于国内市场分割的研究主要基于相对价格法，即由于任何妨碍自由贸易的政策都会影响地区间商品市场的正常套利，进而违背一价定律，导致地区间的商品价格呈现非一致性；进而通过观察地区间相对价格的离散程度及其时间趋势来推断市场分割程度的演化路径。④⑤ 这些研究还缺乏结合产业链的视角，由此得出的对市场分割的认识并不全面。

---

① 陆铭、陈钊：《分割市场的经济增长——为什么经济开放可能加剧地方保护》，《经济研究》2009 年第 3 期。

② 付强：《市场分割促进区域经济增长的实现机制与经验辨识》，《经济研究》2017 年第 3 期。

③ 马草原、李廷瑞、孙思洋：《中国地区之间的市场分割——基于"自然实验"的实证研究》，《经济学季刊》2021 年第 21 卷第 3 期。

④ 桂琦寒、陈敏、陆铭、陈钊：《中国国内商品市场趋于分割还是整合：基于相对价格法的分析》，《世界经济》2006 年第 2 期。

⑤ 陆铭、陈钊：《分割市场的经济增长——为什么经济开放可能加剧地方保护》，《经济研究》2009 年第 3 期。

（2）国内市场分割是特定时期中国加入国际大循环的产物，应当认识到在特定时期这种市场分割并未阻碍总体经济增长。

（二）国内大循环的网状结构

我们要构建的新发展格局将以国内大循环为主体。然而，国内大循环具有怎样的结构性特征？现有研究并不充分。我们认为，与国际大循环的线性结构不同，国内大循环则是网状结构，即劳动力、土地、技术、市场等要素均由国内不同地域合作供给，呈现为交叉网络特征（见图6-2）。[①]

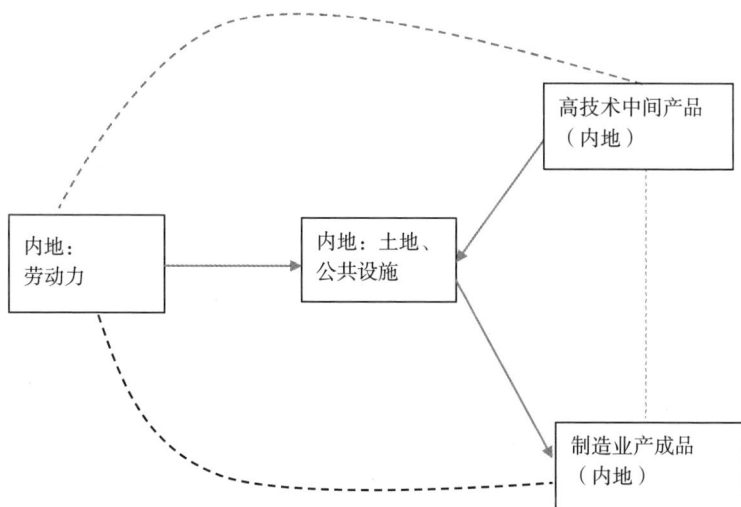

图6-2 国内大循环的网状结构

注：图中3条虚线表示提供劳动力、高技术中间产品、制造业产成品的可能是同一个内地城市。

资料来源：笔者根据理论分析制图。

与中国参与国际大循环形成的产业链相比，国内大循环呈现出更加复杂的关系。第一种可能是产业迁移，原有的线性结构向内延伸，即中

[①] 如果从全球视角看，国际大循环在整体上也应该具有网状特征。我们提出国际大循环是线性结构，是从中国视角，重点截取其中和中国相关的部分而得出的图景。

西部城市承担了原来沿海城市的角色，成为制造业平台；沿海城市尤其是沿海一线城市承担了原来境外的角色，转而提供高技术中间产品，并成为制造业产成品的主要市场。第二种可能是沿海城市重新分工：部分沿海城市继续承担了制造业平台的角色，另一些则承担了原来境外的角色，转而提供高技术中间产品，并成为制造业产成品的主要市场。无论是哪种情形，国内大循环结构上都更趋网络性质，纵横交错，而不再是参与国际大循环条件下的简单线性结构。

具体来说，国内大循环的网状结构有以下几个基本特征。第一，高技术中间产品的独立生产。第二，产成品主要依托国内大市场销售。第三，城乡区域的利益调整和重新定位：中西部地区和农村地区不再只是沿海城市的劳动力蓄水池，而是深度参与国内大循环，成为重要节点。第四，高水平对外开放，与国内形成双循环相互促进。

（三）发展格局调整的难点与现代化经济体系建设

从国际大循环为主导的高速增长格局，调整为国内大循环为主体的新发展格局，这意味着图6-1的模式要转变为图6-2的模式。不难发现其中有几个难点，而且这些难点的突破都有赖于现代化经济体系建设（见表6-1）。

表6-1　发展格局调整的难点与现代化经济体系建设

	发展格局调整的难点	建设现代化经济体系
1	高技术中间产品从依赖进口到独立生产	建设创新引领、协同发展的产业体系
2	产成品从出口导向到主要依托国内大市场销售	建设统一开放、竞争有序的市场体系；建设体现效率、促进公平的收入分配体系
3	城乡区域的利益调整和重新定位	建设彰显优势、协调联动的城乡区域发展体系；建设资源节约、环境友好的绿色发展体系
4	国内大循环为主体的情况下，对外开放战略的重新定位	建设多元平衡、安全高效的全面开放体系

资料来源：笔者根据理论分析制作。

第一，高技术中间产品从依赖进口转为独立生产。为此要建设创新引领、协同发展的产业体系，实现实体经济、科技创新、现代金融、人力资源协同发展，使科技创新在实体经济发展中的贡献份额不断提高，现代金融服务实体经济的能力不断增强，人力资源支撑实体经济发展的作用不断优化。

第二，产成品从主要供出口到主要依托国内大市场销售。为此要建设统一开放、竞争有序的市场体系，实现市场准入畅通、市场开放有序、市场竞争充分、市场秩序规范，加快形成企业自主经营公平竞争、消费者自由选择自主消费、商品和要素自由流动平等交换的现代市场体系。要建设体现效率、促进公平的收入分配体系，实现收入分配合理、社会公平正义、全体人民共同富裕，推进基本公共服务均等化，逐步缩小收入分配差距。

第三，城乡区域的利益调整和重新定位。为此要建设彰显优势、协调联动的城乡区域发展体系，实现区域良性互动、城乡融合发展、陆海统筹整体优化，培育和发挥区域比较优势，加强区域优势互补，塑造区域协调发展新格局。要建设资源节约、环境友好的绿色发展体系，实现绿色循环低碳发展、人与自然和谐共生，牢固树立和践行绿水青山就是金山银山理念，形成人与自然和谐发展现代化建设新格局。

第四，国内大循环为主体的情况下，对外开放战略的重新定位。为此要建设多元平衡、安全高效的全面开放体系，发展更高层次开放型经济，推动开放朝着优化结构、拓展深度、提高效益方向转变。

总体上看，要建设充分发挥市场作用、更好发挥政府作用的经济体制，实现市场机制有效、微观主体有活力、宏观调控有度。

第二节　相关案例研究：深圳

第一节提出两个理论观点。一是从思想史角度看，"构建新发展格局"是"建设现代化经济体系"这一提法中蕴含的自立自强逻辑的深化；构建新发展格局这一大背景，对建设现代化经济体系的方向和重点作出了限定。二是从现实角度看，加快建设现代化经济体系是实现发展格局调整的关键。为将抽象的理论阐述具体化，对现实和政策更有启发意义，本节我们基于一个城市案例，即典型的以国际大循环为主的城市——深圳——要如何实现发展格局调整，强调了建立现代产业体系，尤其是产业转移和替代的作用。

一、国际大循环为主的深圳高速增长模式

北京、上海、广州、深圳被称为"一线城市"，但在这四个一线城市中，深圳是独一无二的，其崛起成为大城市完全是改革开放的产物。从经济循环视角，我们将深圳改革开放以来的经济增长特征总结为国际大循环为主的高速增长模式。具体来说，就是以深圳的土地为依托，从东盟、中国台湾等地进口高技术中间产品（集成电路等），从中国内地输入劳动力资源，联合生产、制造产品，再出口到美国、欧盟等发达国家和中国香港地区。这正是图 6-1 所示国际大循环线性结构的典型例证。

2019 年 8 月，《中共中央　国务院关于支持深圳建设中国特色社会主义先行示范区的意见》发布，标志着深圳改革发展进入了新阶段。我们不妨基于该文件发布之前的 2018 年统计数据，简单阐释该模式的几

个关键特征。①

第一，外贸出口依存度高，是典型的出口导向型经济。2018 年，深圳商品进出口总额 29983.7 亿元，外贸依存度为 123.8%，而且外贸出口依存度为 67.2%。

第二，外来人口占比高。深圳市外来人口占比达 65%。来自内地的劳动力为深圳经济增长作出了巨大贡献。

第三，辖区面积小，建成区比例高，土地利用趋于饱和状态。深圳市辖区面积为 1997 平方公里，在四个一线城市中是最小的；建成区比例最高，2018 年已经达到 46.4%。

第四，第二产业占比较高；工业结构相对单一，计算机、通信和其他电子设备制造业占比约六成。四个一线城市的人均 GDP 换算成美元均在 2 万美元以上，已达到发达国家和地区的水平。北京、上海和广州的产业结构和发达国家一致：第三产业占比七成或以上，第二产业占比降到三成以下。但是，深圳第二产业和第三产业占比分别为四成和近六成，与全国平均水平差别不大，与发达国家区别明显。深圳就业人员总数中制造业占一半。规模以上工业总产值构成中，计算机、通信和其他电子设备制造业排第一，2018 年占比高达 59.8%；排名第二的电气机械及器材制造业占比仅为 8.1%。

这四个特征不是孤立的，而是互补的。深圳的出口导向型经济与其制造业占比高度关联，因为制造业的可贸易程度远远高于服务业；高占比的制造业能够吸纳大量产业工人，从而吸引大量外来人口。同时，制造业对厂房等的要求使其土地开发一直处于较高的水平，建成区比例高。

出口导向型经济的深圳，表面来看其进出口方向是不对称的：进口

---

① 以下所引深圳数据均来自《深圳统计年鉴（2019）》，中国统计出版社 2019 年版。

来源地主要是中国台湾、东盟、韩国，出口目的地则主要是中国香港和美国。出口到中国香港和美国的货物总额占全部货物出口额的一半以上。如果从国际大循环的视角来看，集成电路是深圳进口的第一大商品，2018年集成电路进口额高达582.8亿美元，仅此一项就占深圳全部进口商品金额的三分之一以上（34.3%）。深圳市集成电路直接进口来源地是中国台湾地区、韩国和东盟。但是这些进口来源地只是集成电路的直接生产地，其技术源头仍然在美国。

二、国际大循环为主格局面临的问题

数十年高速增长之后，深圳面临国际大循环不畅通、内生动力减弱等问题。

第一，受新冠肺炎疫情等多重外部因素影响，外部需求动荡，国际大循环不再畅通。2018年以来，尤其是全球蔓延新冠肺炎疫情以来，深圳的进出口业务受到直接且巨大的影响。进口方面，由于制造业关键技术缺乏，集成电路等高技术产品进口需求持续增加。前文提到，计算机、通信和其他电子制造业是深圳第一大工业产业，在工业总产值构成中占比高达六成；但是恰恰在这个最重要的产业，深圳面临关键技术缺乏的问题，尤其是集成电路严重依赖于进口。集成电路的进口直接来源地是中国台湾、东盟，但后者在关键技术上受制于欧美；当前形势下进口难度增大。

第二，土地空间限制和劳动力成本高企，减弱内生发展动力。深圳市建成区面积已超过46%，剩下的基本上都是生态控制区。需要盘活土地存量，提高土地利用效率。此外，根据历年《深圳统计年鉴》提供的数据，深圳市2000年制造业在岗职工年名义平均工资为1.9万元，而这一指标在 2017 年按 2000 年物价水平计算是 5.9 万元，扣除物价水平后 17 年间工资仍增长 3 倍，年均增长率高达 6.7%。劳动力市场上多年供大于求的局面已经结束，2007—2008 年次贷危机后深圳市制造业工资持续、高速上涨已经成为常态。

三、建设现代化经济体系，打造深圳新发展格局

深圳如何构建新发展格局？我们建议的思路是从国际大循环为主转变为国内国际双循环相互促进。中央提出"加快形成以国内大循环为主体、国内国际双循环相互促进的新发展格局"，这是从全国总体战略部署的高度谈的；具体到不同城市，应该可以各有侧重。深圳过去 40 多年形成了以国际大循环为主体的高速增长模式，当前要转型升级；但这并不是完全抛弃已有的经济基础，而是从国际大循环为主转变到更加注重国内国际双循环相互促进，真正实现"先行示范区"的对内示范带动作用。

从国际大循环为主转变到更加注重国内国际双循环相互促进，一个重要抓手是建立现代产业体系，实现产业转移和替代。首先，产业转移是经济规律，不以人的意志为转移。由于土地空间限制、人力成本高企，近十年来已经出现了深圳制造业内迁东莞、惠州等地的趋势。深圳的产业结构最终也会与北京、上海、广州等一线城市趋同，服务业占比达到七成以上；这意味着第二产业占比在现有基础上还会下降一成。由于服务业生产和消费更多地具有本地化特征，深圳的外贸出口依存度将大幅度降低。如果顺利实现产业转移和替代，对国际大循环的依赖也会降低。其次，实现产业转移和替代，发展现代服务业不仅是深圳建设现代化经济体系的内在要求，也是全面建设"先行示范区"的体现。落

实《中共中央　国务院关于支持深圳建设中国特色社会主义先行示范区的意见》要求，深圳率先塑造展现社会主义文化繁荣兴盛的现代城市文明需要发展更具竞争力的文化产业和旅游业，率先形成共建共治共享共同富裕的民生发展格局需要提升教育医疗事业发展水平，率先营造彰显公平正义的民主法治环境需要破除一系列不利于服务业发展的不合理管制，率先打造人与自然和谐共生的美丽中国典范需要大力发展绿色产业，淘汰一批高污染、高能耗的制造业。与此同时，大力发展战略性新兴产业，在未来通信高端器件、高性能医疗器械等领域创建制造业创新中心。

然而，产业转移和替代也是一个"惊心动魄"的过程。欧洲、美国、拉美正反两方面的经验教训表明，产业转移和替代做得不好会导致"城市病"：大规模制造业迁出了，低端服务业聚集进来了；经济增速降下来了，效率也降下来了，质量没有提上去。这种状态很可能发生，一个重要原因在于"高端服务业"包括科学咨询、专业服务业（律师、会计师服务等）、健康服务业、教育服务、文化产业等，在各国都是受到高度管制的行业，行业进入受限，不容易发展起来。以医疗行业为例，虽然鼓励社会办医的政策文件不少，但当前社会办医仍面临许多实质上的体制机制障碍和"玻璃门"，发展受限。

顺应产业转移趋势，形成以现代服务业为核心的现代产业体系，需要在科教文卫等行业打破不合理管制，进一步推动供给侧结构性改革。党的十八届三中全会提出"要发挥市场在资源配置中的决定性作用，更好发挥政府作用"。2019年《中共中央　国务院关于支持深圳建设中国特色社会主义先行示范区的意见》也提出"在遵循宪法和法律、行政法规基本原则前提下，允许深圳立足改革创新实践需要，根据授权对法律、行政法规、地方性法规作变通性规定""扩大优质医疗卫生资源供给，鼓励社会力量发展高水平医疗机构，为港资澳资医疗机构发展提供便利"。过去，深圳在制造业改革开放中起了先行示范作用，造就深圳奇迹；今天，打破不合理管制，放松准入，促进现代服务业竞争发展，深圳应该而且可以再次发挥先行示范作用，成为高质量发展的全国典范。

（执笔人：杜创）

下　篇

构建新发展格局的政策体系

第七章

新发展格局下需求侧管理与供给侧改革动态协同

　　党的十九届五中全会将形成强大国内市场、构建新发展格局作为"十四五"时期一项重大任务提出，要求"坚持扩大内需这个战略基点，加快培育完整内需体系，把实施扩大内需战略同深化供给侧结构性改革有机结合起来，以创新驱动、高质量供给引领和创造新需求"。2020年12月18日中央经济工作会议进一步强调以扩大内需为战略基点，加快构建以国内大循环为主体、国内国际双循环相互促进的新发展格局，特别提出要紧抓供给侧结构性改革这条主线，同时"注重需求侧管理"。这既是中央应对日益复杂的国际国内形势所作出的重大战略部署，也是继2015年中央经济工作会议首提"供给侧结构性改革"后，首次提出"需求侧管理"。那么，在构建新发展格局下，提出"需求侧管理"有何深意？需求侧管理为什么以及如何与供给侧结构性改革有机结合起来，形成供需两侧高效协同、动态平衡的长效机制，最终加速构建国内大循环为主体、国内国际双循环相互促进的新发展格局呢？这是未来中国经济发展的重大政策实践问题，也是中国特色社会主义政治经济学需要关注的重大理论问题。

第一节 加快构建新发展格局的提出及其背景

党的十九届五中全会提出加快构建以国内大循环为主体、国内国际双循环相互促进的新发展格局，在整个"十四五"规划建议中具有纲举目张的作用，这是对未来经济发展战略和路径作出的重大调整完善，是事关国家长治久安的重大战略部署，对于我国实现更高质量、更有效率、更加公平、更可持续、更为安全的发展以及促进世界经济繁荣都将产生重要和深远的影响。新发展格局的提出，意味着我国经济政策导向和经济背景出现了以下三方面变化。

一是新发展格局意味着我国要在继续坚持对外开放、推进高水平的对外开放前提下，强调扩大内需、形成强大国内市场。这与当前国际市场增长乏力、庞大国内市场条件基本具备的大背景变化直接相关。国际金融危机以来，国际经济环境日趋复杂，不稳定性因素也明显增多，逆全球化思潮涌动，单边贸易保护主义、民粹主义盛行，"黑天鹅"事件频发，特别是，2020年暴发的新冠肺炎疫情在全球范围内蔓延，全球各国的供应链、产业链均受到一定程度的冲击。在此背景下，我国需要更加强化产业链和供应链在本土的建设，外需疲软要求我国必须坚持以自我经济为主导，搭建国内国际双循环新发展格局，同时加强需求侧管理，眼光向内，挖掘和扩大内需，形成强大的国内市场，保持经济的平稳运行，这样才有能力并且有效应对复杂的国际环境所带来的风险和挑战。不仅如此，经过多年快速发展，我国已经具备了形成庞大内需市场的基本条件，2020年我国GDP总量已经超过100万亿元人民币，是世界第二大经济体、制造业第一大国、商品消费第二大国，已经形成了超大规模的大国经济基础。从生产供给角度看，我国具有最完整、规模最大的工业供应体系，拥有 39 个工业大类、191 个中类、525 个小类，成为全世界唯一拥有联合国产业分类中全部工业门类的国家。我国产业链、供应链和消费市场具有满足规模经济、集聚经济要求的条件，具备依靠国内经济循环为主的经济效率基础。从消费需求看，我国具有 14 亿多人口、4 亿中等收入群体的规模广阔、需求多样的国内消费市场。

二是形成新发展格局要求在继续抓住供给侧结构性改革这个主线的同时，要注重需求侧管理，形成供需之间动态匹配从而畅通经济循环。当前我国经济运行问题不仅表现在供给侧结构性方面，还表现在需求侧的有效需求不足，这种背景下必然要求供给侧结构性改革与需求侧管理有机结合。当前宏观经济恢复基础仍不牢固，产能过剩、企业负担过重、宏观杠杆率增速过快，虽然目前得到有效控制但问题仍然较为突出。根据相关统计数据，如 2020 年第三季度我国工业产能利用率为 76.71%，略高于 2015 年第一季度的 74.22%；经过"去杠杆"后，宏观杠杆率增速得到控制，但 2020 年新冠肺炎疫情期间快速上升，目前已高达 270.10%；企业总成本在 2020 年年底上升到接近 2015 年年初的水平。[1] 深层次原因在于供给侧的要素分配仍然效率低下，结构错配问题尤其严重，因此供给侧结构性问题依然是当前经济运行的主要矛盾所在。同时，需求侧的有效需求不足、结构性错配等问题日益凸显，甚至成为制约供给侧结构性改革继续深入推进的重要因素，2015—2020 年我国出口额波动幅度大、不稳定，社会消费品零售总额累计同比增速从 2015 年第一季度的 10.56% 下降到 2019 年第四季度的 8.00%[2]，可见国内消费需求增速长期处于下降趋势，且房地产和基建投资增速常年高于民间固定资产投资，投资需求过于依赖房地产和基建。因此，在构建国

---

① 资料来源：Wind 数据、国际清算银行（BIS）。

② 资料来源：Wind 数据库。

内大循环的背景下，解决需求侧问题显得至关重要。

三是新发展格局下扩大内需的重点应该是使经济增长从投资驱动主导转向消费驱动主导。这种转变又与我国经济发展阶段需要跨越"中等收入陷阱"①向高收入迈进的要求有关。从社会再生产理论高度看，生产与消费是两个联系紧密的环节，二者之间的良性循环、有机结合对我国跨越"中等收入陷阱"至关重要。回望历史，全球100多个中等收入经济体中仅有十几个迈过"中等收入陷阱"成为高收入经济体，巴西、墨西哥、菲律宾等国家长期处于中等收入经济体，我国也面临如何走出"中等收入陷阱"这一挑战。长期以来，注重外需拉动型经济增长模式也仅使我国在全球价值链体系中嵌入到技术含量和附加值均较低的生产组装制造环节，这虽然可以支撑我国从低收入经济体步入中等收入经济体，但不足以继续支撑我国走向高收入国家行列。故此，我国要想跨入高收入国家行列必须进行内需市场升级，通过需求侧管理建立以本国企业自主创新能力提高和中高端市场需求扩张相互支撑来跨越"中等收入陷阱"。从经济理论与现实结合角度看，为了刺激经济增长，传统凯恩斯主义提倡采用积极的货币政策和财政政策直接刺激投资、需求和出口，这种方法在短期内特别是经济处于低谷时期确实可以取得显著的效果。但对于我们所熟知的"出口、投资、消费"这"三驾拉动经济增长的马车"中，投资对经济刺激最为显著。特别是，长期以来我国实行的是"投资推动型"经济发展模式，但是，这种投资于老基建、房地产的债务驱动型经济增长模式难以为继，其主要原因在于，一方面，这势必带来债务压力攀升，如2019年我国融资付息率已经达70%，可见，债务风险不断累积剧增；另一方面，投资效率逐年下降和投资边际报酬不

---

① "中等收入陷阱"最早是2006年由世界银行正式提出的，之后［加］仓特（Garrent，2004）对此进行了更为深入的解读，随即引起了理论界和业界的广泛关注和讨论。

断递减，造成了资源浪费和资产配置扭曲。因此，对需求侧进行管理，要从投资驱动主导转向需求驱动主导。

第二节　21世纪以来中国宏观经济调控政策的演进阶段

理论上，市场经济内在关系即是由供给和需求构成的，供给必须以需求为目标，需求又必须依赖供给，相伴相生，二者之间是辩证统一的关系。因此，供给学派提出的供给侧政策和凯恩斯主义提出的需求管理虽然强调的重点不同，但均是宏观经济治理的重要抓手，实践中，需求侧管理和供给侧结构性改革也不是各自独立运行的，政策当局根据经济运行的主要矛盾变化，有侧重地运用供给侧和需求侧手段，引导需求与供给达到匹配与平衡。一个经济体在进行宏观调控时的基本方法都是从需求端和供给端着手，而当一个经济体处于不同发展阶段时，由于供给与需求之间作用途径不同决定了二者在不同阶段扮演的角色、发挥的作用不同。可见，需求侧管理和供给侧结构性改革之间存在同时进行、动态协同的关系。事实上，中国在供需两侧的宏观经济治理方面具有丰富的实践经验，在不同的发展阶段，供给侧和需求侧的宏观经济治理各有侧重且互为主次，呈现一种动态协同的关系。21世纪以来，中国宏观经济调控的政策导向处于不断演变之中，从供给政策和需求政策角度看，大体可以划分为三个阶段。

第一阶段是2000—2014年，宏观调控特征是投资驱动的扩大总需求政策主导。根据国际经验，当一个经济体处于较低的发展水平时，此时经济处于快速追赶阶段，因此通过投资来拉动经济增长效率较大。在改革开放经济发展初期，国内生产尚未融入全球产业链中，国民收入较低、储蓄不足，从而使投资动力不足，在外需不足、内需乏力困局之下，我国政府通过大量投资于铁路公路、钢铁等老基建和房地产来拉动经济增长。21世纪以来，随着我国加入世界贸易组织，并积极参与到全球一体化的发展进程中，同时对内积极进行经济体制改革，制度红利使经济增长保持较强的韧性，此时，经济发展进入"增量时期"。2001—2010年，我国经济年平均增速高达百分之十几，投资对GDP贡献率长期维持在40%以上，部分年份如2003年、2004年、2009年更是高达60%，可谓是我国经济发展的"黄金十年"。国际金融危机爆发后，我国采取了需求侧刺激政策，通过"4万亿"经济刺激计划来熨平经济波动，直到2014年，我国仍然启动大量可持续稳投资的基础设施项目建设，包括水利项目、铁路建设以及棚改计划等。可见，在大部分时期，我国政府仍然是通过需求端刺激经济增长。

第二阶段是2015—2020年，宏观调控的特征是经济新常态背景下供给侧结构性改革政策主导。虽然通过扩大投资可以刺激经济快速增长，但是后续也会带来政府债务恶化、杠杠率一路走高和债务风险不断积累，投资效率逐步降低等一系列问题，经济发展难以继续依靠投资维持高速增长。一方面，从2013年起，我国进入了经济增长的"存量时代"，投资拉动经济高速增长的模式难以为继。特别是，经过十几年的基建投资，我国工程机械、铁路里程、汽车保有量等已经处于全球高位，因此，继续扩容的空间有限，此外，传统的采掘、煤炭行业的产能和效率也逐年下降。另一方面，2011年消费对经济增长的促进作用就已经逐渐显现出来了。换言之，我国经济驱动核心的转移已初步显现，2019年我国最终消费对经济增长的贡献率已经超过50%，高达57.8%，虽然与发达国家相比仍然存在一定差距，但是，消费对我国经济增长的贡献连续六年占据榜首，更进一步表明消费对驱动经济增长具有十分重要的作用。在这样的国内环境之下，我国经济发展中供需不匹配、供给侧不能满足需求的矛盾逐渐凸显，长期以来，我国企业习惯于"订单式"的生产方式来满足国外贸易需求，并采用"低价格、低质量"的产品生产来满足国内消费者需求，这就造成了我国企业面临以中间产品为主的对外贸易增速下滑，同时又无法满足国内消费者需求的窘境，势必将我国具有较大消费潜力和空间的中高端消费市场拱手让与国外企业。因此，在我国这种供给侧自主生产能力远不能满足需求侧转型升级时期，2015 年中央经济工作会议提出供给侧结构性改革，指出我国进入经济新常态，经济结构矛盾较为突出，主要矛盾是供给与需求不匹配、不协调和不平衡，矛盾主要方面不在需求侧，而在供给侧。因此，宏观经济调控在战略上坚持稳中求进、把握好节奏和力度，做好打持久战的准备；在战术上要抓好"去产能""去库存""去杠杆"、降成本、"补短板"五大任务，也就是所谓的"三去一降一补"。之后，供给侧结构性改革作为经济工作主线，其政策内涵也在不断深化。2017 年中央经济工作会议进一步将"三去一降一补"政策延伸为"降""破""立"——大力破除无效供给、大力培育新动能、大力降低实体经济成本。2018 年供给侧结构性改革政策进一步被概括为"巩固、增强、提升、畅通"的八字方针——巩固"三去一降一补"成果、增强微观主体活力、提升产业链水平、畅通经济循环。

　　第三阶段是 2021 年以后，该阶段宏观调控的特征将是围绕构建新发展格局、以供给侧结构性改革为主线，同时注重需求侧管理的政策协同。进入"十四五"时期，加快构建以国内大循环为主体、国内国际双循环相互促进的新发展格局，成为未来中国经济发展的重大战略和路径。与以往不同，新发展格局战略强调的是经济循环，更具有系统性和动态性，更能反映经济活动的本质。"新发展格局"的战略含义在于把发展的立足点更多地放到国内来，通过畅通国内大循环为中国经济发展培育新动能、进一步提高中国经济发展质量，从而主动加速国际大循环、带动世界经济复苏，最终形成以国内大循环为主体、国内国际双循环相互促进的新发展格局。畅通国内经济大循环、形成"国内大循环为主体"的新发展格局，无疑要坚持扩大内需战略基点，加强需求侧管理。但是，形成新发展格局的政策内涵不能仅仅理解为通过需求侧管理来扩大总需求。如果将形成"新发展格局"经济理解为扩大总需求政策，那么就意味着这个"新发展格局"并不"新"。在2006年"十一五"发展规划中就强调立足扩大国内需求特别是消费需求作为基本点，促进经济增长由主要依靠投资和出口转向消费与投资。实际上，畅通国内经济大循环、形成"国内大循环为主体"的新发展格局，其政策内涵还包括深化供给侧结构性改革。2018年12月中央经济工作会议提出供给侧结构性改革的政策重点是"巩固、增强、提升、畅通"的八字方针，其中"畅通"就是要求畅通国民经济循环，加快建设统一开放、竞争有序的现代市场体系、提高金融体系服务实体经济能力，形成国内市场和生产主体、经济增长和就业扩大、金融和实体经济良性循环。在这个意义上，通过畅通国内经济循环形成"新发展格局"，其政策内涵就是供给侧结构性改革的深化。因此，畅通国内经济循环、形成新发展格局，不仅仅是通过需求侧管理来扩大总需求，还必须坚持供给侧结构性改革这条主线，通过供给侧结构性改革与需求侧管理的动态协同，提升供给体系对国内需求的适配性，形成需求牵引供给、供给创造需求的更高水平的动态平衡。

第三节　新发展格局下需求侧管理与供给侧结构性改革动态协同关系分析

要认识新发展格局下需求侧管理与供给侧结构性改革的协同关系，首先需要深入分析二者的政策内涵。供给侧结构性改革的政策内涵已经逐步达成共识，无须更多赘述。但在构建新发展格局进程中，"需求侧管理"的政策内涵需要深入讨论。"管理"一般指围绕高效率实现目标所进行的一系列计划、组织、协调、控制等活动。"管理"也涉及制度创新的"改革"活动，甚至对"改革"过程必须进行"管理"。也就是说，"管理"是任何组织的日常活动或者职能，从性质上讲更加"中性"，而"改革"则更加强调制度的创新和改变。例如，企业管理与企业改革便是一对在目标选择和侧重点上互有交叉但又相互区别的概念。故此，需求侧管理虽然也具有改革的功能，但其内涵重点是从宏观经济调控角度对投资、消费和进出口等需求侧的各个变量进行管理的日常活动。而宏观经济调控的目标是力求宏观经济的平稳运行和循环畅通。也就是说，需求侧管理的要求是围绕需求侧的各个变量进行管理以保证经济循环畅通、经济平稳运行。在新发展格局战略下，要进一步畅通国内经济大循环，实现更高水平的相互促进的国内国际经济双循环。从构建新发展格局这个目标要求和我国经济运行现状来看，我国经济运行问题既有周期性因素也有结构性因素，但主要以结构性为主，且主要矛盾出现在供给侧，这要求坚持供给侧结构性改革这条主线；但是需求侧方面的有效需求不足的问题日益突出，需要在短期内通过管理手段止住投资、消费持续下降的趋势，并与改革手段相配合促进消费升级，优化投资结构，完善收入分配制度、消费体系和投资环境，从长期视角化解需求不足的结构性问题。也就是说，围绕新发展格局要求的经济运行的经济循环畅通，需要短期与长期、需求与供给、管理与改革的综合施策，这就要求供给侧结构性改革和需求侧管理动态协同。

需求侧管理与供给侧结构性改革的动态协同并不是无的放矢，两者都需要围绕促进经济高质量发展、构建新发展格局展开。新发展格局，其要义在于实现经济的高质量增长，核心牵引力在于培育成熟的国内、国际双循环系统，特别是要转变过去"两头在外"①的经济循环模式，构建和依靠以国内大循环为主，国内国际双循环相互促进的"产销在内，内外兼修"的新发展格局。从机制上看，经济高质量发展要求供需两侧达到更高水平均衡，即形成"需求牵引供给、供给创造需求"的发展机制。经历过"十三五"时期的"三去一降一补"，供给侧的落后产能得到有效去除，新的高质量经济增长动能破茧而出，因此，"十四五"时期供给侧结构性改革的方向应着重于实现产品和产业升级。我国庞大的经济体量和人口规模使国内消费市场拥有明显的开发潜力，因此在继续推进高水平开放的同时，创造国内需求是新阶段供给侧结构性改革的重要抓手，重点任务就在于通过技术创新、高科技产品的进口替代、服务水平的提高来激发国内市场潜力，创造新的更高质量的需求。与此同时，新的需求需要匹配更完善的市场环境和消费能力。通过需求侧管理进一步提升需求能力，促进需求升级，最终又会牵引供给升级，形成"国内供给升级→满足国外需求、创造国内需求→国内需求升级→引领供给进一步升级"的经济高质量发展机制，最终实现供给侧结构性改革和需求侧管理的有机统一和高效协同的新发展格局。

虽然从需求侧管理入手扩大内需战略，并不是全新的战略，其政策

---

① "两头在外"指的是原材料和产品销售市场在国外，中间生产加工环节在国内的经济循环模式。

工具也十分丰富。但是，在构建新发展格局下，需求侧管理政策内涵却有匹配供给侧结构性改革的内在要求。也就是说，需求侧管理为了全面兼顾经济高质量发展的短中长期政策目标，必须坚持以供给侧结构性改革主线为前提，必须与供给侧结构性改革相协调，形成与供给侧结构性改革高效协同、动态平衡的宏观经济调控体系，这就给需求侧管理提出了一系列新的要求。具体而言，新发展格局下需求侧管理与供给侧结构性改革动态协同对需求侧管理的新要求可以提炼为以下三点：

一是新发展格局下需求侧管理需要紧扣经济发展中结构性问题，做到更加精准有效。构建国内大循环需要从供给侧和需求侧同时发力，更重要的是，要将供需两侧的结构性问题结合起来考虑，集中力量解决阻碍实现更高水平供需平衡的堵点和"短板"。长期以来，中国供给侧结构性问题主要体现在资本、劳动力、土地、创新等要素资源的结构性错配上，形成资源过分集中于传统高能耗低附加值产业、房地产和金融行业，导致创新投入相对不足、中小微企业融资成本高等问题。经过上一阶段"十三五"时期的供给侧结构性改革，淘汰落后产能、降低企业负担、控制宏观杠杆率均取得明显成效，但科技创新、产业升级进程较慢，经济增长的新动能还不成熟、不强大。从国内大循环的角度看，需求侧的有效需求不足是制约供给侧结构性改革的突出因素，一方面存在需求总量上的不足，投资增长仍主要来自房地产投资和基础设施投资，高新技术产业、教育和卫生投入虽然增速较高但占比偏低①；最终消费

---

① 2019年，高新技术产业投资完成额（由于国家统计局只公布了高新技术产业投资完成额的累计同比数据，因此采用固定资产投资完成额：制造业中的医药制造业、计算机、通信和其他电子设备制造业、铁路、船舶、航空航天和其他运输设备制造业、电气机械及器材制造业的累计完成额加总得到的数据近似替代高新技术产业投资完成额，并采用高新技术产业投资完成额的累计同比数据换算得到各年度的高新技术产业投资完成额）占比为7.46%，仅比2015年增加了2.13个百分点。

上，当前城乡之间、企业和家庭之间以及高储蓄家庭与中低储蓄家庭之间的消费能力的差异越来越大。另一方面存在需求与供给的错配，例如高端消费需求旺盛与高端服务、产品供给不足的错配；热点区域的房地产、新型基建需求旺盛而供给不足的错配。可见，当前需求侧管理不能简单地理解为大规模需求刺激，进行总量管理，其真正的要义应该是紧扣结构性问题，因题施策，做到更加精准有效，这也是推动下一阶段更深层次的供给侧结构性改革所赋予的新内涵。

二是新发展格局下需求侧管理在扭住供给侧结构性改革这个主线前提下要更加积极有为。经济学理论认为宏观经济治理需要兼顾经济增长、充分就业、通胀稳定、国际收支平衡四大目标，在中国的宏观经济治理目标上，无论是"去杠杆""稳增长""抑泡沫""防通胀"还是"六稳""六保"，同样体现出兼顾多重政策目标的思路。经济高质量发展新格局下，兼顾多重政策目标、重点解决经济运行中的突出问题，需要需求侧管理和供给侧结构性改革的高效协同。也就是说，要紧紧扭住供给侧结构性改革这条主线，注重需求侧管理。但是，坚持以供给侧结构性改革为主线，并不是需求侧管理的被动适应，而应该要更加积极有为，针对供给侧结构性问题灵活调整需求管理政策，以需求侧的结构性政策匹配供给侧结构性改革。例如，在投资方面，并不是说强调供给侧结构性改革、实现经济增长从投资驱动导向转向消费驱动导向就不再注重投资，而是要看如何投资。新发展格局下，扩大内需应该更加注重"补短板"和"促升级"的有效投资，所谓"补短型"投资，是指针对发展中不平衡的领域进行的投资，这类投资有助于提高国民经济运行的协调性、疏通国民经济循环的堵点，从而畅通经济循环扩大经济流量，主要包括基础设施、民生事业、区域协调、生态保护等领域；所谓"升级型"投资，是指针对未来经济现代化发展方向进行促进经济高级化现代化的投资，旨在从国民经济循环角度提供经济循环的新动能，培育经济新增长点，从而增强经济循环动能、提高经济循环水平，重点方向包括新型基础设施建设投资和制造业高质量发展投资。也就是说，需求侧管理更为积极发力，但积极发力不仅仅是"做量"，而应该要主动触及深层次的改革问题，在深度和力度上和供给侧结构性改革保持协调。

三是新发展格局下需求侧管理围绕扩大内需应该兼顾短、中、长期目标做到保持中性适度。需求侧管理必须要紧紧扭住扩大内需这个战略基点，当前内需已经成为拉动中国经济增长的绝对主力，其中最终消费对 GDP 增长的贡献率达到六成以上①，不过从中长期历史走势看，投资需求增速和消费需求增速均呈现下滑趋势，甚至在 2020 年前三季度，固定资产投资完成额和社会消费品零售总额累计同比增速分别跌至 –6.13% 和 –12.53%，可见扭转内需增速下滑趋势具有现实迫切性。同时，需求侧管理还要在中期上促进消费升级，完善投资结构，通过需求升级牵引供应链和产业链发展，此外，供给侧结构性改革的长期性也需要需求侧管理兼顾长期的制度性改革任务。同时兼顾多阶段目标，这就要求需求侧管理要比以往更加中性和适度，运用当期政策解决迫切性问题的同时，要前瞻性地考虑对中长期的影响；把握政策力度，与供给侧结构性改革的力度和节奏紧密结合起来。

---

① 2019 年第四季度投资和消费对 GDP 增长累计同比贡献率达到 89.00%，其中消费累计同比贡献率达到 57.8%。在 2015—2019 年，消费年平均累计同比贡献率也高达 63.34%。

第四节 需求侧管理与供给侧结构性改革
动态协同面临的关键问题

加快构建新发展格局，面临的主要问题是经济循环不畅。为了畅通经济循环，需要供给侧结构性改革和需求侧管理协同推进"打通堵点，补齐短板"，这里的"堵点"和"短板"主要指阻碍生产、分配、流通、消费各环节畅通循环的主要因素。这四大环节构成内需经济体系的完整系统，其中生产和分配环节主要集中在供给侧，而流通和消费环节则主要集中在需求侧。也就是说，对于需求侧管理来说，需要与供给侧结构性改革协同起来重点解决阻碍流通和消费环节运行的堵点和短板，在以下几方面堵点和短板表现得十分突出。

一是行业垄断和地方保护是阻碍要素流通的重要因素。我国政府一直致力于建设国内统一开放的市场，然而地方保护、行业垄断导致市场分割，竞争不充分的现象依然存在。特别是，《反垄断法》实施十年来，显性垄断行为逐渐减少，但是更隐形的、更复杂的垄断和地方保护行为仍然是阻碍要素流通的重要因素。2019 年国家提出"要加快建设统一开放市场，打破地域分割和行业垄断，营造标准互认的市场环境"。①党的十九届五中全会也强调，畅通国内大循环要打破行业垄断和地方保护。当前，政府长期依赖行政补贴调控产业结构，行政干预的有形之手对市场的影响仍然很大，市场准入、技术壁垒和资本垄断都在或明或暗中加重了行业垄断现象，区域间的经济竞赛也加剧了地方保护行为。因此，应该减少政府干预，调整产业政策，特别是要在完善产权保护和市

---

① 2019 年 2 月国家发改委发布的《关于培育发展现代化都市圈的指导意见》提出，要加快建设统一开放市场，打破地域分割和行业垄断，营造标准互认的市场环境。

场诚信体系建设上下功夫，打破行业垄断和地方保护造成的要素流通不畅状况。

二是流通环节的现代化建设是流通环节顺畅运转的主要"短板"。流通体系是畅通国内外经济双循环的"大动脉"，流通产业已经成为国民经济的支柱产业。[①] 随着产业升级，以及供给侧结构性改革的进一步深入，对流通环节现代化建设提出了更高要求，但目前我国流通环节仍然存在不少堵点，主要存在于以下两方面：一是流通体系未完全覆盖所有经济环节。流通体系建设存在薄弱环节和盲点，缺乏对流通网络布局的顶层设计，特别是城乡流通体系发展不均衡，农村流通的"最后一公里"未完全打通。冷链物流、应急物流等专业流通服务存在明显短板，效率低、成本高问题较为突出，影响了产业链、供应链安全。二是流通体系的智能化、标准化、国际化程度不高，现代化建设程度滞后。当前流通业仍处于粗放型发展阶段，智能化水平不高，虽然行业竞争激烈，但服务同质化现象明显，特别是在低碳节能、绿色高效上对生产与消费的引导不足。此外，国内市场进一步开放背景下，我国流通业标准化程度较低，国际业务占比少，缺少有国际话语权的代表性流通企业。

三是城乡分割、人口流动不畅是妨碍流通效率进一步提高的关键堵点。人口流动是否畅通关乎劳动力要素的配置效率，我国人口流动长期存在农村向城镇转移的单向流动现象，一方面造成了城市人口负担过大，另一方面又制约了农村发展，因此需要推动城乡融合发展，着力破解影响城乡融合发展的体制机制障碍，促进劳动力要素自由流动和公共

---

① 2020年9月，习近平总书记在中央财经委员会第八次会议上提出"流通体系在国民经济中发挥着基础性作用，构建新发展格局，必须把建设现代流通体系作为一项重要战略任务来抓"。

资源合理配置。^① 目前，我国城乡发展差距日益拉大，人才过多集中于大城市，带动了生产资料也向城市集中，极不利于农村的发展，特别是户籍限制阻碍了劳动力向大城市周边流动，农村公共服务落后则进一步阻碍农村对劳动力的吸引力。因此，需要进一步破除阻碍城乡融合发展和人口流动的堵点，努力缩小城乡发展差距和居民生活水平差距，促进人口要素的合理配置。

四是保障就业和提高收入预期是提高消费能力、扩大内需的重要前提条件。稳定的就业决定稳定的收入预期，稳定的收入预期决定了消费能力和消费意愿。中央提出的"六稳"方针和"六保"任务均把保障就业放在首位，表明保障就业和提高收入预期具有现实迫切性。当前，就业和收入存在的问题主要在于：一是从总量上，经济发展进入新常态，新经济增长动能尚在培育中，实现充分就业的压力日益增大；二是从结构上，产业升级和产能转移增加了结构性失业和摩擦性失业，导致就业市场局部供不应求和传统劳动力淘汰压力大增的"冷热不均"现象；三是除了就业压力影响个人收入预期、导致消费需求下降之外，收入分配机制不够完善，收入的二次分配中公平权重有待提高，当前居民收入增长与潜在消费需求不匹配，特别是中低收入人群获得感不高，城乡收入差距扩大，解决好这些问题，是提高消费能力、扩大内需的重要前提条件。

---

① 2019年5月，中共中央、国务院印发《关于建立健全城乡融合发展体制机制和政策体系的意见》，提出建立健全城乡融合发展体制机制和政策体系分"三步走"，着力破解影响城乡融合发展的体制机制障碍，促进城乡要素自由流动、平等交换和公共资源合理配置。

第五节　构建新发展格局的着力点

构建新发展格局，需要针对上述"短板"和"堵点"畅通经济循环，从而形成完整的内需体系，进一步释放内需潜力。内需体系建设需要从完善现代化市场体系、现代化产业体系、收入分配体系和消费体系入手，畅通生产、分配、流通、消费等各环节。从供给侧看，一方面，需要加快完善科技和产业创新体制机制，提高金融服务实体经济能力和高质量实体经济供给能力，加快建设创新引领、协同发展的现代化产业体系；另一方面，需要坚持和完善社会主义收入分配制度，切实提高居民收入水平，建立和完善体现效率、促进公平的收入分配体系；从需求侧看，一方面，要加快完善社会主义市场经济体制，深入推进要素市场化改革，加快构建统一开放、竞争有序的现代化市场体系；另一方面要加快完善促进消费的体制机制，挖掘国内消费潜力，在新型城镇化中加快消费转型升级、塑造新型消费体系。具体从需求侧管理看，需求侧管理要与供给侧结构性改革在以下方面进行协同发力，从而加快形成新发展格局。

一是扩大中等收入群体规模，提高低收入群体收入。高收入人群拥有支付的能力但是边际消费倾向较低，而中低收入人群正好相反，其支付能力较弱或者不足，但是具有较高的边际消费倾向。因此，我国应进一步加快收入分配制度的改革，特别是在二次分配上，从而提高低收入人群的收入。实际上，我国改革开放四十多年以来一直朝着这一方向努力，特别是脱贫攻坚战的全面胜利，完成了消除绝对贫困的艰巨任务，提前 10 年实现联合国提出的减贫目标，获得举世瞩目的成就。因此，下一阶段应该继续努力壮大中等收入人群规模，积极拓宽低收入人群的收入渠道，从而有效增进社会总的消费规模。

二是促进区域城乡之间的协调发展，努力缩小城乡居民收入差距。我国一直以来都关注并且致力于缩小城乡居民收入差距，近年来也取得了一定的效果，据《2020 年社会蓝皮书》，与 2018 年同期相比，我国 2019 年城乡居民收入差距进一步缩小 0.03%，为 2.75∶1，而且农村居民家庭收入增速为 6.10%，仍然保持高于城镇居民家庭的 5.40%。要想缩小城乡居民收入差距、推进美丽乡村建设就需要加快乡村在生活基础设施方面的建设，比如公路修建、养老机构、中小学教育以及医疗设施等，特别是农村地区在基本医疗、医疗保险、大病医疗等医疗保障机制的建设，我国因病返贫、致贫的贫困人口占 30% 以上。而区域城乡发展不协调也是制约我国城乡发展中的重要问题，党的十八大以来陆续推出一系列发展规划，并对区域城乡发展进行谋篇布局，接下来应该继续针对不同地区不同情况采取不同的政策措施，比如全面振兴东北、进行西部大开发等，加快对有关战略的落实，优化资源和生产要素在空间上的布局和使用效率。

三是稳定就业并通过市场机制配置劳动力，完善和健全失业保障机制。就业的稳定是保障和促进社会和经济稳定的重要前提，就业就是最大的民生。在新冠肺炎疫情仍在全球蔓延、我国经济增长存在下行压力的大背景之下，就业形势较为严峻，在稳定就业方面，一方面要不断完善就业服务体系建设，消除企业与劳动力之间信息不对称问题，打破阻碍劳动力自由流动限制的相关体制障碍，例如转移人口的地区落户问题、租赁住房问题以及务工人员子女教育问题等；另一方面，要对特殊群体如转岗工人、农民工、退役军人等就业困难人群进行引导和管理，加快现代化职业技能培训体系建设，完善失业保障体系建设和失业风险预警机制，对不能满足市场需求的劳动力，引导并且帮助其进行专项职业技能的培训，以期适应劳动力市场需求的变化。

四是完善社会保障体系，特别是降低居民在医疗、养老育儿、教育方面的压力。与发达国家相比，我国储蓄率一直处于高位，我国目前储蓄率高达45%，在全球仍处于较高水平，而同样是亚洲国家的日本仅为27%左右。为什么我国储蓄率长期以来处于高位，这除了受到我国传统文化影响外，另一个重要的因素是我国的基础保障措施建设不足、社会福利保障体系不够健全。从经济学的角度看，居民持有流动性货币（储蓄）的原因包括投机动机、交易动机以及谨慎动机，而我国居民持有较高储蓄率的原因更多的是为了预防意外事件发生而进行预防性储蓄，也就是谨慎性动机。理论联系现实，我国长期以来存在三难，即"看病难、上学难、住房难"问题，这些关系民生的问题无法得到解决，居民就不敢消费、不能消费。就以看病贵为例，从2009年我国进行医疗改革，至今已有十余年，但是根本性问题仍然没有解决，医疗需求与供给不匹配，大医院往往人满为患，自付比例仍高达40%，但是基层医疗机构服务由于能力不足，常常是门庭冷落、就诊率较低。因此，要想提高居民的消费信心，扩大内需，政府必须加快构建多层次的养老保障体系、完善养老金配给机制、提高医疗卫生的服务水平、进行医疗保障体系的改革、切实推进基础教育的实施。

五是持续推进新型城镇化建设，加快城市流动人口的市民化进程。我国城镇化率在2019年超过60%，根据国际标准，这意味着我国从乡村社会转型为城市社会，当一国基本进入城镇化后会对乡村的需求扩大，由此我国城乡融合发展在未来仍然具有较大空间。2019年也是我国乡村振兴计划落地见效的一年，出台了一系列密集政策①，这些新政

---

①　如《中共中央　国务院关于坚持农业农村优先发展做好"三农"工作的若干意见》《中共中央　国务院关于建立健全城乡融合发展体制机制和政策体系的意见》《关于促进乡村产业振兴的指导意见》等。

策是乡村振兴计划的有力指导。据我国统计局数据，60%的城镇人口中仅有40%拥有城市户口，而剩余20%，也即大概2.8亿人口为农民工，大量的农民工由于无法享受与城市户口相同的待遇，考虑到子女教育、未来养老、赡养父母等不稳定因素，因此，在城市仅仅进行维持基本生活的消费，而将大量收入转回农村进行储蓄或者宅基地改造，这就形成了农民工有财产却没有财产性收入的独特现象，由此也使农民工群体的边际消费倾向相对较低。面对这一问题，应该加快流动人口在城市安家落户的进程，保障农民工群体能够享受城市户籍带来的各种福利，推进基本社会保障、养老保险、医疗教育、公共设施等基本公共服务的均等化进程，同时加快培育住房以租代售的租赁市场和长租市场。

六是引导金融服务实体经济，大力发展战略性新兴产业，营造新供给创造新需求、新需求带动新供给的良好局面。形成经济高质量发展新格局有赖于国内国际双循环的畅通运行，健康稳定的实体经济是双循环的坚实根基。金融是实体经济的血脉，因此，要把握金融服务实体经济的战略定位，积极引导金融行业发展，重点支持新供给创造和新需求引领，特别是大力支持战略性新兴产业的发展。当前阻碍我国金融行业服务实体经济的关键性难题在于要素市场相对落后，要素分配效率低，导致资源配置的扭曲，故此，迫切需要提高直接融资比例，完善和增加与高成长、高风险资产相匹配的资金供给，满足科技含量较高但风险加大的初创企业、科技公司和战略性新兴产业的资金需求；要加快信用体系建设，提高金融企业的风险管控水平，有效甄别和淘汰落后企业和失信企业，更好地激发市场主体活力，推动供需两侧的高质量发展；要对金融体系进行结构性改革，重点优化金融支持创新、服务新兴产业发展的政策，充分发挥资本市场对推动资本、新供给创造和新需求引领高水平循环的枢纽作用，逐步营造新供给创造新需求、新需求带动新供给的良好局面。

七是优化投资结构和改善消费环境，加快培育和完善内需体系。构建以内循环为主的新发展格局，就要加快培育和完善内需体系。一方面，在 2015 年以前，我国都是采用传统的负债型投资来扩大内需，即主要通过大量投资于老基建，如铁路公路桥梁建设、工程机械、钢铁水泥以及房地产，拉动经济快速增长的同时也形成了较高的债务积累以及投资效率的不断下降，在传统经济增长模式难以为继的背景之下，我国提出了需求侧管理，其主要是将扩大内需重心从投资转向消费驱动，由此，新基建（包括 5G 建设、人工智能、工业互联网、充电桩、物联网等）成为下一阶段政府投资的新抓点，同时提高对制造产业在技术改造和生产设备更新换代上的投资，推进城市更新政策实施，对城镇老旧小区进行改造，加快相关配套基础设施（如电梯、光纤、水电气路）的建设。另一方面，坚持扩大内需这个战略基点，促进消费的转型升级，取消部分限制性购买政策，满足消费者消费需求，"十四五"规划中就指出对汽车消费，要调整限购政策，满足汽车消费需求，从限购政策转移到注重管理使用上；同时，支持家电以旧换新、汽车下乡政策，此外，近年来我国碳中和等碳交易市场发展逐渐完善，绿色消费未来可期。特别是，优化投资结构，重点发展新基建，改善消费环境和支持绿色消费，也是未来实施需求侧管理的重要内容。

八是推动更高水平的对外开放和开放型经济新体制，构建国内国际双循环的经济高质量发展新格局。发展和依靠国内大循环的核心思想不是放弃国际循环体系（国际需求），也不是割裂自产自销（国内需求），而是强调国内国际双循环相互促进的动态经济运行模式，其中，国内大循环既是主体也是基础，国际循环是助力器和催化器。持续推进更高水平的对外开放是联结国内国际双循环，激发双循环相互促进活力的不二法宝。要从需求侧管理入手，激发国内消费和投资潜力，推动国内市场向世界市场发展，为世界各国创造更多的投资机会和合作机遇，吸引更多的跨国企业将高端产业链迁移到国内，促进国内产业升级，提高我国在国际价值链和产业链中的地位。更重要的是，除了扩大要素和商品贸易的规模和范围外，对外开放还要走向更深层次，加快构建开放型经济新体制，重点是要转变政府职能，提高政府的现代化治理能力，通过数字化、智能化、负面清单等新型治理手段构建高效便捷的市场环境；同时，还要加强国内国际双循环的法治保障，加快国内标准与国际通行标准的接轨，提高知识产权保护力度和法制建设，以构建制度型开放为根本抓手，为构建国内国际双循环的经济高质量发展新格局打下坚实的基础。

（执笔人：黄群慧　陈创练）

第八章

构建新发展格局下的效率与
公平协同的政策体系

　　党的十九届五中全会指出，要立足新发展阶段，贯彻新发展理念，构建新发展格局。新发展格局就是构建以国内大循环为主体、国内国际双循环相互促进的新发展格局，是我国发展的基本思路或基本路径。[①]准确把握和积极推进构建新发展格局，是一场深层变革。[②]围绕构建新发展格局，相应的政策体系也需要不断创新完善。[③]建立和完善体现效率、促进公平，效率与公平有效协同的收入分配政策体系，对构建新发展格局至关重要。

第一节　收入分配改革对构建新发展格局的意义

　　在新发展阶段，构建新发展格局，有很多机遇，但也面临诸多问题

---

① 杨伟民：《构建新发展格局的意义、内涵和任务》，《中国经济报告》2021 年第 4 期。

② 高培勇：《构建新发展格局：在统筹发展和安全中前行》，《经济研究》2021 年第 3 期。

③ 黄群慧：《新发展格局的理论逻辑、战略内涵与政策体系——基于经济现代化的视角》，《经济研究》2021 年第 4 期。

和挑战。收入分配差距较大，就是问题和挑战之一。改革开放四十多年来，我国工业化和城镇化发展快速，经济持续高速增长，人民生活水平不断提高，居民收入总体呈上升趋势。在我国长期努力下，2021 年我国脱贫攻坚战取得全面胜利，实现绝对贫困人口全部脱贫，但消除绝对贫困并不意味着"天下大同"，我们还面临着更加复杂多变的贫困治理形势，其中之一便是"患不均"的问题。习近平总书记在党的十九大报告中也指出新时代社会的主要矛盾是"人民日益增长的美好生活需要和不平衡不充分的发展之间的矛盾"。而发展不平衡不充分问题则集中表现在收入分配差距较大，地区间发展不平衡。

整体来看，我国居民收入分配差距虽有所缩小，但仍然较大。改革开放以来，随着市场在资源配置中的作用越来越大，超出市场作用和政府管控的因素也发挥着不可忽视的影响，在经济快速增长、全体人民普遍富裕起来的同时，平均主义被打破，国民收入分配格局出现明显变化，不同地区、行业、部门、阶层、群体之间的居民收入分配也从改革开放之前总体上平均，转变为差别越来越明显、差距有所扩大。[1] 我国收入分配格局的问题可以概括为：初次分配中劳动报酬比重下降、收入差距扩大；二次分配没有发挥应有的公平作用；三次分配不透明、非法非正常收入扰乱分配秩序等。[2]

国家统计局《中国住户调查年鉴》公布的全国居民人均可支配收入基尼系数显示，我国自 2003 年起，基尼系数长期处于较高水平，且呈现出上升趋势，全国居民人均可支配收入基尼系数在 2008 年达到最高

---

① 《全国人大财经委尹中卿：调整国民收入分配格局，促进全体人民共同富裕》，见 https://baijiahao.baidu.com/s?id=1710749690475579713&wfr=spider&for=pc，2021 年 9 月 13 日。

② 王晓丹、金喜在：《我国收入分配格局存在的问题及对策研究》，《当代经济研究》2011 年第 3 期。

点 0.491 后，呈现波动下降态势，2020 年降至 0.468。[①]

同时，收入分配差距还表现为城乡居民收入差距的扩大，不同阶层居民收入差距的扩大[②]；不同行业居民收入差距越来越突出；不同地区居民收入差距的扩大。[③]我国社会分层结构已从过去总收入水平较低的"金字塔型"结构，逐步分离为两个突出的众数组阶层，演变为中等收入者较少的类似"葫芦型"结构，其中主众数组主要由农村居民构成，次众数组主要由城市居民构成，葫芦中间比较细，即比重较小的部分为中产阶层。[④]

此外，劳动报酬占 GDP 份额长期偏低，企业、政府部门再分配环节对居民部门产生明显挤出；初次分配环节，企业部门初次分配占比上升，居民部门下降；再分配环节，政府部门通过征收所得税、财产税、社保缴费等方式，收入占比上升。[⑤]居民财富分配不平等程度较高。近年来，拥有较多财富的高收入阶层资产迅速增长，而更多依赖工资性收入的中低收入阶层资产增长相对缓慢。

改善居民收入分配格局，可有效扩大内需，助推"双循环"。内需是推动经济增长的最大动力，"双循环"的重心就是开发利用好国内市场，有效扩大内需。近年来，中国居民消费整体保持平稳增长，但最终消费率即居民个人消费和社会消费的总额占当年 GDP 的比率仍显偏低，与国际比较居民消费率的差距更大。影响居民消费的因素很多，从宏观

① 《宁吉喆：近十几年我国基尼系数总体呈波动下降态势》，《证券时报》2021 年 9 月 28 日。

② 马敏娜：《我国居民收入差距扩大对消费需求的影响》，《当代经济研究》2001 年第 1 期。

③ 卢晓勇、孙宏、李红：《FDI 引入对中国就业效应分析》，《技术经济》2006 年第 12 期。

④ 陈宗胜、康健：《中国居民收入分配"葫芦型"格局的理论解释——基于城乡二元经济体制和结构的视角》，《经济学动态》2019 年第 1 期。

⑤ 袁佳、高宏：《我国居民收入和财富分配格局及改善对策》，《新金融》2021 年第 1 期。

经济分析，基于消费的边际效用递减，收入差距过大是制约国家消费总需求的重要原因。收入较高的人支出占收入的比重比收入低的人低。高收入群体有消费能力但消费倾向低，低收入群体虽然消费倾向高但消费能力低。岳希明根据"2018年中国家庭收入调查项目（CHIP）"的计算结果指出，我国收入最低的10%的家庭每100元可支配收入，其消费金额要达到224.3元；而最高收入的10%的家庭每100元可支配收入，其消费金额为50.4元。居民消费少，还是由于他得到的可支配收入占国民收入的比重相对来讲比较低，所以未来要形成以消费为主体的这样一种需求格局，必须要调整我们的收入分配格局。[1] 所以要扩大居民消费，就必须优化国民收入分配格局。加快改善居民收入和财富分配格局，可有效提升居民消费水平，激发国内巨大需求潜力，是形成以国内大循环为主体、国内国际双循环相互促进的新发展格局的关键。[2]

从统筹发展和安全的要求出发，也必须加快收入分配改革，构建效率与公平有效协同的收入分配政策体系。新发展格局的本质要求，就是统筹发展和安全。[3] 从国际经验看，对发展公平性重视不够是很多发展中国家陷入"中等收入陷阱"的重要原因。历史上，拉美国家在进入中等收入阶段后，由于收入差距迅速扩大导致中低收入居民消费严重不足，消费需求对经济增长的拉动作用减弱，居民收入水平长期停滞。部分国家由于贫富悬殊，社会严重分化，引发激烈的社会动荡。我国2019年人均国民收入突破1万美元，但居民收入分配差距还是很大，要跨越"中等收入陷阱"面临诸多挑战。[4] 建立和完善体现效率、促进

---

① 《全国政协常委杨伟民提出构建新发展格局应优化供需、分配和贸易格局 并让更多农民工成为中等收入群体》，《澎湃新闻》2021年3月9日。

② 袁佳、高宏：《我国居民收入和财富分配格局及改善对策》，《新金融》2021年第1期。

③ 高培勇：《构建新发展格局：在统筹发展和安全中前行》，《经济研究》2021年第3期。

④ 袁佳、高宏：《我国居民收入和财富分配格局及改善对策》，《新金融》2021年第1期。

公平的收入分配体系对跨越中等收入陷阱，形成发展新格局就显得尤为重要。

构建"双循环"新发展格局，要培育完整的内需体系，这对收入分配格局提出了更高的要求，充分优化收入分配结构，完善收入分配体系。收入是内需的基础，扩大内需，必须提高居民收入，扩大中等收入群体，构建新发展格局必须在建设增进效率、促进公平的收入分配体系，逐步实现收入分配合理、社会公平正义、全体人民共同富裕上下功夫。

收入分配政策要以切实提高居民收入水平、建立和完善体现效率促进公平的收入分配体系为基本要求，正确处理国家、企业和个人之间的关系，保证居民可支配收入增速与经济增长速度同步。①《中共中央关于制定国民经济和社会发展第十四个五年规划和二〇三五年远景目标的建议》中也对收入分配提出了要求，"十四五"时期将提高劳动报酬在初次分配中的比重，健全工资合理增长机制，着力提高低收入群体的收入，扩大中等收入群体；完善按要素分配政策制度，增加中低收入群体的要素收入；完善再分配机制，加大税收、社保、转移支付等调节力度和精准性；发挥第三次分配的作用，发展慈善事业。

第二节 坚持和完善社会主义收入分配制度

我国社会主义初级阶段实行的是以按劳分配为主、多种分配方式并存以及效率和公平相结合的收入分配制度。实行按劳分配是由社会主义

---

① 黄群慧：《新发展格局的理论逻辑、战略内涵与政策体系——基于经济现代化的视角》，《经济研究》2021年第4期。

公有制的基本性质决定的。在社会主义公有制的条件下，一方面，劳动是人们占有生产资料和获得社会产品的唯一根据；另一方面，由于存在社会分工，劳动还主要是一种谋生手段，劳动者之间的关系还是一种等量劳动相交换的关系，对劳动产品的分配必须实行按劳分配。

从原则上说，在社会主义市场经济中实现按劳分配应该做到以下四个方面①：第一，反对剥削，不断巩固公有制经济的主体地位，这是按劳分配主体地位的前提。第二，限制财产性收入的过快增长，尤其是限制通过金融市场取得投机性收入。第三，促进劳动收入与劳动生产率一同增长。第四，努力保障劳动者通过劳动参与社会产品分配的权利。努力增加工作机会，避免劳动者由于非个人原因而失业是实现按劳分配的一个必要条件。

改革开放以来，随着公有制经济为主体、多种所有制经济共同发展的基本经济制度的确立，分配方式也呈现出多元化趋势。分配方式是由生产方式决定的，公有制为主体、多种所有制经济共同发展的所有制结构，决定了必须坚持按劳分配为主体、多种分配方式并存的分配制度。在社会主义市场经济下，充分开发合理利用资本、土地、技术、管理等生产要素，主要就是通过市场使生产要素所有者在资源使用中获得应有的回报，从而实现优化配置，这也要求实行按劳分配为主、多种分配方式并存的分配制度。坚持按劳分配为主体，反映了公有制的主体地位，有利于调动广大劳动者的积极性、主动性和创造性，消除两极分化，实现共同富裕；多种分配方式并存，反映了多种所有制共同发展的要求，有利于调动各经济主体的积极性，让各种资源都能得到有效利用。②

---

① 张宇：《中国特色社会主义政治经济学》，中国人民大学出版社 2016 年版，第 183 页。
② 《马克思主义政治经济学概论》编写组：《马克思主义政治经济学概论》（第 2 版），人民出版社、高等教育出版社 2021 年版，第 271—272 页。

　　一些学者认为，中国居民收入分配差距的扩大，大多是在中国经济转轨的背景下产生的。[1] 在经济体制的改革和变迁时期，由于市场经济的不成熟，社会分配制度不完善，改革进程中制度因素和制度环境缺失、错位和不完善导致制度无法与市场经济相适应，从而加剧了当前城乡之间、地区之间、行业之间、所有制部门之间收入的差距。[2] 也有学者将中国居民收入分配差距扩大的原因归纳为以下方面：政策因素导致的资源分配不平等、城乡二元经济结构生产效率不同导致的收入水平差距、劳动者素质差异导致的收入差异。[3]

　　从制度因素看，传统的户籍制度会扩大城乡居民的收入差距。由于农村居民常常被排斥在优质的社会福利和社会保障之外，从而导致城乡差距明显。城镇居民比农村居民拥有更多的资金、财产、知识、技能等。随着经济的发展，使强者更强，弱者更弱，城乡之间的"马太效应"会更加明显。[4] 在二元经济制度条件下，处于低收入群组的农村居民受到人力资本成本溢价和户籍制度引发的劳动力转移壁垒成本的影响，面临比城镇居民更为严格的收入积累机制，更高的人力资本投资门槛和中产阶层"陷阱"阈值，给其上升为中等收入群体造成了障碍。[5]

　　除户籍制度因素以外，政府的发展战略和优惠政策也是扩大地区差距的一个重要因素，例如沿海地区是中国进行市场经济体制"试验"

的先行者，较早地获得了体制改革的好处。内地的资源在市场机制的作用下，大量流入收益率较高的沿海地区，使沿海地区得到更快的发展，从而拉大了地区间的收入差距。① 实证研究证明，在中国的地区经济发展过程中，工业向沿海地区的集聚是造成地区间收入差距的重要原因。②

劳动力市场因素也是影响居民收入分配差距的重要因素之一。③ 对于我国城乡、行业以及城镇内部收入差距扩大的问题，部分学者认为劳动力市场分割从长期看不利于劳动者收入水平的提升和社会地位的提高。④ 有研究表明外来劳动力与城市本地劳动力的工资差异，59%是由就业岗位间的工资差异引起的，41%是由就业岗位内的工资差异引起的，且工资差异的43%是由歧视等不可解释的因素造成的。⑤ 有研究把行业间收入分配不公分为行业间工资差别的日益悬殊和同等人力资本的劳动者遭受不同工资待遇的两个层次，前者所表现的是行业间工资差距不断扩大已经超出合理的范围，后者所表现的是同等人力资本的劳动力工资所得却存在差距，进一步验证了行业间工资分配的确存在分配不公。⑥ 我国劳动力市场的改革影响了个体就业状态和收入水平的变化，

---

① 丁任重、陈志舟、顾文军：《"倒U假说"与我国转型期收入差距》，《经济学家》2003年第6期。

② 陆铭、陈钊：《中国区域经济发展中的市场整合与工业集聚》，上海三联书店2006年版。

③ 刘伟、王灿、赵晓军、张辉：《中国收入分配差距：现状、原因和对策研究》，《社会科学文摘》2019年第1期。

④ 吕新军、代春霞：《劳动力市场分割、人力资本投资与收入回报》，《北京理工大学学报（社会科学版）》2019年第1期。

⑤ 王美艳：《中国城市劳动力市场上的性别工资差异》，《经济研究》2005年第12期。

⑥ 杨爽：《从劳动力市场的分割看行业间收入分配的不公平——〈资本论〉与贫困问题研究》，陕西省《资本论》研究会2005年学术年会论文集，2005年，第84—89页。

从而扩大了我国的收入差距。^① 劳动力市场扭曲对我国居民收入差距扩大产生了显著的负向影响。^②

劳动保护制度不完善等，导致劳动报酬被长期压低。很长一段时间，我国都缺乏对劳动者权益的充分保障。例如，由于最低工资标准和工资增长机制的监管、执行不到位，劳动者相对企业而言处于弱势地位，劳动报酬被长期压低。直到相继实行最低工资标准、新劳动法等法律，劳动报酬的正常增长才得到比较充分的保障，劳动报酬占比下降的趋势才逐步得以逆转。^③

技术变革因素也是影响收入分配的重要原因。工业结构的变化尤其是制造业工作的减少也可以部分解释工资不平等。实证分析表明，技术进步和居民收入分配差距之间呈现出正相关关系。^④ 我国大多数的技术进步发生在资本相对密集的产业，因此，对于非技能劳动相对丰裕的发展中国家来说，推动技术进步很可能是不利于非技能劳动者的就业和收入分配的。^⑤ 技术进步对个体的知识需求更大，所以创造和拥有高技术的熟练劳动力将会获得更多知识性的收入，这将拉开与简单劳动者之间的距离。此外，高技术劳动者若将多出的财富用于投资，使其转变为资本，则会使两者间贫富差距进一步加大。^⑥

---

① 陆铭、蒋仕卿：《重构"铁三角"：中国的劳动力市场改革、收入分配和经济增长》，《管理世界》2007 年第 6 期。

② 冯涛、罗小伟、徐浩：《劳动力市场扭曲与收入分配差距研究——基于城乡"二元"结构视角》，《云南财经大学学报》2016 年第 1 期。

③ 袁佳、高宏：《我国居民收入和财富分配格局及改善对策》，《新金融》2021 年第 1 期。

④ 纪玉山、张洋、代栓平：《技术进步与居民收入分配差距》，《当代经济研究》2005 年第 5 期。

⑤ 尹翔硕：《比较优势、技术进步与收入分配——基于两个经典定理的分析》，《复旦学报（社会科学版）》2002 年第 6 期。

⑥ 纪玉山、张洋、代栓平：《技术进步与居民收入分配差距》，《当代经济研究》2005 年第 5 期。

此外，垄断因素也会造成收入分配差距扩大。有学者从企业分类的角度分析收入分配差距扩大的原因，结果显示，企业国有经济成分比重不同，工资水平也会有很大差异。[1] 国有垄断部门的劳动力收入比国有非垄断部门、非国有部门的劳动力收入有明显优势。[2]

在收入分配制度的改革上，要坚持按劳分配为主体、多种分配方式并存的分配制度。坚持多劳多得的原则，着重保护劳动所得，增加劳动者特别是一线劳动者的报酬，从而提高劳动报酬在初次分配中的比重。要重点发挥基本权利公平的积极作用，推进劳动力市场建设，提高劳动力配置效率，维护弱势群体利益。进一步完善工资分配调控政策，扭转工资分配格局。此外，改善收入分配格局，实现共同富裕，还应注意对低收入群体人力资本的培养。收入分配差距扩大的本质是经济社会发展的不均等和对其成果的不公平占有，这决定了贫困的治理不仅要"授人以鱼"，更要"授人以渔"。[3]

第三节 扩大中等收入群体比重

扩大中等收入群体比重是新发展格局"以国内大循环为主体"的重要实现途径，更是 2035 年基本实现社会主义现代化远景目标的重要组成部分。"消费是我国经济增长的重要引擎，中等收入群体是消费的重要基

---

① 陈弋、Démurger Sylvie Martinfournier 等：《中国企业的工资差异和所有制结构》，《世界经济文汇》2005 年第 6 期。

② 王甫勤：《人力资本、劳动力市场分割与收入分配》，《社会》2010 年第 1 期。

③ 贺庆生、刘叶：《论我国城市贫困治理的现实困境与路径选择》，《学习与实践》2015 年第 12 期。

础，目前，我国约有 4 亿中等收入人口，绝对规模世界最大"[1]，新发展格局强调国内大循环的主体地位，需要充分发挥我国超大规模市场优势和内需潜力，稳步提高居民消费水平。而提升居民收入，特别是扩大具有消费支撑作用的中等收入人群比重成为稳定国内消费市场的关键因素。

2019 年党的十九届四中全会明确提出扩大中等收入群体，规范收入分配秩序，形成橄榄型的收入分配结构。所谓"橄榄型"社会，是指社会阶层结构中极富极贫的很少，中间阶层却相当庞大，有大部分的人口或家庭属于中间阶层。"橄榄型"社会贫富差距小，居民的消费能力更强，社会更加稳定安全。建设"橄榄型"社会、扩大中等收入群体比例不仅对国内大循环，而且对高质量、长期稳定的"双循环"和共同富裕的长期目标都至关重要。

对于中等收入人群的划分，国际上多采用世界银行的定义标准，根据世界银行的算法，日均收入在 10 美元至 50 美元甚至 100 美元之间的人可以被视为"中等收入群体"。有研究按照此标准按家庭人均收入水平计算，2019 年我国 18—69 岁的成年人口中，中等收入者比重为 33.9%。[2] 国家发改委课题组采用人均可支配收入介于 22000 元至 65000 元（以 2010 年为基期）之间算作中等收入者，计算得出 2010 年全国中等收入者人口比重为 21.3%。[3]2019 年 1 月 21 日，国家统计局局长宁吉喆曾提出"中等收入群体衡量标准"：按一家三口来说，如果总体年收入在 10 万元到 50 万元之间，那么这一家人就属于"中等收入群体"。按照此标准，截至 2017 年我国约有 1.4 亿个家庭，超过 4 亿人在中等

---

① 习近平：《国家中长期经济社会发展战略若干重大问题》，《求是》2020 年第 21 期。

② 李春玲：《迈向共同富裕阶段：我国中等收入群体成长和政策设计》，《北京工业大学学报（社会科学版）》2021 年第 10 期。

③ 常兴华、李伟：《扩大中等收入者比重的实证分析和政策建议》，《经济学动态》2012 年第 5 期。

收入标准内，占比约为总人口的 1/3。

总的来看，我国的中等收入群体占比不到 35%，离 60% 中等收入比重的"橄榄型"社会仍有很大的差距。实现全面脱贫的阶段性任务后，"扩中"被认为是实现共同富裕的新一阶段任务。[1]

保持宏观经济的稳定增长，即"做大蛋糕"，是扩大中等收入人群的物质基础。只有经济总量的增长才能带动居民收入水平的提高，为低收入人群跨入中等收入行列提供强大动力。保持经济稳定增长才能为提升中等收入者比重提供强大动力。鼓励创新创业，挖掘市场潜力，创造新的经济增长点的同时也创造了更多中等收入岗位。在经济稳定增长的基础上应该保持就业优先政策、提高劳动报酬在初次分配中的比重，才能实现发展成果的共享，在经济增长的同时推动低水平收入人群稳步迈入中等收入人群。

针对性扶育中等收入"预备役"重点人群。将农村脱贫人口、城镇就业的农民工、老年人口作为扩大中等收入群体的重点人群。要不断解决规模庞大的农村脱贫人口的相对贫困问题，使其不断向中等收入靠近。针对农民工群体，通过户籍制度改革使这些人逐步成为中等收入群体，会创造出一个巨大的新的消费需求。针对老年人群体，改善人力资本、提高老年人的劳动参与率，提供更好的社会保障是让老年人成为中等收入群体的根本。[2]

潜在中等收入目标群体除农村脱贫人口、农民工、老年人外，还包括高校毕业生、中小微民营企业主和个体工商户。有学者提出包括钟点工、快递员、网约车司机和网络主播等在内的自由职业者、新毕业落户大城市的高学历者、初创小微企业主、城镇产业工人和城镇失业人员在

---

① 蔡昉：《实现共同富裕必须努力扩大中等收入群体》，《经济日报》2020 年 12 月 7 日。
② 蔡昉：《实现共同富裕必须努力扩大中等收入群体》，《经济日报》2020 年 12 月 7 日。

内的六大"潜在中等收入群体"，并提出"六个一批"的解决办法：创新住房制度解决一批、增加收入解决一批、稳定就业创业解决一批、教育培训提高一批、提高保障水平稳定一批、提升社会地位增加一批。[①]

第四节　建立和完善体现效率、促进公平的收入分配体系

处理好效率和公平的关系，是收入分配改革中需要处理好的一个重大问题。从根本上说，只有促进生产力的不断发展，创造更多的物质和精神财富，并在此基础上坚持完善社会主义基本经济制度和基本分配制度，在生产资料的占有上实现社会公平，以劳动贡献为分配的主要依据，才能逐步缩小贫富差距，真正实现共同富裕的目标。[②]

把提高效率同促进社会公平相结合，是正确处理效率和社会公平的基本原则。在新发展阶段，我们应当更加重视社会的公平，更加全面理解和贯彻社会公平原则。缩小收入分配差距，是扩大消费、构建新发展格局的重要措施，也是走向共同富裕的要求。

建立健全公平公正的初次收入分配制度。一是明确市场在资源配置中的决定性作用，健全生产要素由市场评价贡献、由贡献决定报酬的机制。二是进一步提高劳动报酬在初次分配中的比重，实现劳动报酬增长和劳动生产率的同步提高。建立适当的失业救济制度，完善最低工资保

---

① 陈万钦、刘奎庆、徐双军：《我国如何"精准"扩大中等收入群体》，《河北经贸大学学报》2021年第5期。

② 张宇：《中国特色社会主义政治经济学》，中国人民大学出版社2016年版，第205—206页。

障制度。三是加快劳动力配置市场化改革。深化户籍制度改革，降低落户门槛。强化重点领域基本公共服务保障，推进城镇基本公共服务覆盖未落户常住人口，使其享有与户籍人口同等的基本公共服务，建立城乡统一的劳动力市场。[1]

强化税收的再分配功能。我国现行的税收制度在二次分配中的调节作用甚微。直接税是居民收入调节的关键，而直接税中个人所得税又是最直接、最有效调节收入差距的税种。[2] 到 2015 年时，我国直接税比重只占约 40%。而主要发达国家 2012 年直接税占比分别为：美国为 82.2%、日本为 81.3%、法国为 69.6%、英国为 66.7%、经济合作与发展组织成员平均为 56.8%，我国远低于这些成员。我国税制以间接税为主，间接税对收入水平呈累退性特征。我国的个税体制主要是个人所得税，在我国税收制度中的地位还比较低，且个税起征点偏低。无法对高收入阶层进行有效征税是我国居民分配失衡的重要原因。[3] 为此，要进一步完善综合与分类相结合的个人所得税制度。建立个人所得税基本减除费用和专项附加扣除的动态调整机制，减轻中低收入阶层的税收负担。优化税制结构，完善直接税制度，适当提高直接税比重。进一步降低各类基本生活必需品的间接税负担，带动基本消费品的价格下降，从而减轻广大中低收入家庭的税收负担。[4]

完善社会保障机制。加快建立完善覆盖全民的社会保障体系。加快实施职工基本养老保险全国统筹，平衡各地区的养老保险负担和待遇水平，并且逐步缩小城乡之间及不同人群之间的基本社会保障待遇差别。

---

① 袁佳、高宏：《我国居民收入和财富分配格局及改善对策》，《新金融》2021 年第 1 期。
② 孙玉栋、庞伟：《促进构建新发展格局的现代税收制度完善建议》，《税务研究》2021 年第 6 期。
③ 袁佳、高宏：《我国居民收入和财富分配格局及改善对策》，《新金融》2021 年第 1 期。
④ 李轶超：《加快形成新发展格局的税收对策探讨》，《税收经济研究》2020 年第 6 期。

加大对低收入群体的社会保障支出。解决中等收入群体后顾之忧，为迈向中等收入人群的劳动者实现托底保障。完善失业保险制度，更好保障失业人员基本生活。加强国有企业在二次分配中的作用，确保公共资本能够更均等地分配财富和公共福利。通过再分配将国有企业利润和分红更多地用于社会开支，加快建立国有资产收益支撑社会保障运行机制。提高基本公共服务保障水平和均等化程度，提高各种社会保险制度的保障水平和覆盖率，通过社会政策托底来保障和改善民生。

发挥好第三次分配的调节作用。发挥慈善事业、个人捐助和志愿者服务等第三次分配对收入分配的调节作用，有助于贯彻共享发展理念，改善收入和财富分配格局，促进共同富裕。积极发展社会慈善事业，建立健全鼓励引导社会捐赠的相关制度和政策，吸纳社会资金帮助困难群体。①

（执笔人：高文书）

---

① 《马克思主义政治经济学概论》编写组：《马克思主义政治经济学概论》（第2版），人民出版社、高等教育出版社2021年版，第271—272页。

第九章

发展与安全协同的政策体系

2020 年以来，有关"发展"和"安全"的话题，被提到了一个前所未有的高度。2020 年 8 月，习近平总书记在经济社会领域专家座谈会上发表了重要讲话，将改革开放以来党所提出的理论成果高度概括为 11 项，其中就包括"关于统筹发展和安全的理论"。2020 年 11 月，在《关于〈中共中央关于制定国民经济和社会发展第十四个五年规划和二〇三五年远景目标的建议〉的说明》中，他又提出"当前和今后一个时期是我国各类矛盾和风险易发期，各种可以预见和难以预见的风险因素明显增多。我们必须坚持统筹发展和安全，增强机遇意识和风险意识，树立底线思维，把困难估计得更充分一些，把风险思考得更深入一些，注重堵漏洞、强弱项，下好先手棋、打好主动仗，有效防范化解各类风险挑战，确保社会主义现代化事业顺利推进"。[①]2021 年 7 月，习近平总书记在庆祝中国共产党成立 100 周年大会上的讲话中强调，"新的征程上，我们必须增强忧患意识、始终居安思危，贯彻总体国家安全观，统筹发展和安全，统筹中华民族伟大复兴战略全局和世界百年未有之大变局，深刻认识我国社会主要矛盾变化带来的新特征新要求，深刻认识错综复杂的国际环境带来的新矛盾新挑战，敢于斗争，善于斗争，

---

① 习近平:《关于〈中共中央关于制定国民经济和社会发展第十四个五年规划和二〇三五年远景目标的建议〉的说明》,《人民日报》2020 年 11 月 4 日。

逢山开道、遇水架桥，勇于战胜一切风险挑战"。[1]

根据这些指示精神，在《中华人民共和国国民经济和社会发展第十四个五年规划和二〇三五年远景目标纲要》（以下简称《纲要》）中，近百次提到"发展"与"安全"的问题，并单列一篇"统筹发展和安全建设更高水平的平安中国"，要求"坚持总体国家安全观，实施国家安全战略，维护和塑造国家安全，统筹传统安全和非传统安全，把安全发展贯穿国家发展各领域和全过程，防范和化解影响我国现代化进程的各种风险，筑牢国家安全屏障"，其中包括"加强国家安全体系和能力建设""强化国家经济安全保障""全面提高公共安全保障能力""维护社会稳定和安全"等内容。

按照高培勇（2021）的理解，"构建新发展格局与统筹发展和安全实质是一脉相承、彼此呼应的统一体。之所以要构建新发展格局，其根本出发点就在于统筹发展和安全"。[2] 如何统筹发展与安全，构建发展与安全的动态平衡结构，将决定新发展格局能否行稳致远。

第一节　"安而不忘危，治而不忘乱"

将"安全"因素提到重要位置加以考量，甚至超过效率和公平，这是目前制定经济政策、调整发展战略的过程中特别重要的一个方面（金碚，2021）[3]。"随着外部环境的不稳定性和不确定性显著增加……对我

---

[1]　习近平：《在庆祝中国共产党成立100周年大会上的讲话》，人民出版社2021年版，第17—18页。

[2]　高培勇：《构建新发展格局：在统筹发展和安全中前行》，《经济研究》2021年第3期。

[3]　金碚：《没有安全就没有市场经济》，《北京日报》2021年5月10日。

国经济安全乃至国家安全构成威胁之时，跃出经济视域、宏观调控层面的局限而启动事关全局的系统性、深层次变革，作出立足当前、着眼长远的战略谋划，便是必须果断采取的实质行动"[①]。当前，新冠肺炎疫情仍在世界范围内肆虐，经济全球化遭遇逆流，单边主义、保护主义、民族主义越发显著，新挑战新风险日益增多。具体而言，风险表现在以下几个方面：

一是经济风险。2008 年国际金融危机以来，全球经济增长乏力，贸易量萎缩，国际直接投资持续低迷，政府债务水平不断攀升。而大国之间的经济对抗日益升级和新冠肺炎疫情的全球扩散，则将经济风险进一步累积，表现为资产价格的持续高估造成资产价格泡沫、主要经济体发生通货紧缩或者发生恶性通胀、主要经济体债务水平攀升、失业率居高不下或就业不充分等。

二是政治和社会风险。经济风险的扩散，会对政治和社会的正常秩序产生重要影响。风险点表现在以下两个方面：一是部分国家因应对危机不力，造成治理失效，进而出现大规模动乱，甚至出现双边或多边争端，发生军事冲突；二是新冠肺炎疫情造成大规模的粮食及生活必需品的供应危机，危及民众生命，进一步破坏政治稳定，造成大规模人员伤亡或财物损失。

三是技术风险。新冠肺炎疫情的发生，给新兴技术的发展提供了便利条件，也产生了一系列新的风险点，例如：关键信息基础设施受到攻击，导致大范围社会失序和混乱；大规模的网络攻击可能造成地缘政治局势紧张，升级国家间战争形式；先进技术对个人或政府机构数据的大规模不法获取和利用，可能会造成巨大经济损失等。

[①] 高培勇：《构建新发展格局：在统筹发展和安全中前行》，《经济研究》2021 年第 3 期。

此外，还有一些风险点也值得关注，如环境风险。随着全球变暖、极端气候和海平面上升等问题频发，气候变化带来的负面影响越发明显。极端事件造成的重大财产、基础设施以及生命的损失，日益受到人们的关注。若不能正确加以应对，所造成的后果也是不可估量的。

2021 年 1 月 20 日，达沃斯世界经济论坛发布了《全球风险报告2021》(*Global Risk Report* 2021)，对后疫情时代世界面临的主要风险进行研判。其中提到，传染病风险的感知度和冲击度迅速上升，尤其是在风险冲击度方面占据榜首，超过了气候变化和大规模杀伤性武器对人类社会带来的冲击，这反映出学界对新冠肺炎疫情冲击的深刻认知。报告进而指出，新冠肺炎疫情除了在短期内可能造成经济发展停滞甚至衰退之外，还可能在中长期造成资产泡沫破灭、价格不稳定、商品价格震荡和债务危机等可预见的威胁。新冠肺炎疫情造成了大量工作岗位和工作时间的丧失，使部分群体面临生计危机，且有可能对低收入群体的中长期收入产生不利影响，进一步加剧社会不平等。此外，数字技术发展及其所带来的影响正在逐渐向政治、经济和社会领域扩散，提醒我们要重点关注数据欺诈盗窃、网络攻击等安全问题。表 9-1 显示的是达沃斯经济论坛发布的 2020—2021 年全球主要风险感知度与冲击度变化。

表 9-1　2020—2021 年全球主要风险感知度与冲击度变化

	感知度		冲击度	
	2020 年	2021 年	2020 年	2021 年
1	极端天气	极端天气	气候治理失败	传染病
2	气候治理失败	气候治理失败	大规模杀伤性武器	气候治理失败
3	自然灾害	人为环境灾难	生物多样性丧失	大规模杀伤性武器
4	生物多样性丧失	传染病	极端天气	生物多样性丧失
5	人为环境灾难	生物多样性丧失	水资源危机	自然资源危机

续表

	感知度		冲击度	
	2020 年	2021 年	2020 年	2021 年
6	数据欺诈或盗窃	数字集权	数字基础设施故障	人为环境灾难
7	网络攻击	数字不平衡	自然灾害	民众生计危机
8	水资源危机	国家间冲突	网络攻击	极端天气
9	全球治理失败	网络安全危机	人为环境灾难	债务危机
10	资产泡沫	民众生计危机	传染病	数字基础设施崩溃

资料来源：WEF，*Global Risk Report* 2020，*Global Risk Report* 2021。

  乌尔里希·贝克（Ulrich Beck）指出，当今社会是一个"风险社会"（risk society），所有威胁都带有全局性特征，任何事物都无法置身事外。[①] 随着科学技术的迅速发展，各国之间经贸往来和人文交往的深度和广度不断增加，这在带来正向福祉的同时，也导致各类风险在国家之间游荡，成为"隐形炸弹"。他国的危机若不加以重视，随时会外溢至其他国家或地区。为了规避风险，或者减小风险带来的负面影响，各国纷纷采取限制物资、人员和服务等要素跨境流动的政策，凸显出了产业链过长、分工过细的脆弱性和不稳定性。中国成功控制住新冠肺炎疫情传播，表现出在不久的将来"弯道超车"的可能性，以美国为代表的发达国家采取民族主义和保护主义色彩强烈的"脱钩"政策，也会造成产业链的"主观"断裂。从供求关系来看，产业链、供应链断裂伴随的原材料或"卡脖子"技术短缺，会构成供给环节的安全风险；生产出来的商品因为贸易壁垒等问题无法售卖，则会造成需求环节的安全风险。这些风险一旦出现，即使进入后疫情时期，也有可能常态化。

  发展是党执政兴国的第一要务，是解决我国一切问题的基础和关键。

---

  ① 贝克：《风险社会》，何博闻译，译林出版社 2004 年版，第 1—4 页。

当前，我国是世界最大发展中国家的国际地位没有变，我国仍处于并将长期处于社会主义初级阶段的基本国情也没有变，发展不平衡不充分的问题依然突出。要解决各类风险隐患，首先是要在高质量发展上做文章。中央明确要求，"十四五"时期，经济社会发展要以推动高质量发展为主题，这是根据我国发展阶段、发展环境、发展条件变化作出的科学判断。正如骑车的人，只有使自行车保持一定的速度，才能够跨越险滩，行稳致远。2020年，中国的GDP增长2.3%，不仅成为全球唯一实现经济正增长的主要经济体，GDP总量也实现了百万亿元的历史性突破，经济社会发展主要目标任务完成情况好于预期。这些成就的取得非常不易，但安全风险问题也时刻存在，提醒着我们要"安而不忘危，治而不忘乱"。

第二节 主要领域的安全问题

在《纲要》中，具体提到"强化国家经济安全保障"，内容包括"强化经济安全风险预警、防控机制和能力建设，实现重要产业、基础设施、战略资源、重大科技等关键领域安全可控，着力提升粮食、能源、金融等领域安全发展能力"。在统筹发展和安全中加快构建新发展格局，涉及产业链供应链安全、金融安全、数字安全、粮食安全、财政安全、能源安全、生态安全等。因篇幅所限，本节仅就产业链供应链安全、金融安全、数字安全、粮食安全等问题展开论述。

一、产业链供应链安全问题

产业链上下游各环节环环相扣，供应链前后端供给需求关系紧密关联耦合。产业链供应链的安全稳定，是经济循环畅通的关键。而产业链供应链的维系又是高成本、高风险的。世界局势风起云涌，现有的国际经济体系面临强烈冲击。个别西方大国采取贸易保护主义和单边主义，以"国家安全"和意识形态为借口，压制我国工业体系在产业链供应链中的提升，试图缩短甚至封锁我国重点产业领域转型升级的战略窗口期。

同时，在新冠肺炎疫情的冲击之下，国内的产业链供应链也面临着阻断威胁。疫情发生之后，几乎所有的企业都遭遇过一段时间的业务停顿、人员短缺、成本增加、现金流吃紧、上下游供应商之间的复工产能对接困难等问题。多数企业的关键零部件供货速度受到不同程度的影响，甚至出现断供现象。同时，近年来我国人工成本、土地及其他要素价格全面上涨，综合成本快速上升，制造业出现加速外迁现象，部分行业甚至发生供应链集群式外迁。企业生产成本上升、资金周转困难，人流物流不畅等问题，进一步影响了产业链供应链的稳定。

目前，中国已是全世界唯一一个具备完整39大类工业体系的国家。但是，即使工业体系的部门分类再齐全、各产业规模再庞大，也难以避免关键核心技术受制于人的问题。产业链供应链的升级并非一蹴而就，高端人才的培养和储备也非一日之功。西方国家对我国工业体系特别是高科技产业的重点打击与极限施压，新冠肺炎疫情对贸易生产活动也造成了巨大且长久的冲击，这些因素都会对产业链供应链的安全造成负面效应。为此，我们必须坚持创新在我国现代化建设全局中的核心地位，把科技自立自强作为国家发展的战略支撑，立足强大的国内市场，深入实施创新驱动发展战略、突破关键核心技术，提升我国产业链供应链现代化水平，更好地维护产业链供应链的稳定性、安全性和竞争力，推动实现更高质量、更有效率、更加公平、更可持续、更为安全的发展。

二、金融安全问题

金融领域的开放是大势所趋。2019 年，银保监会推出 19 条对外开放措施，其中包括降低市场准入门槛、取消外资股比限制、取消业务范围限制，以及简化行政许可流程等。2020 年 4 月，中国正式取消对证券公司、公募基金管理公司的外资持股比例限制，全球基金公司可以向中国证监会申请设立外商独资公司，能够在中国设立并向个人投资者销售公募基金。2021 年 7 月，央行研究局局长王信在国新办发布会上表示，支持上海在人民币可自由使用方面先行先试，创新面向国际的人民币金融产品，扩大境外人民币境内投资金融产品范围，促进人民币资金跨境双向流动。

金融市场的开放程度越高，所造成的潜在风险也就越大。资金跨境大规模进出会对国际收支、外汇市场等方面造成压力，引发市场利率及汇率大幅波动，甚至可能引发货币危机。跨境资本流动具有顺周期性，并且有可能形成跨部门风险传染效应。同时，金融风险也会从国际收支渠道影响基础货币投放，进而影响货币政策的稳定性，导致全社会投资和经济活动水平下降，连累实体经济。一旦境内金融市场与境外金融市场互联互通，境外对境内的影响程度加大，境外市场的大幅波动会通过某些传导机制（如市场恐慌情绪、市场间套利导致的估值水平、资本流动产生等）影响境内市场，形成一种输入型风险。此外，当外资金融机构进入中国设立分支机构以后，境外总公司 / 母公司及其分支机构对境内分支机构构成关联企业，当前者出现风险时，也会将风险传递给境内企业，致使境内外市场相互作用、相互传染，从而产生更深层次的风险隐患。[①]

---

① 殷凤、龙飞扬：《上海自贸试验区深化金融开放创新对策》，《科学发展》2019 年第 3 期。

相比国外金融机构，国内金融机构产品与服务品类不够丰富，服务半径小，市场多元化赢利能力较低。放宽外资金融机构设立限制、扩大外资金融机构在华业务范围等举措，可能会引发国内相关企业市场份额缩减甚至倒闭，增加金融系统性风险的可能。金融市场的开放对国内的审核审批机关及监管部门也是一大考验，是否能够调查清楚国外金融机构母公司的股权结构、经营情况、内控体系等，是难以全面准确地把握外资金融机构的风险。信息获取和更新的不及时、不准确，可能会对风险实质性爆发之时缺乏预警，从而失去应对能力。

三、数字技术安全问题

随着数字技术的普遍应用，政府部门在提供电信、金融、交通、能源和其他类型的与国计民生紧密关联的公共服务时，对数字技术的依赖度不断增强，一旦发生网络攻击导致数据泄露，将可能对社会稳定和经济正常运转造成严重后果。例如 2018 年，上海市网信办就对处理器内核高危漏洞发出预警，称 1995 年以来大部分量产的处理器均已出现较为严重的安全漏洞，影响涉及大部分通用操作系统，包括以英特尔为主，ARM、AMD 等大部分主流处理器芯片，Windows、Linux、macOS、Android 等主流操作系统。采用这些芯片和操作系统的公有云服务提供商，私有云、电子政务云等基础设施，广大终端用户，都有可能遭遇利用上述漏洞机理发起的组合攻击。[①]

同时，在数字时代，公民个人数据的保存和使用涉及个人隐私和公共安全等社会和政治问题引发越来越多的关注，需要建立相应的制度来

---

① 《市网信办就高危漏洞发出预警》，《新民晚报》2018 年 1 月 5 日。

妥善处理。根据达沃斯世界经济论坛《全球风险报告2020》，世界面临的30个重大风险中，与个人数据安全相关的风险占据6条，包括数据和资金窃取等网络攻击、阻碍公共基础设施运转的网络攻击、个人信息盗窃、企业对个人隐私的侵犯、政府对个人隐私的侵犯和企业权力的过度集中等。

由此可见，随着数字技术的应用可能导致监管上的"制度真空"，相关法律法规的建设相对滞后，从而引发管控失序和伦理失范等问题。此外，互联网金融、区块链金融等新业态、新模式蓬勃兴起，网络跨境金融交易日趋普遍，但如何开放与监管这一新业态，则有待进一步探索。互联网金融交易具有隐蔽性、不可追溯性、无法被冻结等新特点，可能滋生游离于监管体系之外的金融系统性风险，境外金融机构通过数字平台等跨境违法违规提供金融服务；国外互联网金融或者其他金融风险，也可能通过互联网传到国内，导致风险跨境传染。目前，对于信息数据的风险防范意识和治理水平仍显不足，加密系统和传输系统安全性不完善，缺乏专业、核心的防范黑客攻击技术，容易出现账户信息泄露、数据欺诈盗窃等事件。此外，推动数字经济的发展，不仅需要懂数字化技术方面的人才，更需要有丰富的行业经验，这样的跨界高端人才储备不足，会放大数字技术对经济社会秩序的冲击影响。

四、粮食安全问题

近年来，粮食安全问题日益受到人们的关注。尤其是在新冠肺炎疫情的冲击之下，粮食安全更是成为国家安全的重要基础。正如习近平总书记所说的，"中国人的饭碗任何时候都要牢牢端在自己的手上"。从运行情况看，我国粮食产量连续7年稳定在6亿吨以上，谷物自给率超过

95%，稻谷和小麦两大口粮完全实现自给，粮油库存处于历史高位，无论中央储备粮还是地方储备粮都非常充裕。我国还针对各种突发公共事件、自然灾害等引起的粮食市场异常波动，建立起了相应的粮食应急保障机制，粮食安全整体处于无忧之中。

但是，在一些具体领域，仍存在潜在的粮食危机，有可能影响未来的安全问题。耕地面积的减少是一个不容忽视的问题，因建设占用、灾毁、生态退耕、农业结构调整等原因，每年减少一个粮食生产大县的耕地面积。中央领导为此疾呼，要像"保护大熊猫一样保护耕地"。同时，大豆居高不下的对外依存度，也是一大隐患。"十三五"时期，大豆进口量从2015年的8156万吨提高到2019年的8851万吨，年度进口量占全球总量的60%左右。为了保障大豆供应安全，我国拓展大豆进口来源地，除了巴西、美国、阿根廷等传统来源地之外，俄罗斯、乌克兰、哈萨克斯坦等国家也成为我国大豆重要进口来源地，但是大豆的短缺以及优质稻谷和小麦供给不足，反映出我国粮食生产存在严重的结构化问题。[①]

以上简单归纳了产业链供应链、金融、数字、粮食等方面的安全问题。可以看到，当前所存在的各类风险，会从各个方面影响我国的政治稳定、经济生产和社会秩序。这些风险不会自动消失，只会长期存在，关键是要未雨绸缪，多措并举，用发展来解决安全问题。即使是像新冠肺炎疫情这样的突发事件，也是有可能做到"预警""吹哨"的。如2019年，世界卫生组织（WHO）在一份报告中就已提醒，"一种快速蔓延、高度致命的呼吸系统病原体大流行是一个非常真实的威胁"，这种威胁并非无稽之谈，一旦发生，"可能会造成5000万—8000万人丧

---

① 郭冠清：《新中国农业农村现代化的政治经济学分析》，《经济与管理评论》2020年第5期。

生，并将使 5% 的全球经济灰飞烟灭"。事实也印证了这一观点，因此提前预判，做好前期准备非常重要，这将会起到料敌于先的积极后果。

第三节 多措并举，用发展解决安全问题

在国际环境日趋复杂、不稳定性不确定性明显增加、新冠肺炎疫情影响深远、经济全球化遭遇逆流等背景下，安全已不是可有可无的点缀品，而是必须考虑的基础和前提。构建新发展格局必须统筹发展与安全的关系，没有更高质量、更有效率、更加公平、更可持续、更为安全的发展，构建新发展格局就无从谈起。《纲要》明确要求，"加强前瞻性思考、全局性谋划、战略性布局、整体性推进，统筹国内国际两个大局，办好发展安全两件大事，坚持全国"一盘棋"，更好发挥中央、地方和各方面积极性，着力固根基、扬优势、补短板、强弱项，注重防范化解重大风险挑战，实现发展质量、结构、规模、速度、效益、安全相统一。"①

无论采取何种措施，树立总体国家安全观，坚持党对国家安全工作的绝对领导，健全国家安全法治体系是两大前提条件。总体国家安全观的意义在于，打造政治安全、国土安全、军事安全、经济安全、文化安全、社会安全、科技安全、网络安全、生态安全、资源安全、核安全、海外利益安全、生物安全、太空安全、极地安全、深海安全等于一体的国家安全体系，以人民安全为宗旨，以政治安全为根本，以经济安全为基础，以军事、文化、社会安全为保障，以促进国际安全为依托，维护

---

① 《中华人民共和国国民经济和社会发展第十四个五年规划和二〇三五年远景目标纲要》，人民出版社 2021 年版，第 6—7 页。

各领域国家安全，构建国家安全体系，走中国特色国家安全道路，目的在于把安全发展贯穿国家发展各领域和全过程，防范和化解影响我国现代化进程的各种风险，筑牢国家安全屏障。

党的绝对领导作用是维护国家安全和社会安定的根本保证。2013年11月，中共中央批准成立了"中央国家安全委员会"，作为中共中央关于国家安全工作的决策和议事协调机构，向中央政治局、中央政治局常务委员会负责，统筹协调涉及国家安全的重大事项和重要工作。中央国家安全委员会的设立，有利于提高国家在面临各种安全危机和挑战时的应变能力，既有对内职能，也有对外职能，具有统筹国内和国际两个大局、整合对内对外事务的内外兼顾特点，通过建立集中统一、高效权威的国家安全体制，加强了对国家安全的领导。同时，通过完善重要领域的安全立法，制定相应的政策条例，大大拓展了国家安全工作的内涵和外延，为建立健全各领域国家安全法律制度提供了总纲，为新形势下做好国家安全工作提供了法制保障。①

具体而言，当出现产业链供应链、金融、数字、粮食等领域的安全问题时，可以采取以下措施加以应对。

一、优化稳定产业链、供应链

为保障我国产业安全和国家安全，需要打造一整套自主可控、安全可靠的产业链、供应链，力争重要产品和供应渠道都至少有一个替代来源，形成必要的产业备份系统。如果发生新冠肺炎疫情这样的"黑天鹅"事件，除了用财政资金补贴企业之外，政府还需要出台针对性政策，推

① 张仕荣、孙远哲：《如何深刻理解"统筹发展和安全，建设更高水平的平安中国"》，《党课参考》2020年第Z2期。

动企业对接社会投融资平台和资本市场。对于连锁型、平台型、科技型的企业来说，资金链尤其不能断裂。此时，金融工具的重要作用得以体现出来，帮扶性金融政策包括设立中小企业恢复生产的专项低息贷款，适当下调贷款利率，增加信用贷款和中长期贷款，对到期还款困难的予以展期或续贷，提供应急转贷资金支持，开发适合中小微企业的融资产品，鼓励保险公司畅通保险赔付流程等。

此外，还可鼓励银行为优质企业提供"信用支撑、利息补贴、鼓励贷款"，会商对口的银行给予信用担保，通过组合优惠政策和措施，引导鼓励银行贷款给优质企业，打造命运共同体生态。政府协助授信，鼓励有政府背景的产业投资基金，通过发行企业债直接融资，出面协调核心企业、供应链企业及金融企业的关系，推进交易确权；建立企业资金市场，用配套的政府优惠政策引导这些公司把资金流向优选企业，有利于核心企业自身竞争力的提升。产业链、供应链所面临的危机，也可转化为产业升级的契机。核心企业可以依托高信用优势广开门路，把握此次全球疫情造成的供应链重组机遇，获得新利润增长点，构建更紧密的产业链生态系统，提升核心科技实力，借势实现产业升级。

同时，以此次疫情为镜鉴，可以进一步审视自身的短板。此次疫情证明了全产业供应链的重要性，"建链"和"强链"应当优先鼓励。中央多次提出，要"探索社会主义市场经济条件下的举国体制""注重发挥新型举国体制在实施国家科技重大专项中的作用"。对此，中央企业或大型国有企业，理应担当"链长"重任，深入实施创新驱动发展战略，加快推动双循环背景下的产业转型升级，实现经济的高质量发展。通过央企或大型国企为主导的创新平台，整合各类资源，吸引民营企业、高等院校、科研机构、国家实验室、用户等广泛参与，形成"央企／国企+"的创新联合体，强化专业化协作和配套能力，集中力量攻关重大课题，增加微观活力，形成突破核心技术的强大体系支撑。

强化基础研究投入，积极探索市场经济条件下的新型举国体制模式，特别是要着力打造科技创新的核心平台，组织协调各方力量攻坚克难，大力推进面向市场领域中的交叉融合与原始创新，实现要素集成、流程优化、技术研发、人才培育等复合型战略目标，从而提高中国的工业基础能力，提升产业链水平，使之成为构建新发展格局的原创技术策源地。① 要想攻破"卡脖子"的难关，加强产业链和供应链的有效对接，就需要强化创新驱动为第一动力的理念，需要全面加强对科技创新的部署，需要发挥社会主义制度集中力量办大事的优势，有力有序推进创新攻关的"揭榜挂帅"体制机制建设。②

二、构筑金融"防火墙"

针对金融方面的风险，政府应把握扩大开放和防范风险平衡的原则，确保金融监管能力与开放程度相匹配，构建与对外开放相适应的新型监管体系。加强风险监管力度，完善监管体制，实施"穿透式"监管。监管部门要充分研究金融开放后的监管特点，根据发展态势及时调整监管手段，并密切关注监控政策的跟进和落实情况，以动态的眼光看待监管措施。在此进程中，堵塞监管漏洞和监管套利行为，防止分业监管与跨界经营的制度性错配，实施主动式、包容性监管，及时捕获新的金融风险类型，积极采取预防性措施，并制订相应的应对方案，建立事前防

---

① 林盼：《新型举国体制如何落地：打造以国企为主导的创新平台》，《华东理工大学学报（社会科学版）》2021年第4期。

② 郭冠清：《新发展理念生成逻辑及其对新发展格局的引领作用研究》，《河北经贸大学学报》2021年第4期。

范、事中应对和事后处置的一整套机制。

　　同时，还可在监管机制方面进行创新，引入中国版"监管沙盒"，加强监管区域之间、部门之间的协调配合；利用清算系统对市场运行情况进行实时监控，增强监管的协同效应，消除监管空白点和盲区，提升监管的有效性，使监管套利得到有效遏制。运用现代科技手段和支付结算机制，动态监管线上线下、国际国内的资金流向流量，使所有资金流动都置于金融监管机构的监督视野之内，通过新增立法、补充细则等手段延伸监管体系。加强跨境资本流动监测预警，并在情景分析、压力测试的基础上拟定应对预案，充分发挥社会中介机构如行业协会、会计师事务所、律师事务所的专业优势，弥补监管部门监管力量的不足。

　　此外，还可加强与外国政府及监管机构的信息沟通，推动国际监管体系的合作，促进监管规则与国际对接，加强信息交换和政策协调，推动联合执法，推进金融服务的全球治理。及时沟通掌握海外监管情况，准确了解外资金融机构的经营局面，对在境外的母公司／总公司及具有影响力的大股东保持关注，了解其经营范围、经营品种、经营合规性的变化情况，尤其需要关注其资产质量、赢利能力、负债情况、流动性等，以此防患于未然。

三、提升数字技术的抗风险能力

　　为了应对数字技术的发展所造成的风险隐患，各级政府应加强监管部门自身的技术建设，提高智能化精细化应急管理水平。通过采用大数据、云计算、物联网、人工智能等新一代信息技术，逐步应用到城市应急管理的事前预警、事中响应、日常防控等全过程中，采用人工智能技术开展风险识别。同时，加强数据管理流程的规范操作水平，防范机构平台数据的丢失、窃取、篡改、非法贩卖等问题，推动相关部门和企业建立完善的网络安全防护体系，强化互联网平台的技术标准建设，制定技术风险处置预案，推进监管信息互联共享、数据共享，形成广泛的信息披露网。

对数字技术的风险管控，应从产业链、供应链等流程转向整个国家和国际社会层面，支持鼓励行业中介组织进一步完善工业互联网、智能制造的参考架构，加快制造业数字化标准制定，实现设备、数据的兼容连接。加强标准体系与认证认可、检验检测体系的衔接，促进标准应用落地。同时，支持制造业的数字化改造，鼓励行业龙头企业采用新一代信息技术，加大数字化改造投入，提高企业研发设计工具普及率、关键工序数控化率以及工业电子商务普及率，推动主要设备和业务系统上云，打通企业内外信息流、数据流、业务流、资金流，推进企业资源共享、能力协同。[1]

还有学者提出，应大力推动区块链技术的使用，加强对重要产业、企业、业务、合同、节点接入、客户纠纷等方面的风险识别。区块链不仅能成为金融科技的核心技术之一，还具备与实体经济融合发展的无限潜力。区块链具有安全、透明、低风险的特性，可成为破解信息不对称和海关监管难题的重要解决方案。利用区块链技术的数据具有多方共识、不可篡改、提高数据真实性和信任度等特点，实现流程跟踪、风险预警、账册、核注清单、申报表、出入库、核放、展示交易等管理功能。通过建立安全的、扩展性强的技术底层，实现多方节点参链，解决贸易真实性与货物实时追踪中的难点，驱动业务创新。[2]

---

① 方晓霞、李晓华：《加快推动制造业数字化转型》，《经济日报》2020年11月18日。
② 渠慎宁：《区块链：新型基础设施建设的发力点》，《科技与金融》2020年第7期。

四、筑牢粮食安全的"防护网"

一个国家只有立足粮食基本自给，才能掌握粮食安全主动权，进而才能掌控经济社会发展这个大局。2013 年 11 月，习近平总书记在参加座谈会时指出，"手中有粮，心中不慌。保障粮食安全对中国来说是永恒的课题，任何时候都不能放松。历史经验告诉我们，一旦发生大饥荒，有钱也没用"。[1] 根据这一精神，2014 年中央"一号文件"《关于全面深化农村改革加快推进农业现代化的若干意见》指出："抓紧构建新形势下的国家粮食安全战略。把饭碗牢牢端在自己手上，是治国理政必须长期坚持的基本方针。综合考虑国内资源环境条件、粮食供求格局和国际贸易环境变化，实施以我为主、立足国内、确保产能、适度进口、科技支撑的国家粮食安全战略。任何时候都不能放松国内粮食生产，严守耕地保护红线，划定永久基本农田，不断提升农业综合生产能力，确保谷物基本自给、口粮绝对安全。更加积极地利用国际农产品市场和农业资源，有效调剂和补充国内粮食供给。"[2]

以保障国家粮食安全为底线，首先就要确保国计民生要求，健全农业支持保护制度。坚持最严格的耕地保护制度，加大农业水利设施建设力度，实施高标准农田建设工程，强化农业科技和装备支撑，提高农业良种化水平，健全动物防疫和农作物病虫害防治体系，建设智慧农业。强化绿色导向、标准引领和质量安全监管，建设农业现代化示范区。推动农业供给侧结构性改革，优化农业生产结构和区域布局，加强粮食生产功能区、重要农产品生产保护区和特色农产品优势区建设，推进优质

---

[1] 《习近平谈粮食安全与新型职业农民培养》，《农民科技培训》2014 年第 1 期。
[2] 《关于全面深化农村改革　加快推进农业现代化的若干意见》，人民出版社 2014 年版，第 3—4 页。

粮食工程。完善粮食主产区利益补偿机制。保障粮、棉、油、糖、肉等重要农产品供给安全，提升收储调控能力。开展粮食节约行动。发展县域经济，推动农村一二三产业融合发展，丰富乡村经济业态，拓展农民增收空间。

针对我国在农产品供给方面的结构性问题，尤其是大豆、优质稻谷和小麦等主要依赖进口的问题，"十四五"时期要在确保粮食生产安全的基础上，对收储抛储体系进行深度调整，建立有效的价格形成机制。按照农产品的生产力发展阶段，对需要培育的农产品进行保护。通过价格形成机制的改革，提高农业的全要素生产率，加快推进农业农村现代化发展进程。

第四节　构建开放型经济体制，"化风险于无形"

风险无处不在，但又不能为了避免风险而实行"关门主义"。2020年，中央提出要推动形成以国内大循环为主体、国内国际双循环相互促进的新发展格局，有舆论错误地解读为"关起门来自给自足"或"闭关锁国"。对此，习近平总书记多次指出，"新发展格局决不是封闭的国内循环，而是开放的国内国际双循环""要全面提高对外开放水平，建设更高水平开放型经济新体制，形成国际合作和竞争新优势"。[1]"双循环"并非闭关锁国，经济全球化仍是历史潮流，各国分工合作、互利共赢是长期趋势，国际经济联通和交往是世界经济发展的客观要求。这是新冠肺炎疫情和个别国家的保护主义不可能打破的人类社会演进的

---

[1]　习近平：《在经济社会领域专家座谈会上的讲话》，人民出版社 2020 年版，第 5 页，第 8 页。

主旋律。

"坚持深化改革、扩大开放，推动建设开放型世界经济，让高水平对外开放更好地为国内国际双循环发挥驱动作用，就是选择站在历史正确的一边"。①《纲要》中明确提出，"实行高水平对外开放 开拓合作共赢新局面"，其中包括建设更高水平开放型经济新体制、推动共建"一带一路"高质量发展、积极参与全球治理体系改革和建设等内容。此外，还有若干条与对外开放密切相关，比如促进科技开放合作、加强国际产业安全合作、积极参与数字领域国际规则和标准的制定等。在扩大开放的过程中关注安全问题，充分表明我们希望能够获得更高质量、更高水平的开放。越是重视安全，越要走开放之路，增强竞争能力、开放监管能力、风险防控能力，炼就金刚不坏之身。

分工与协作所产生的普遍联系是生产力社会化的基本存在形式，单边主义和保护主义政策割裂了世界分工协作产生的普遍联系，违背了全球化背景下的社会化大生产规律，将会造成人类发展史上生产社会化进程的倒退。② 习近平总书记指出："经济全球化遭遇倒流逆风，越是这样我们越是要高举构建人类命运共同体旗帜，坚定不移维护和引领经济全球化。"③ 新发展格局的提出，就是要通过供给侧结构性改革，进一步优化生产资料的科学配置，从生产、分配、流通、消费各个环节促进世界供应链和产业链的提升，维护全球劳动社会化分工与协作所产生的普遍联系，在提高国内经济循环总量的同时，促进更高水平的对外开放，实

---

① 沈铭辉：《以高水平对外开放驱动国内国际双循环》，《经济日报》2020 年 10 月 29 日。
② 洪银兴、杨玉珍：《构建新发展格局的路径研究》，《经济学家》2021 年第 3 期。
③ 和音：《坚定不移维护和引领经济全球化》，《人民日报》2020 年 10 月 6 日。

现国内国际双循环相互促进。①

现今，以美国为主的发达经济体因新冠肺炎疫情经济陷入衰退，国际产业链中的高端供给出现空缺，为我国企业提升产业链发展水平提供了机遇。我国经济正处在转变发展方式、优化经济结构、转换增长动力的攻关期，应当切实提升全球资源配置的能力，不断完善自身产业链、价值链、创新链的全球化布局，推动技术、管理、金融等资源的全球化配置，把进行对外投资与国内设备、服务、技术、标准的全方位"走出去"结合起来，加快形成面向全球的生产服务网络，主动对接国际市场需求，积极参与全球竞争与合作，实现企业发展水平的跃升。《纲要》明确表示，支持企业融入全球产业链供应链，提高跨国经营能力和水平。以"一带一路"建设为纽带，塑造以中国制造、中国创造为关键技术谱系的国际生产体系，加快布局"以我为主"的区域产业链体系。企业应当以更加主动的姿态融入全球创新网络，以开阔胸怀吸纳全球创新资源，推动技术和标准输出，形成代差优势、先发优势，不断抢占技术制高点、掌握行业话语权，在生产组织创新、技术创新、市场创新上走在前列，提升系统集成能力和自主创新能力，形成新技术的应用场景和市场化产品，推动企业向产业链供应链的治理者和控制者转型，培育"链主"企业和"隐形冠军"。

另一方面，通过构建开放型经济体制，可更好地发挥中国在推进全球多边贸易进程中的引领作用，化风险于无形，实现包容性增长。新发展格局的提出，一个重要目标是在中国的开放型经济和世界经济之间搭建一座更好的桥梁，双方良性互动、取长补短，"要用顺畅联通的国内国际循环，推动建设开放型世界经济，推动构建人类命运共同体，形成

---

① 王一鸣：《百年大变局、高质量发展与构建新发展格局》，《管理世界》2020年第12期。

更加紧密稳定的全球经济循环体系，促进各国共享全球化深入发展机遇和成果"①。

在这一方面，有必要强调中国国际进口博览会的重要作用。习近平主席在首届中国国际进口博览会上的主旨演讲中指出："举办中国国际进口博览会，是中国着眼于推动新一轮高水平对外开放作出的重大决策，是中国主动向世界开放市场的重大举措。"②作为新时代中国构建开放型经济体制的重要战略选择，进口博览会具有重要的现实意义，彰显了中国进一步扩大对外开放的决心。通过扩大进口、促进贸易平衡，改善供给结构、帮助发展中国家参与经济全球化等方式，推动全球经济发展，体现了中国寻求互惠共赢、实现共同发展的诚意和决心，堪称利他性贸易合作政策的典范。

进口博览会的举办，有利于我国的进口对象从以发达国家和原材料出口国为主，向发达国家、发展中国家和不发达国家并重转变。我国邀请包括发达国家、发展中国家在内的诸多国家及其企业来进博会参展，能够更好地将这些国家的特色优质产品呈现到中国的消费者面前，有利于这些不同类型国家的产品在中国打开市场。这一理念充分考虑到了中国目前进口贸易的现状以及进一步发展的需要，从传统进口国持续开展进口的同时，开拓新的进口市场，以进口市场多元化实现我国经济在国际环境多变背景下的稳定增长。③

进口博览会的持续举办，还将有利于推动和深化中国同世界上其他

---

① 刘鹤：《加快构建以国内大循环为主体、国内国际双循环相互促进的新发展格局》，《人民日报》2020年11月25日。

② 习近平：《共建创新包容的开放型世界经济：在首届中国国际进口博览会开幕式上的主旨演讲》，人民出版社2018年版，第2页。

③ 李培林、林盼：《以进博会为契机，推进更高水平的对外开放》，《中国国际进口博览会发展研究报告No.2》，社会科学文献出版社2020年版，第1—13页。

国家和组织的双边和多边合作。在双边合作方面，进博会涉及一系列的商务、外交、两国的政策协调等问题。和贸易伙伴国签订自贸协定是现阶段最流行的合作方式。通过签订自贸协定，签订双方的产品可以更低的关税、更便捷的途径、更低的交易成本进入对方市场，达到互利互惠。可以预见，随着进博会的每年举办和影响的逐步扩大、参展国从中获得的效益逐渐增加，这些国家会进一步加深和中国的经贸关系。进博会作为高水平开放的重要举措，体现了中国寻求互惠共赢、实现共同发展的诚意和决心，其溢出带动效应将会对自由贸易和多边贸易体制的维护、创新包容的开放型世界经济体系的建设提供有力的支撑。进博会新型合作平台的建立完善，将会更好地发挥中国在推进全球多边贸易进程中的引领作用，有利于参与各方共商、共享全球贸易治理新规则，化风险于无形，实现包容性增长。①

2020 年 5 月，习近平总书记在全国"两会"期间看望参加政协会议的经济界委员时指出，"要坚持用全面、辩证、长远的眼光分析当前经济形势，努力在危机中育新机、于变局中开新局"。安全的重要性，当前已被提到了前所未有的高度，这就要促使我们从统筹发展和安全的高度准确把握和积极推进构建新发展格局，将会对执政理念、思想战略及机制设计造成巨大影响。

发展与安全是一对辩证关系，两者是一个整体，相辅相成。在政策制定的过程中，应加强经济安全风险预警、防控机制和能力建设，实现重要产业、基础设施、战略资源、重大科技等关键领域安全可控，增强产业体系抗冲击能力。维护金融安全，守住不发生系统性风险底线。确保粮食安全，保障能源和战略性矿产资源安全。此外，更需要以发展解

---

① 林盼：《依托进口博览会，推动全球贸易》，《中国日报》2019 年 11 月 5 日。

决安全问题，抓住当前新一轮科技革命和产业变革正处于实现重大突破的历史关口，制定具有前瞻性、发展性的产业政策，选择科技创新和产业发展的方向进行重点投入，为构建新发展格局、推动高质量发展提供先导力量，为提高各行业的竞争力和安全性贡献力量。

（执笔人：林盼）

参考文献

1. 白重恩、钱震杰：《国民收入的要素分配：统计数据背后的故事》，《经济研究》2009 年第 3 期。

2. 本书编写组编著：《〈中共中央关于制定国民经济和社会发展第十四个五年规划和二〇三五年远景目标的建议〉辅导读本》，人民出版社 2020 年版。

3. 本书编写组：《中国共产党简史》，人民出版社 2021 年版。

4. 薄一波：《若干重大决策与事件的回顾》上卷，中共党史出版社 2008 年版。

5. 陈沂：《当代中国的上海》（上），（光盘版）当代中国出版社 1999 年版。

6. 蔡昉：《探索适应经济发展的公平分配机制》，《人民论坛》2005 年 10 月 17 日。

7. 蔡昉：《实现共同富裕必须努力扩大中等收入群体》，《经济日报》2020 年 12 月 7 日。

8. 蔡昉：《扩大中等收入群体面向的重点人群》，《北京日报》2021 年 2 月 1 日。

9. 陈弋、Démurger Sylvie、Martinfournier 等：《中国企业的工资差异和所有制结构》，《世界经济文汇》2005 年第 6 期。

10. 陈燕儿、蒋伏心：《新时代扩大中等收入群体的路径研究》，《江苏社会科学》2018 年第 1 期。

11. 陈宗胜、武洁：《收入分配差别与二元经济发展》，《经济学家》1990 年第 3 期。

12. 陈宗胜、康健：《中国居民收入分配"葫芦型"格局的理论解释——基于城乡二元经济体制和结构的视角》，《经济学动态》2019 年第 1 期。

13. 陈伟光、明元鹏、钟列炀：《构建"双循环"新发展格局：基于中国与世界经济关系的分析》，《改革》2021 年第 5 期。

14. 陈万钦、刘奎庆、徐双军：《我国如何"精准"扩大中等收入群体》，《河北经贸大学学报》2021 年第 5 期。

15. 陈全润、许健、夏炎、季康先：《国内国际双循环的测度方法及我国双循环格局演变趋势分析》，《中国管理科学》2021 年第 1 期。

16. 程名望、盖庆恩、Yanhong Jin 等：《人力资本积累与农户收入增长》，《经济研究》

2016 年第 1 期。

17.程丽香：《中等收入群体的界定与测度：一个文献梳理》，《中共福建省委党校学报》2019 年第 6 期。

18.《邓小平文选》第二卷，人民出版社 1994 年版。

19.《邓小平文选》第三卷，人民出版社 1993 年版。

20.徐矶、李易方：《当代中国的畜牧业》，当代中国出版社 1991 年版。

21.《当代中国的农业》编辑委员会编：《当代中国的农业》，当代中国出版社 1992 年版。

22.《当代中国对外贸易》编辑委员会编：《当代中国的对外贸易》（下），当代中国出版社 1992 年版。

23.戴维·S.兰德斯：《国富国穷》，门洪华等译，新华出版社 2010 年版。

24.邸敏学：《毛泽东邓小平若干经济理论问题研究》，人民出版社 2017 年版。

25.丁任重、陈志舟、顾文军：《"倒 U 假说"与我国转型期收入差距》，《经济学家》2003 年第 6 期。

26.董志凯：《应对封锁禁运——新中国历史一幕》，社会科学文献出版社 2014 年版。

27.董志勇、方敏：《新发展格局的理论、历史与实践——以政治经济学为例》，《教学与研究》2020 年第 12 期。

28.樊勇明：《中国的工业化与外国的直接投资》，上海社会科学院出版社 1992 年版。

29.冯涛、罗小伟、徐浩：《劳动力市场扭曲与收入分配差距研究——基于城乡"二元"结构视角》，《云南财经大学学报》2016 年第 1 期。

30.付强：《市场分割促进区域经济增长的实现机制与经验辨识》，《经济研究》2017 年第 3 期。

31.方书生：《近代中国工业体系的萌芽与演化》，《上海经济研究》2018 年第 11 期。

32.国家统计局：《伟大的十年》，人民出版社 1959 年版。

33.国家发改委社会发展研究所课题组，常兴华、李伟：《扩大中等收入者比重的实证分析和政策建议》，《经济学动态》2012 年第 5 期。

34.龚育之：《国有企业在中国工业化进程中的历史地位》，《理论前沿》1999 年第 20 期。

35.桂琦寒、陈敏、陆铭、陈钊：《中国国内商品市场趋于分割还是整合：基于相对价格法的分析》，《世界经济》2006 年第 2 期。

36.郭凯明、王藤桥：《基础设施投资对产业结构转型和生产率提高的影响》，《世界经济》2019 年第 11 期。

37.郭凯明、潘珊、颜色：《新型基础设施投资与产业结构转型升级》，《中国工业经济》2020 年第 3 期。

38.高敏雪：《国民经济核算与供给侧宏观经济观察》，《统计研究》2020 年第 2 期。

39.管汉晖、刘冲、辛星：《中国的工业化：过去与现在（1887—2017）》，《经济学报》2020 年第 3 期。

40.刘鹤：《加快构建以国内大循环为主体、国内国际双循环相互促进的新发展格局》，《人民日报》2020 年 11 月 25 日。

41.高培勇、杜创、刘霞辉、袁富华、汤铎铎：《高质量发展背景下的现代化经济体系建设：一个逻辑框架》，《经济研究》2019 年第 4 期。

42.高培勇：《从全局高度准确把握和积极推进构建新发展格局》，《经济日报》2021 年 1 月 18 日。

43.高培勇：《构建新发展格局：在统筹发展和安全中前行》，《经济研究》2021 年第 3 期。

44.贺庆生、刘叶：《论我国城市贫困治理的现实困境与路径选择》，《学习与实践》2015 年第 12 期。

45.黄群慧：《中国工业化进程与产业政策》，《中国经济报告》2019 年第 1 期。

46.黄群慧、贺俊：《未来 30 年中国工业化进程与产业变革的重大趋势》，《学习与探索》2019 年第 8 期。

47.黄群慧：《从当前经济形势看"双循环"新发展格局》，《学习时报》2020 年 7 月 24 日。

48.黄群慧：《以更深层次改革推动构建完整内需体系》，《经济日报》2020 年 10 月 27 日。

49.黄群慧：《"双循环"新发展格局：深刻内涵、时代背景与形成建议》，《北京工业大学学报（社会科学版)》2021 年第 1 期。

50.黄群慧、刘学良：《新发展阶段中国经济发展关键节点的判断和认识》，《经济学动态》2021 年第 2 期。

51.黄群慧：《新发展格局的理论逻辑、战略内涵与政策体系——经济现代化视角》，《经济研究》2021 年第 4 期。

52.黄新华、马万里：《从需求侧管理到供给侧结构性改革：政策变迁中的路径依赖》，《北京行政学院学报》2019 年第 5 期。

53.韩保江：《深刻认识和把握新发展格局与现代化经济体系的关系》，《全球商业经典》2020 年第 12 期。

54.胡杰成：《城市扶贫政策的消极性缺陷及其改进途径》，《城市问题》2007 年第 9 期。

55.纪玉山、张洋、代栓平：《技术进步与居民收入分配差距》，《当代经济研究》2005 年第 5 期。

56.金煜、陈钊、陆铭：《中国的地区工业集聚：经济地理、新经济地理与经济政策》，《经济研究》2006年第4期。

57.贾东岚：《提高中等收入群体收入的美国经验》，《中国人力资源社会保障》2019年第9期。

58.贾根良：《谈谈热词"国内大循环"》，《光明日报》2020年11月4日。

59.江小涓、孟丽君：《内循环为主、外循环赋能与更高水平双循环——国际经验与中国实践》，《管理世界》2021年第1期。

60.《列宁全集》第40卷，人民出版社1986年版。

61.《列宁全集》第41卷，人民出版社1986年版。

62.柳建辉：《社会主义初级阶段理论形成的历史考察》，《理论导刊》1988年第2期。

63.刘国光主编：《中国十年五年计划研究报告》，人民出版社2006年版。

64.李实、[加]史泰丽、[瑞典]古斯塔夫森：《中国居民收入分配研究Ⅲ》，北京师范大学出版社2008年版。

65.李实：《从全面小康走向共同富裕的着力点》，《中国党政干部论坛》2020年第2期。

66.李春玲：《中等收入群体的构成特征与新时代"精准扩中"策略》，《统一战线学研究》2018年第1期。

67.李春玲：《迈向共同富裕阶段：我国中等收入群体成长和政策设计》，《北京工业大学学报（社会科学版）》2022年第2期。

68.李景治：《准确把握"新发展阶段"的历史方位和科学内涵》，《学术界》2021年第5期。

69.李红：《关于我国居民收入分配差距问题的分析与对策》，《青海民族学院学报》2005年第4期。

70.连国萍：《关于培育和扩大中等收入群体的思考》，《发展研究》2018年第11期。

71.陆铭、陈钊：《中国区域经济发展中的市场整合与工业集聚》，上海三联书店2006年版。

72.陆铭、陈钊：《分割市场的经济增长——为什么经济开放可能加剧地方保护》，《经济研究》2009年第3期。

73.陆铭、蒋仕卿：《重构"铁三角"：中国的劳动力市场改革、收入分配和经济增长》，《管理世界》2007年第6期。

74.罗长远、张军：《劳动收入占比下降的经济学解释——基于中国省级面板数据的分析》，《管理世界》2009年第5期。

75.罗锋、黄丽：《人力资本因素对新生代农民工非农收入水平的影响——来自珠江三角洲的经验证据》，《中国农村观察》2011年第1期。

76.李稻葵、徐欣、江红平：《中国经济国民投资率的福利经济学分析》，《经济研究》2012 年第 9 期。

77.刘鹤：《加快构建以国内大循环为主体、国内国际双循环相互促进的新发展格局》，本书编写组编著：《〈中共中央关于制定国民经济和社会发展第十四个五年规划和二〇三五年远景目标的建议〉辅导读本》，人民出版社 2020 年版。

78.刘鹤：《加快构建以国内大循环为主体、国内国际双循环相互促进的新发展格局》，《人民日报》2020 年 11 月 25 日。

79.刘志彪：《建设现代化经济体系：基本框架、关键问题与理论创新》，《南京大学学报（哲学·人文科学·社会科学）》2018 年第 3 期。

80.刘志彪：《重塑中国经济内外循环的新逻辑》，《探索与争鸣》2020 年第 7 期。

81.刘哲希、陈彦斌：《"十四五"时期中国经济潜在增速测算——兼论跨越"中等收入陷阱"》，《改革》2020 年第 10 期。

82.刘秉泉：《对当前我国收入分配领域难点问题的思考》，《中国劳动》2013 年第 8 期。

83.刘伟、王灿、赵晓军等：《中国收入分配差距：现状、原因和对策研究》，《社会科学文摘》2019 年第 1 期。

84.卢晓勇、孙宏、李红：《FDI 引入对中国就业效应分析》，《技术经济》2006 年第 12 期。

85.吕新军、代春霞：《劳动力市场分割、人力资本投资与收入回报》，《北京理工大学学报（社会科学版）》2019 年第 1 期。

86.《毛泽东选集》第二卷，人民出版社 1991 年版。

87.《毛泽东选集》第四卷，人民出版社 1991 年版。

88.《毛泽东文集》第六卷，人民出版社 1999 年版。

89.《马克思恩格斯全集》第 12 卷，人民出版社 1958 年版。

90.《马克思恩格斯全集》第 13 卷，人民出版社 1958 年版。

91.《马克思恩格斯全集》第 30 卷，人民出版社 1995 年版。

92.《马克思恩格斯全集》第 4 卷，人民出版社 1958 年版。

93.马晓河：《供给侧结构性改革的实现途径》，《南京日报》2018 年 8 月 1 日。

94.马敏娜：《我国居民收入差距扩大对消费需求的影响》，《当代经济研究》2000 年第 1 期。

95.马建堂、赵昌文：《更加自觉地用新发展格局理论指导新发展阶段经济工作》，《管理世界》2020 年第 11 期。

96.马草原、李廷瑞、孙思洋：《中国地区之间的市场分割——基于"自然实验"的实证研究》，《经济学（季刊）》2021 年第 3 期。

97.孟宪生、关凤利、唐哲一：《农民工参与就业培训的决定因素及对收入影响的实证分析》，《东北师大学报（哲学社会科学版）》2011 年第 4 期。

98.孟捷:《中国特色社会主义政治经济学理论体系研究》(上),《经济导刊》2020年第8期。

99.倪红福:《构建新发展格局,保障经济行稳致远》,半月谈《时事资料手册》2020年第5期。

100.牛志伟、邹昭晞、卫平东:《全球价值链的发展变化与中国产业国内国际双循环战略选择》,《改革》2020年第12期。

101.黎峰:《国内国际双循环:理论框架与中国实践》,《财经研究》2021年第4期。

102.欧阳志刚、彭方平:《双轮驱动下中国经济增长的共同趋势与相依周期》,《经济研究》2018年第4期。

103.裴长洪、刘洪愧:《习近平新时代对外开放思想的经济学分析》,《经济研究》2018年第2期。

104.裴长洪、刘斌:《中国开放型经济学:构建阐释中国开放成就的经济理论》,《中国社会科学》2020年第2期。

105.裴长洪、刘洪愧:《构建新发展格局科学内涵研究》,《中国工业经济》2021年第6期。

106.渠慎宁、李鹏飞、吕铁:《"两驾马车"驱动延缓了中国产业结构转型?——基于多部门经济增长模型的需求侧核算分析》,《管理世界》2018年第1期。

107.秦荣生:《我国经济治理应在多重目标中寻求动态平衡》,《人民政协报》2019年12月17日。

108.钱学锋、裴婷:《国内国际双循环新发展格局:理论逻辑与内生动力》,《重庆大学学报(社会科学版)》2021年第1期。

109.清华大学中国经济思想与实践研究院(ACCEPT)宏观预测课题组、李稻葵:《中国宏观经济形势分析与前瞻》,《改革》2020年第1期。

110.屈小博:《培训对农民工人力资本收益贡献的净效应——基于平均处理效应的估计》,《中国农村经济》2013年第8期。

111.《斯大林文选》,人民出版社1978年版。

112.孙长荣:《国有企业的管理与改革》,《改革与战略》2004年第2期。

113.申丹虹:《新自由主义、劳动力市场与收入不平等》,《第一届中国政治经济学年会应征论文集》2007年。

114.史乐陶:《落实十九大精神探讨中国居民收入分配现状与问题——中国收入分配50人论坛(南开2017)研讨会综述》,《南开经济研究》2018年第2期。

115.沈坤荣、赵倩:《以双循环新发展格局推动"十四五"时期经济高质量发展》,《经济纵横》2020年第10期。

116.孙健:《20世纪的中国——走向现代化的历程(经济卷1949—2000)》,人民出版社2010年版。

117. 汪海波：《新中国工业经济史》，经济管理出版社 1990 年版。

118. 吴承明、董志凯：《中华人民共和国经济史》第一卷，中国财政经济出版社 1999 年版。

119. 吴江华：《新形势下扩大中等收入群体的意义、困境与对策》，《西北民族大学学报（哲学社会科学版）》2017 年第 5 期。

120. 王建：《什么是国际经济大循环》，《四川建材学院学报》1998 年第 3 期。

121. 王勇、沈仲凯：《禀赋结构、收入不平等与产业升级》，《经济学（季刊）》2018 年第 2 期。

122. 王立胜：《深刻把握新发展阶段的历史逻辑》，《人民论坛》2021 年 3 月（上）。

123. 王一鸣：《构建新发展格局是中国的重大战略任务》，《现代国际关系》2021 年第 1 期。

124. 王一鸣：《百年大变局、高质量发展与构建新发展格局》，《管理世界》2021 年第 12 期。

125. 王德文、蔡昉、张国庆：《农村迁移劳动力就业与工资决定：教育与培训的重要性》，《经济学（季刊）》2008 年第 4 期。

126. 王美艳：《中国城市劳动力市场上的性别工资差异》，《经济研究》2005 年第 12 期。

127. 王甫勤：《人力资本、劳动力市场分割与收入分配》，《社会》2010 年第 1 期。

128. 王晓丹、金喜在：《我国收入分配格局存在的问题及对策研究》，《当代经济研究》2011 年第 3 期。

129. 《习近平谈治国理政》第二卷，外文出版社 2017 年版。

130. 习近平：《在经济社会领域专家座谈会上的讲话》，《人民日报》2020 年 8 月 25 日。

131. 习近平：《把握新发展阶段，贯彻新发展理念，构建新发展格局》，《求是》2021 年第 9 期。

132. 习近平：《在经济社会领域专家座谈会上的讲话》，人民出版社 2020 年版。

133. 习近平：《在省部级主要领导干部坚持底线思维　着力防范化解重大风险专题研讨班开班式上的讲话》，《人民日报》2019 年 1 月 22 日。

134. 谢伏瞻、刘伟、王国刚等：《奋进新时代开启新征程——学习贯彻党的十九届五中全会精神笔谈》（上），《经济研究》2020 年第 12 期。

135. 徐朝阳、白艳、王鞬：《要素市场化改革与供需结构错配》，《经济研究》2020 年第 2 期。

136. 徐奇渊：《双循环新发展格局：如何理解和构建》，《金融论坛》2020 年第 9 期。

137. 叶林祥、李实、罗楚亮：《行业垄断、所有制与企业工资收入差距——基于第一次全国经济普查企业数据的实证研究》，《管理世界》2011 年第 4 期。

138. 杨继军：《刘易斯转折点、国民收入分配结构与中国经济内外再平衡》，《财贸经济》2015 年第 10 期。

139. 杨光、孙浦阳、龚刚：《经济波动、成本约束与资源配置》，《经济研究》2015年第 2 期。

140. 杨继东、杨其静：《制度环境、投资结构与产业升级》，《世界经济》2020 年第11 期。

141. 杨耀武、倪红福、王丽萍：《后疫情时期的全球产业链的演变逻辑、趋势和政策建议》，《财经智库》2020 年第 6 期。

142. 杨耀武、张平：《中国经济高质量发展的逻辑、测度与治理》，《经济研究》2021 年第 1 期。

143. 杨耀武：《从"双循环"新发展格局看中国经济结构变迁》，《上海经济研究》2021 年第 3 期。

144. 杨伟民：《构建新发展格局：为什么，是什么，干什么》，《比较》2021 年第 2 期。

145. 杨爽：《从劳动力市场的分割看行业间收入分配的不公平》，《〈资本论〉与贫困问题研究——陕西省〈资本论〉研究会 2005 年学术年会论文集》2005 年。

146. 杨宜勇、吴香雪：《中等收入群体：功能定位、现实困境与培育路径》，《社会科学文摘》2017 年第 2 期。

147. 姚雪萍、余成跃：《从制度层面解析我国居民收入差距的成因》，《改革与战略》2010 年第 10 期。

148. 姚树洁、房景：《"双循环"发展战略的内在逻辑和理论机制研究》，《重庆大学学报（社会科学版）》2020 年第 6 期。

149. 颜色、郭凯明、杭静：《需求结构变迁、产业结构转型和生产率提高》，《经济研究》2018 年第 12 期。

150. 尹翔硕：《比较优势、技术进步与收入分配——基于两个经典定理的分析》，《复旦学报（社会科学版）》2002 年第 6 期。

151. 于晗、蔡昉：《三处着手扩大中等收入群体》，《中国银行保险报》2021 年 7 月7 日。

152. 袁佳、高宏：《我国居民收入和财富分配格局及改善对策》，《新金融》2021 年1 期。

153. 阎照祥：《英国史》，人民出版社 2014 年版。

154. 阎放鸣：《论我国第二次成套设备的大引进》，《中国经济史研究》1988 年第 1 期。

155. 杨尚昆：《杨尚昆日记》（上），中央文献出版社 2001 年版。

156.《中共中央关于制定国民经济和社会发展第十四个五年规划和二〇三五年远景目标的建议》，《人民日报》2020 年 11 月 4 日。

157.《中共中央文件选集》第 16 册，中共中央党校出版社 1992 年版。

158.中国社会科学院、中央档案馆：《1949—1952 中华人民共和国经济档案资料选编·对外贸易卷》，经济管理出版社 1994 年版。

159.《资本论》第 1 卷，人民出版社 2018 年版。

160.中国社会科学院、中央档案馆：《1949—1952 中华人民共和国经济档案资料选编·商业卷》，中国物资出版社 1995 年版。

161.中国经济增长前沿课题组：《城市化、财政扩张与经济增长》，《经济研究》2011 年第 11 期。

162.张占斌：《新型城镇化的战略意义和改革难题》，《国家行政学院学报》2013 年第 1 期。

163.郑江淮、宋建、张玉昌、郑玉、姜青克：《中国经济增长新旧动能转换的进展评估》，《中国工业经济》2018 年第 6 期。

164.张燕生、陈长缨、逯新红：《中国对外经济贸易 70 年》，经济科学出版社 2019 年版。

165.张建平、刘恒：《改革开放 40 年："引进来"与"走出去"》，《先锋》2019 年第 2 期。

166.张宇燕、倪峰、杨伯江、冯仲平：《新冠疫情与国际关系》，《世界经济与政治》2020 年第 4 期。

167.张平、杨耀武：《经济复苏、"双循环"战略与资源配置改革》，《现代经济探讨》2021 年第 1 期。

168.张杰、金岳：《我国扩大内需的政策演进、战略价值与改革突破口》，《改革》2020 年第 9 期。

169.张薇、汪洪、陈仲常：《中国居民收入分配差距扩大的制度性因素分析》，《经济与管理》2004 年第 11 期。

170.张洋、刘秉泉：《对当前我国收入分配领域难点问题的思考(续)》，《中国劳动》2013 年第 9 期。

171.庄贵阳、徐成龙、薄凡：《新发展格局下增强现代化经济体系韧性的策略》，《经济纵横》2021 年第 4 期。

172.赵学军：《"156 项"建设项目对中国工业化的历史贡献》，《中国经济史研究》2021 年第 4 期。

173.周东洋、吴愈晓：《劳动力市场分割、职业流动与城市劳动者经济地位获得的二元路径模式》，《中国社会科学》2011 年第 1 期。

174.Bon R., "Comparative Stability Analysis of Demand-Side and Supply-Side Input-Output Models", *International Journal of Forecasting*, Vol.2, No.2,1986.

175.Copeland, B.R., M.S. Taylor, "Trade and Environment: Theory and Evidence", *Department of Environment*, 2003.

176.Furman, J., J. Stiglitz, "Economic Crises: Evidence and Insights from East Asia", *Brookings Papers on Economic Activity*, *Economic Studies Program*, *The Brooking Institution*, Vol. 1998, Issue 2, 1998.

177.Foot, Rosemary, King, Amy, "Assessing the Deterioration in China–U.S. Relations: U.S. Governmental Perspectives on the Economic-security Nexus", *China International Strategy Review*. Vol. 1, Issue 1, 2019.

178.Fisher J. D., Johnson D., Smeeding T., Thompson J. P ., "Estimating the Marginal Propensity to Consume Using the Distributions of Income, Consumption and Wealth", *Journal of Macroeconomics*, Vol. 65, 2020.

179.Garrent G., "Globalization's Missing Middle", *Foreign Affairs*, Vol.83, No.6, 2004.

180.He, J. ,"Pollution Haven Hypothesis and Environmental Impacts of Foreign Direct Investment: The Case of Industrial Emission of Sulfur Dioxide (SO_2) in Chinese Provinces", *Ecological Economics*, 2006.

181.Hendren N., " Knowledge of Future Job Loss and Implications for Unemployment Insurance", *American Economic Review*, Vol.107, No.7, 2017.

182.Jun Z., "Investment，Investment Efficiency and Economic Growth in China", *Journal of Asian Economics*, Vol.14, No.5, 2004.

183.Loren Brandt, Chang-tai Hsieh, and Xiaodong Zhu, "Growth and Structural Transformation in China", in Loren Brandt and Thomas Rawski, eds., *China's Great Economic Transformation*, Cambridge University Press, 2008.

184.Tellis, Ashley J., "The Return of U.S.-China Strategic Competition, in Strategic Asia 2020: U.S.-China Competition for Global Influence", *The National Bureau of Asian Research*, 2020.

185.Walter, I., J. L. Ugelow, "Environmental Policies in Developing Countries", Ambio, 1979.

186.Whaples, R., "Where is there Consensus Among American Economic Historians? The Results of a Survey on Forty Propositions", *The Journal of Economic History*, Vol. 55, Issue 1, 1995.

187.Koopman R., Wang Z., Wei S J., "Tracing Value-Added and Double Counting in Gross Exports", *The American Economic Review*, Vol. 104, Issue 2, 2014.

188.Wang Z., Wei S. J., Yu X., et al., "Measures of Participation in Global Value Chains and Global Business Cycles", *National Bureau of Economic Research*, Working Papers, 2017.

189.Wang Z., Wei S. J., Yu X., et al., "Tracing Value Added in the Presence of Foreign Direct Investment", *National Bureau of Economic Research*, Working Papers, 2021.

后 记

本书是一本力图从学理上对新发展格局加以研究的理论著作。

从 2020 年 4 月 10 日习近平总书记在中央财经委员会会议上正式提出构建新发展格局，到党的十九届五中全会对构建新发展格局作出全面部署，再到党的十九届六中全会将加快构建新发展格局作为党对中国特色社会主义建设规律认识深化和理论创新的重大成果写入《中共中央关于党的百年奋斗重大成就和历史经验的决议》，围绕新发展格局这个事关我国长远发展和长治久安的重大经济现代化战略，学术界、实践层的理论探讨和政策解读一直在持续深入推进，且已取得了一系列的成果。

读者面前的这本书，侧重于从学理上讲清楚新发展格局的理论逻辑、历史逻辑和现实逻辑。从学理化研究的角度推动新发展格局的研究走深走实。

围绕"新发展阶段构建什么样的新发展格局、如何构建新发展格局"这条主线，本书的研究共分为总论（构建新发展格局：在统筹发展和安全中前行）、上篇（构建新发展格局的逻辑主线）、中篇（构建新发展格局的关键问题）、下篇（构建新发展格局的政策体系）四部分。

除总论由我执笔之外，其余各章的写作分工是：第一章（新发展格局的理论基础）由刘洪愧执笔；第二章（新发展格局的现实逻辑）由刘学良执笔；第三章（新发展格局的历史逻辑）由赵学军执笔；第四章（新发展格局的测度分析）由倪红福、田野执笔；第五章（新发展理念、高质量发展与新发展格局）由杨耀武执笔；第六章（现代化经济体系与新发展格局）由杜创执笔；第七章（新发展格局下需求侧管理与供给侧改革动态协同）由黄群慧、陈创练执笔；第八章（构建新发展格局下的效率与公平协同的政策体系）由高文书执笔；第九章（发展与安全协同的政策体系）由林盼执笔。

本书的出版得到了中国社会科学院国有经济研究智库年度重点课题"国有企业在构建新发展格局中的作用研究"的支持。值此出版之际，要感谢在研究写作中给予各方面帮助的中国社会科学院同事及学界同仁，感谢人民出版社的支持特别是责任编辑郑海燕同志的突出贡献。

当然，限于写作时间和作者水平，书中难免存在错误和遗漏之处，敬请读者批评指正。

高培勇

2022 年 3 月 18 日

责任编辑：郑海燕

封面设计：吴燕妮

责任校对：周晓东

图书在版编目（CIP）数据

构建新发展格局理论大纲 / 高培勇 等著 . — 北京：人民出版社，2022.5

ISBN 978 - 7 - 01 - 024725 - 0

I.①构⋯ II.①高⋯ III.①中国经济 - 经济发展 - 研究 IV.① F124

中国版本图书馆 CIP 数据核字（2022）第 063968 号

构建新发展格局理论大纲

GOUJIAN XINFAZHAN GEJU LILUN DAGANG

高培勇 黄群慧 等 著

人民出版社 出版发行

（100706 北京市东城区隆福寺街 99 号）

中煤（北京）印务有限公司印刷 新华书店经销

2022 年 5 月第 1 版 2022 年 5 月北京第 1 次印刷

开本：710 毫米 ×1000 毫米 1/16 印张：17.25

字数：220 千字

ISBN 978 - 7 - 01 - 024725 - 0 定价：86.00 元

邮购地址 100706 北京市东城区隆福寺街 99 号

人民东方图书销售中心 电话（010）65250042 65289539